MITTEILUNGEN
DES INSTITUTS FÜR ASIENKUNDE
HAMBURG

-------- Nummer 253 --------

Peter Heck

Taiwan
Vom Wirtschaftswunder zur ökologischen Krise

Eine kritische Analyse

Hamburg 1995

Redaktion der Mitteilungsreihe des Instituts für Asienkunde:
Dr. Brunhild Staiger

Manuskriptbearbeitung: Hans-Wilm Schütte
Textgestaltung: Wiebke Timpe
Gesamtherstellung: Zeitgemäßer Druck CALLING P.O.D., Hamburg

ISBN 3-88910-154-2
Copyright Institut für Asienkunde
Hamburg 1995

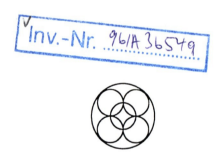

**VERBUND STIFTUNG
DEUTSCHES ÜBERSEE-INSTITUT**

Das Institut für Asienkunde bildet mit anderen, überwiegend regional ausgerichteten Forschungsinstituten den Verbund der Stiftung Deutsches Übersee-Institut.

Dem Institut für Asienkunde ist die Aufgabe gestellt, die gegenwartsbezogene Asienforschung zu fördern. Es ist dabei bemüht, in seinen Publikationen verschiedene Meinungen zu Wort kommen zu lassen, die jedoch grundsätzlich die Auffassung des jeweiligen Autors und nicht unbedingt des Instituts für Asienkunde darstellen.

Inhaltsverzeichnis

Verzeichnis der Abbildungen 8
Verzeichnis der Tabellen 10
Verzeichnis der Tabellen im Anhang 11
Verzeichnis der Abkürzungen 12

Einleitung 15

1 Wirtschaftswachstum, Umweltschutz und dauerhafte Entwicklung: der konzeptionelle Rahmen 29
  1.1 Begriffsklärung: Entwicklungspolitik, dauerhafte Entwicklung, räumliches Entwicklungspotential, Ökologie, Umwelt, Umweltschutz und ökologische Krise 29
  1.2 Die internationale Diskussion der Entwicklungs- und Umweltproblematik 35

2 Der Fall Taiwan - Ausgangslage: räumliches Entwicklungspotential, historisch-programmatische Voraussetzungen und Wirtschaftsstrategien 41
  2.1 Räumliches Entwicklungspotential 41
    2.1.1 Naturraum und Ökosysteme 41
    2.1.2 Demographische, ethnische und kulturelle Faktoren 50
    2.1.3 Soziale Faktoren und rechtsstaatliche Grundsätze 58
  2.2 Programmatisch-historischer Hintergrund der taiwanesischen Wirtschaftsentwicklung 61
    2.2.1 Die drei Volksprinzipien Sun Yat-sens 61
    2.2.2 Antikommunistische Ideologie, Kriegsrecht und bürokratischer Kapitalismus 63
  2.3 Wirtschafts- und Entwicklungsstrategien - Importsubstitution und Exportindustrialisierung 65

3 Die Bedeutung des politischen Systems für die taiwanesische Entwicklungspolitik seit 1949 68
  3.1 Endogene Rahmenbedingungen: das politische System Taiwans 68
  3.2 Diversifizierung der Parteienlandschaft 72
  3.3 Das Entstehen einer taiwanesischen Umweltbewegung 73
  3.4 Verwaltungsstrukturen im Umweltschutz und taiwanesische Umweltpolitik 78
  3.5 Gesetze und Verordnungen zum Schutz der Umwelt 82

4 Das taiwanesische Wirtschaftswunder: Entwicklungsziele und ihre Realisierung (1949-1992) — 85

- 4.1 Rückeroberung des Festlandes als oberste Prämisse der Politik in den ersten vier Jahrzehnten und ihre Auswirkungen auf die Entwicklungspolitik — 85
- 4.2 "Development by design" - das taiwanesische Wirtschaftswunder im Detail — 87
  - 4.2.1 Die Landreform — 88
  - 4.2.2 Kontrolle des Bevölkerungswachstums, Aufbau eines effizienten Bildungssystems und Steuerung bzw. Verlangsamung der Bevölkerungskonzentration in den Ballungsgebieten — 90
  - 4.2.3 Flexible Wirtschaftsplanung mit einer Kombination von Liberalisierung und Protektionismus — 91
  - 4.2.4 Die Rolle des Staates und ökonomische Grundrechte — 92
  - 4.2.5 Preisstabilität und Liberalisierung des Finanzsektors — 93
  - 4.2.6 Außenwirtschaftspolitik — 94
  - 4.2.7 Effizienter Einsatz der US-amerikanischen Hilfe — 95
- 4.3 Daten, Struktur und Chronologie des taiwanesischen Wirtschaftswunders — 95
  - 4.3.1 Daten zur ökonomischen und sozialen Entwicklung — 95
  - 4.3.2 Strukturelle Aspekte der taiwanesischen Wirtschaftsentwicklung — 96
    - 4.3.2.1 Hohe Unternehmenskonzentration, Bedeutung ausländischer Investitionen und Vermeidung struktureller Heterogenität — 98
    - 4.3.2.2 Entwicklung der Landwirtschaft — 100
    - 4.3.2.3 Chronologie der industriellen Entwicklung — 108
    - 4.3.2.4 Räumliche Aspekte des Wirtschaftswachstums - industrielle Landnahme und dezentrale Industrialisierung — 110
- 4.4 Fazit — 114

5 Aspekte der ökologischen Krise: die Auswirkungen des Wirtschaftswunders auf die Umwelt — 115

- 5.1 Flächennutzung und Raumplanung — 115
  - 5.1.1 Landwirtschaft und Umweltbelastung — 125
  - 5.1.2 Ökologische Folgen der Industriepolitik — 128
- 5.2 Luftverschmutzung und Lärmbelastung — 130
- 5.3 Natürliche Systeme, Flora und Fauna — 138
- 5.4 Probleme der Energieversorgung — 144
- 5.5 Wasserverbrauch und Wasserverschmutzung — 149
- 5.6 Abfallwirtschaft und Bodenbelastung — 158

5.7	Exkurs: Zwei Fallstudien aus Landwirtschaft und Industrie: Obstanbau am Li-Berg und der Lukang-Aufstand	164
	5.7.1 Obstanbau am Li-Berg (Lishan)	164
	5.7.2 Der Lukang-Aufstand	168
5.8	Bewertung der Situation im Umweltschutz	172

6 Ursache und Wirkung der ökologischen Krise - die Suche nach einem Modell für dauerhafte Entwicklung — 179

- 6.1 Zur Leistungsfähigkeit des zyklischen Entscheidungsmodells — 179
- 6.2 Entwicklungsbedingte und soziokulturelle Komponenten der Umweltkrise — 181
- 6.3 Politikversagen oder Marktversagen? — 184
  - 6.3.1 Politik- und Planversagen als Ursache für Taiwans Umweltkrise? — 184
  - 6.3.2 Marktversagen als Ursache für die ökologische Krise? — 189
- 6.4 Bewertung des taiwanesischen "Entwicklungsmodells" unter den Kriterien einer dauerhaften Entwicklung — 192

7 Zusammenfassung und Ausblick — 198

Anmerkungen — 201
Anmerkungen zur Einleitung — 201
Anmerkungen zu den Kapiteln 1 bis 7 — 202

Literaturverzeichnis, einschl. Zeitungen und Zeitschriften — 209
Interviews — 232

Anhang — 233
Anhang 1: Primäres Milieu — 234
Anhang 2: Sekundäres Milieu — 235
Anhang 3: Bestehende und geplante Gesetzgebung im Bereich des Umweltschutzes — 236
Anhang 4: Zielsetzung der neun taiwanesischen Vierjahrespläne von 1953 bis 1989 und des Zehnjahresperspektivplans von 1980 bis 1989 — 238
Anhang 5: Schema eines regionalen ökologisch-ökonomischen Systems — 240
Anhang 6: Wirkungsmodell zur Analyse der Determinanten des regionalen Strukturwandels — 240
Anhang 7: Schwermetallgehalte deutscher und taiwanesischer Flüsse im Vergleich — 241
Anhang 8: Wichtige Umweltschutzgruppen in Taiwan (Auswahl) — 241
Anhang 9: Weiterführende Zeitschriftenartikel aus FCR, FC und FCJ — 242

Summary in English — 243

Verzeichnis der Abbildungen

Abb. 1:	Taiwanesische Umweltprobleme im Spiegel der englischsprachigen Presse	19
Abb. 2:	Rückwirkung der Umweltzerstörung auf die gesellschaftliche Entwicklung	20
Abb. 3:	Zyklisches Entscheidungsmodell für die Entwicklungspolitik der Republik China auf Taiwan	24
Abb. 4:	Ökologische Tragfähigkeit und ökologische Belastung	34
Abb. 5:	"Trade-off" zwischen Naturkapital und ökonomischem Kapital	36
Abb. 6:	Übersichtskarte: Ostchinesisches Meer und geographische Lage Taiwans	42
Abb. 7:	(7a) Durchschnittliche Jahrestemperatur (°C); (7b) Durchschnittliche jährliche Niederschlagsverteilung (mm);	43
	(7c) Häufigkeit von Trockenperioden (50 Tage ohne Niederschläge); (7d) durchschnittliche Anzahl von Tagen mit Niederschlägen	44
Abb. 8:	Taiwan: zentralörtliche Systeme	47
Abb. 9:	Karte der Höhenstufen	48
Abb. 10:	Bodenschätze, Industriestandorte und Verkehr	49
Abb. 11:	Bevölkerungsentwicklung auf Taiwan seit dem 17.Jahrhundert	50
Abb. 12:	Bevölkerungsdichte	52
Abb. 13:	Regionale Verteilung von Immigranten und Ureinwohnern in Taiwan	55
Abb. 14:	Entwicklung des GINI-Koeffizienten 1953-1991	59
Abb. 15:	Die Organisation der Regierung der Republik China auf Taiwan	69
Abb. 16:	Gewichtung von Umweltproblemen durch die taiwanesische Bevölkerung	77
Abb. 17:	Umweltschutzrelevante Behörden in der Regierungs- und Verwaltungshierarchie	79
Abb. 18:	Organisationsschema der "Taiwan Environmental Protection Administration"	81
Abb. 19:	Die Landwirtschaftsregionen Taiwans	102
Abb. 20:	Wandel der Betriebsform in der taiwanesischen Landwirtschaft 1960-1985	104
Abb. 21:	Entwicklung der Hektarerträge, der Anbaufläche und des Gesamtertrages beim Reisanbau (1952-1989)	105
Abb. 22:	Räumliche Verteilung der Industriezonen	113
Abb. 23:	Zunahme von Flächenbedarf für Baumaßnahmen, Straßen und Bewässerungseinrichtungen im Zeitraum von 1971-1990	116
Abb. 24:	Fabrikdichte pro km^2 (1990)	117
Abb. 25:	Veränderung der Landnutzungsverteilung von 1971 bis 1990	118

Verzeichnis der Abbildungen

Abb. 26:	In Gewerbegebiete umgewandelte landwirtschaftliche Nutzfläche	119
Abb. 27:	Landnutzung auf der Ebene der Kreise und kreisfreien Städte	120
Abb. 28:	Zerschneidungseffekte durch Verkehrsinfrastruktur	123
Abb. 29:	Verstädterungstendenzen und Erdrutsche 1956-1984	124
Abb. 30:	Produktion ausgewählter chemischer Stoffe	129
Abb. 31:	Vergleich der Schwebstaubbelastung in Taiwan und in den USA	132
Abb. 32:	Veränderung des PSI über drei Jahre (1988-1990)	133
Abb. 33:	Einschätzung der Veränderung der Luftqualität	134
Abb. 34:	Lärmbeschwerden bei der TEPA aus dem Jahre 1990 in Anzahl der Meldungen, gegliedert nach Lärmquellen	136
Abb. 35:	Schwermetallbelastung der größeren taiwanesischen Fließgewässer	155
Abb. 36:	Skizze des Gebietes um den Li-Berg	167
Abb. 37:	Lageskizze von Lukang	169

Verzeichnis der Tabellen

Tabelle 1:	Entwicklung einiger Belastungsfaktoren für die Umwelt Taiwans (1950-1990)	16
Tabelle 2:	Anzahl endemischer Tier- und Pflanzenarten auf Taiwan	45
Tabelle 3:	Prozentuale Verteilung von Ebenen, Hügelland und Gebirge	46
Tabelle 4:	Taiwans Fläche und Bevölkerungsentwicklung im internationalen Vergleich	53
Tabelle 5:	Bevölkerungszuwachs im Zeitraum von 1956 bis 1982 in den vier größten Ballungszentren Taiwans	53
Tabelle 6:	Struktur, Ziele und Ergebnisse von Umweltprotesten in den achtziger Jahren	77
Tabelle 7:	Daten zur ökonomischen und sozialen Entwicklung	95
Tabelle 8:	Anteile von Landwirtschaft, Industrie und Dienstleistung am Bruttosozialprodukt 1950-1990	99
Tabelle 9:	Der Wandel in Taiwans Landwirtschaft (1952-1989)	101
Tabelle 10:	Veränderung der Zusammensetzung des jährlichen Nahrungsmittelverbrauchs pro Kopf der taiwanesischen Bevölkerung und der Selbstversorgungsquote im Zeitraum 1952-1989	106
Tabelle 11:	Verteilung von Industrie- und Gewerbeflächen in Taiwan 1981	112
Tabelle 12:	Pestizidverbrauch in der taiwanesischen Landwirtschaft von 1980 bis 1986	126
Tabelle 13:	Dünger und Pestizidanwendung: Vergleich Taiwan - USA (kg/ha)	126
Tabelle 14:	Industriezweige mit Schwermetallemissionen	128
Tabelle 15:	Art und Ausmaß von Emissionen - Taiwan mit Hauptstadt Taipei im Vergleich mit BRD und ehemaliger DDR (1988)	132
Tabelle 16:	Lärmbelastung verschiedener Städte und Kreise nach Messungen von 1990	137
Tabelle 17:	Höhenzonierung, Flora, Fauna und Gefährdungsstatus von Lebensräumen auf Taiwan	138
Tabelle 18:	Bestehende und zum Schutz vorgeschlagene Nationalparks, Küstenschutzzonen und Naturreservate	143
Tabelle 19:	Struktur der Energieversorgung in Taiwan	145
Tabelle 20:	Menge und Herkunft des in Taiwan anfallenden Abwassers (1987)	151
Tabelle 21:	Ausgewählte Belastungsparameter einiger Flüsse	153
Tabelle 22:	Gewässergüte der 21 größten Flüsse Taiwans (1990)	154
Tabelle 23:	Schwermetallbelastung der Küstengewässer	157
Tabelle 24:	Abfallaufkommen ausgewählter Branchen in t/Tag	159
Tabelle 25:	Schwermetallgehalt taiwanesischer Ackerböden	162

Verzeichnis der Tabellen

Tabelle 26:	Klassifizierung der Obstanbauparzellen nach Eigentümern und Hangneigung	165
Tabelle 27:	Erosionsschutzpraktiken im Bereich des Li-Berges	166
Tabelle 28:	Vergleich der Emissionen von Kraftfahrzeugen zwischen der Südwestküste der USA (Becken von Los Angeles) und Taipei	175
Tabelle 29:	Geschätzte Kosten von Lärmminderungsmaßnahmen in Taiwan	175
Tabelle 30:	Geplante Umweltschutzausgaben der taiwanesischen Regierung	176
Tabelle 31:	Verhältnis zwischen Umweltbelastung und wirtschaftlicher Entwicklung	199

Verzeichnis der Tabellen im Anhang

Anhang 1:	Primäres Milieu	234
Anhang 2:	Sekundäres Milieu	235
Anhang 3:	Bestehende und geplante Gesetzgebung im Bereich des Umweltschutzes	236
Anhang 4:	Zielsetzungen der neun taiwanesischen Vierjahrespläne von 1953 bis 1989 und des Zehnjahresperspektivplans von 1980 bis 1989	238
Anhang 5:	Schema eines regionalen ökologisch-ökonomischen Systems	240
Anhang 6:	Wirkungsmodell zur Analyse der Determinanten des regionalen Strukturwandels	240
Anhang 7:	Schwermetallgehalte deutscher und taiwanesischer Flüsse im Vergleich	241
Anhang 8:	Wichtige Umweltschutzgruppen in Taiwan	241
Anhang 9:	Weiterführende Zeitschriftenartikel aus FCR, FC und FCJ	242

Verzeichnis der Abkürzungen

AAR	*The American Asian Review* (New York)
AP	*Asian Profile* (USA)
AS	*Asian Survey* (Berkeley)
BA	*Business Asia* (Hongkong)
bfai	Bundesstelle für Außenhandelsinformation
BIP	Bruttoinlandsprodukt
BSB oder BSB$_5$	Biochemischer Sauerstoffbedarf (Maß für organische Belastung von Gewässern durch schnell abbaubare Substanzen, ausgedrückt in g/l)
BSP	Bruttosozialprodukt
CCPD	Council for Cultural Planning and Development
CEPD	Council for Economic Planning and Development
CITES	Convention on International Trade in Endangered Species
CN	*The China News* (Taipei)
COA	Council of Agriculture
CP	*China Post* (Taipei)
CSB	Chemischer Sauerstoffbedarf (Maß für organische Belastung durch leicht und schwer abbaubare Substanzen in g/l)
DAAD	Deutscher Akademischer Austauschdienst
dB (A)	Dezibel (A)
DFP	Demokratische Fortschrittspartei (engl.: DPP - Democratic Progressive Party)
E.I.U.	The Economist Intelligence Unit
EG	Europäische Gemeinschaft
EPA	Environmental Protection Administration
EVZ	Exportverarbeitungszonen
F & E	Forschung und Entwicklung
FA	*Freies Asien* (Taipei)
FAZ	*Frankfurter Allgemeine Zeitung*
FC	*Freies China* (Taipei)
FCKW	Fluor-Chlor-Kohlenwasserstoffe
FCR	*Free China Review* (Taipei)
FEER	Far Eastern Economic Review (Hongkong)
FME	Federal Ministry of the Environment
GIO	Government Information Office
GJ	*Greenpeace Journal* (Hamburg)
GMD	Guomindang (Nationale Volkspartei)
I&S	*Issues & Studies* (Taipei)
IEA	Investment Encouragement Act
IFC	*Industry of Free China* (Taipei)
IUCN	International Union for the Conversation of Nature

Verzeichnis der Abkürzungen

JCRR	Joint Commission on Rural Reconstruction
JEAA	*Journal of East Asian Affairs* (Seoul)
JNAS	*Journal of Northeast Asian Studies* (Washington D.C.)
JOS	*Journal of Oriental Studies* (Hongkong)
kg/K/a	Kilogramm pro Kopf und Jahr
KPCh	Kommunistische Partei Chinas
LNF	landwirtschaftliche Nutzfläche
LW	*Luxemburger Wort* (Luxemburg)
Mio.	Millionen
MOCT	Ministry of Communication and Transportation
MOEA	Ministry of Economic Affairs
Mrd.	Milliarden
MT	Millionen Gewichtstonnen
MW	Megawatt (1 MW = 1.000 Kilowatt)
NIC	Newly Industrializing Country (auch NIE - Newly Industrializing Economy)
NT-$	New Taiwan Dollar (1 DM = 15 NT-$; Juli 1992)
N.Y.T.	*New York Times*
O_2-gel.	gelöster Sauerstoff
OE	Öleinheiten (auch Rohöleinheiten RÖE) (1 l OE = 1,486 kg SKE)
OE/K/a	Öleinheiten pro Kopf und Jahr
ÖPNV	Öffentlicher Personennahverkehr
PCB	Polychlorierte Biphenyle (Ölige, nichtbrennbare Flüssigkeiten mit hoher Wärmekapazität. In Organismen stören sie Immunsystem und endokrine Funktionen)
ppm	parts per million
PSI	Pollution Standard Index (quantitativer Index für Luftbelastung)
R.O.C.	Republic of China
S.S	Suspended Solids (gelöste Feststoffe)
SKE	Steinkohleeinheiten (1 kg SKE = 0,7 kg OE)
SWAN	Society for Wildlife and Nature
SZ	*Süddeutsche Zeitung* (München)
t	Gewichtstonne (1.000 kg)
t/d	Gewichtstonne pro Tag
TASPC	Taiwan Area Sewerage Planning Committee
TEPA	Taiwan Environmental Protection Administration
TRAFFIC	Trade Record Analysis of Flora and Fauna in Commerce
TSP	Total Suspended Particulates (Schwebstäube)
TÜV	Technischer Überwachungsverein
UBA	Umweltbundesamt
UNCED	United Nations Commission for Economic Development
VACRS	Vocational Assistance Commission for Retired Servicemen
VR China	Volksrepublik China
WHO	World Health Organisation

Zur Schreibweise von chinesischen Namen, Organisationen und Ortsnamen:

Prinzipiell wird die Pinyin-Umschrift verwendet. Eingebürgerte, weithin bekannte Namen wie etwa *Chiang Kai-Shek* oder *Chiang Ching-kuo* werden jedoch beibehalten und mit der Pinyin-Schreibweise in Klammern ergänzt. Im Literaturverzeichnis werden chinesische Autoren entsprechend ihrer Schreibweise in der Literaturquelle wiedergegeben. Geografische Bezeichnungen wie z.B. Orts-, Gewässer- und Bergnamen werden aus Gründen des höheren Wiedererkennungswertes in der in Taiwan gebräuchlichen Umschrift übernommen.

Einleitung

Ökosysteme besitzen aufgrund ihrer Diversität und Komplexität die Fähigkeit, Einwirkungen bis zu einem bestimmten Ausmaß zu kompensieren. Bühl (1981, S. 42) beschreibt diese ökologische Tragfähigkeit als eine "Konfiguration von miteinander auf verschiedene Weise verbundenen (z.T. substituierbaren oder kompensierbaren, z.T. unersetzlichen, z.T. sich verstärkenden oder blockierenden usw.) Faktoren". Diese ökosysteminterne Pufferkapazität wird - und darin liegt ein Problem - von Entwicklungspolitikern als unbegrenzte Ressource interpretiert. Darüber hinaus werden Alarmzeichen des Ökosystems in Form von Naturkatastrophen, Erkrankungen, Artensterben usw. politisch-ökonomisch nicht als solche interpretiert, sondern tragen als Reparaturkosten zu einer Erhöhung des Bruttosozialproduktes und damit zum Wirtschaftswachstum bei.

Die Grundlage von Wachstum ist letztlich individuelles Handeln. Individuen brauchen, um lebens- und leistungsfähig zu sein, neben einem bestimmten sozialen Umfeld sauberes Wasser, saubere Lebensmittel und Luft in einer bestimmten physikalischen Zusammensetzung. Wenn diese elementaren Dinge nicht mehr vorhanden sind, beginnt eine anfangs möglicherweise erfolgreiche Entwicklung zur Fehlentwicklung zu werden.

In den meisten Entwicklungsländern, in vielen Schwellenländern und teilweise in Industrieländern sind die oben erwähnten elementaren Voraussetzungen nicht mehr gegeben. Viele Menschen drehen sich im Gegenteil in scheinbar hoffnungslosen Spiralen von Armut und Umweltzerstörung. Erst seitdem die Situation der "Habenichtse" die Wohlstandsgesellschaften des reichen Nordens bedroht (Regenwaldproblematik, Armutsmigrationen usw.), ist die Möglichkeit der "Fehlentwicklung" ernsthaft zum Thema der reichen Industrieländer geworden.

Spätestens seit dem Umweltgipfel von Rio de Janeiro im Juni 1992 beschäftigt sich die internationale entwicklungspolitische Diskussion intensiv mit den Problemen eines ökologisch und sozial verträglichen Wachstums- und Entwicklungsmodells.

In wenigen Ausnahmen scheint der ökonomische und soziale Aufstieg in den Rang der entwickelten Nationen der Welt gelungen zu sein. Die vier "kleinen Drachen" Ostasiens - Singapur, Hongkong, Korea und Taiwan - belegen dies.

Taiwan, als Beispiel für einen erfolgreichen Weg vom Entwicklungsland zum Mitglied im Klub der reichsten Nationen der Welt, wird von der überwiegenden Mehrheit der interessierten Politiker, Wissenschaftler und Ökonomen als weltweites Modell für eine erfolgreiche Entwicklung gesehen. Das Land Taiwan hat viele der von den modernen Entwicklungstheoretikern geforderten "Hausaufgaben" gemacht: Landreform, Ausweitung der landwirtschaftlichen Nutzfläche, Schaffung von Kleinindustrien in ländlichen Gebieten, Zurückdrängung absoluter Armut und seit Beginn der achtziger Jahre eine Hinwendung zu demokratischen Reformen.

Unbestreitbar weisen ökonomische und soziale Indikatoren die Entwicklungspolitik Taiwans als wirtschaftlichen und sozialen Erfolg aus. Große Steigerungsraten des Bruttosozialproduktes, hohe Devisenreserven und hohe Sparquoten, steigende Exportquoten, ein ausgewogenes Pro-Kopf-Einkommen sowie niedrige Inflation und materieller Wohlstand der Bevölkerung wurden erreicht und stehen im Verhältnis zu anderen Staaten einzigartig dar. Aufgrund seiner überragenden ökonomischen Indikatoren kann Taiwan seit Anfang 1993 den "entwickelten", wohlhabenden Industrieländern zugerechnet werden.

Nicht mehr zu übersehende Umweltschäden deuten jedoch auf eine andere Seite des Erfolges hin: Wie im folgenden gezeigt werden wird, liegt die Gefährdung der natürlichen Lebensgrundlagen jenseits des Horizontes der in Taiwan vorherrschenden materialistischen Wachstumsideologie. Im Laufe der schnellen ökonomischen Entwicklung haben, wie Tabelle 1 zeigt, umweltbelastende Parameter rapide zugenommen.

Tabelle 1: Entwicklung einiger Belastungsfaktoren für die Umwelt Taiwans (1950-1992)

Parameter /Jahr	Ew. (Mio.)	Ew. (km²)	Kfz (Mio.)	Kfz (/km²)	F* (1000)	F (/km²)	MS** (1000)	Energie *** (OE/K/a)	Abfall (kg/K/a)
1952	8,1	226,0	0,11	3,05	9,96	0,28	2610	k.A.	k.A.
1959	10,4	290,1	0,35	9,66	16,98	0,47	3264	k.A.	0,47
1971	15,0	416,7	0,96	26,61	20,25	0,56	3079	759	0,53
1981	18,1	503,7	5,41	150,37	60,28	1,67	4826	1526	0,63
1985	19,3	534,9	7,95	220,83	68,15	1,89	6674	1800	0,74
1987	19,7	546,4	7,70	213,95	84,16	2,34	7129	2072	0,78
1990	20,4	565,5	11,4	318,48	92,98	2,58	8565	2507	0,96
1992	20,8	576,5	13,9	385,27	94,67	2,63	9755	2657+	1,00

k.A. = keine Angabe; F* = Fabriken; MS** = Mastschweine, *** = Jahresverbrauch, + = Angabe von 1991

Quelle: EPA, 1991b; EPA, 1993; CEPD, 1993.

Im folgenden sollen einige Beispiele die in Tabelle 1 aufgeführten Belastungsparameter verdeutlichen. Insbesondere die Umweltmedien Boden, Wasser und Luft sowie die natürlichen Systeme veränderten sich infolge der stetig steigenden Belastung. Die folgenden Daten müssen vor dem Hintergrund der extremen Topographie der "Ilha Formosa" bewertet werden. Als Lebens- und Wirtschaftsraum für

98% der taiwanesischen Bevölkerung stehen real nur 25% der Gesamtfläche zur Verfügung. Der Rest ist steiles Hügelland oder Hochgebirge. Die demographischen, infrastrukturellen und industriellen Belastungsdaten pro km^2 müßten demnach mit dem Faktor vier multipliziert werden, um eine reale Einschätzung der Umwelteinwirkungen auf die Bevölkerung zu erhalten.

Luftverschmutzung

5,9 Mio.t Schwebstäube (BRD 1989: 0,46 Mio.t), 1,368 Mio.t Schwefeloxide, 636.000 t Stickoxide (BRD 1989: 2,7 Mio.t), 916.000 t Kohlenwasserstoffe und 3,147 t Kohlenmonoxid (BRD 1989: 8,25 Mio.t) werden pro Jahr emittiert (EPA, 1991d, S. 5). Bei Schwefeldioxid wird der Grenzwert in 56% der Untersuchungsgebiete[1] überschritten, bei Stickoxiden in 14%. Grenzwerte für Blei- und Kohlenmonoxid-Immissionen werden in 7% bzw. 10% der Untersuchungsgebiete überschritten (TÜV-Essen, 1991, 3.2-1). Bis zum Jahr 2000 werden die Emissionen von Schwefeldioxid um 44%, die von Stickoxiden um 92%, von Kohlenmonoxid um 167%, von Kohlenwasserstoffen um 96% und von Schwebstäuben um 52% zunehmen (TÜV-Essen, 1991, S. 3.3-1). Erkrankungen der Atemwege gehören heute bereits zu den häufigsten Todesursachen in Taiwan.

Wasserverschmutzung

Von den 7,6 Mio.m^3 täglichen Abwassers wird nur ein Bruchteil (unter 5%; BRD 1987: 89,6%) überhaupt in irgendeiner Form behandelt. 3,3% der Haushalte sind an ein Kanalsystem angeschlossen (BRD 1987: 92,5%) (EPA d, 1991, S. 4; UBA, 1992, S. 396). Von den 21 größten Flüssen Taiwans gelten nur sechs als unbelastet. 11,3% der Flußkilometer sind staatlichen Angaben zufolge stark verschmutzt (EPA b, 1991, S. 110). Taiwans weltweit führende Stellung bei der Anzahl von Hepatitis-B-Erkrankungen ist u. a. auf die extreme Belastung und Verschmutzung der Gewässer zurückzuführen (Sautter, 1990, S. 130).

Abfallwirtschaft und Bodenbelastung

1988 wurden 5,9 Mio.t (BRD 1985: 14 Mio.t) Haushaltsabfälle produziert, die zu großen Teilen ungeregelt und/oder unsachgemäß entsorgt wurden (EPA d, 1991, S.7; FME, 1992, S. 50). 93.000 Fabriken und Handwerksbetriebe, durchschnittlich drei bis über 15 Werke pro km^2, produzieren u. a. polychlorierte Biphenyle (PCB), Quecksilberschlamm, Schwermetalle und Rückstände aus der Pestizidproduktion (EPA d, 1991, S. 3). Rund 72% des Sondermülls aus der industriellen Produktion wurden Angaben der TEPA zufolge unsachgemäß entsorgt (Chi Chun-Chieh, 1992, S. 210). 12,5% (110.000 ha) der landwirtschaftlichen Nutzfläche (fortan LNF) haben überhöhte Schwermetallgehalte; bis zum Jahr 2000 werden es 220.000 ha sein (EPA d, 1991, S. 7). In einigen Regionen wurden Blei- und Kadmiumkonzentrationen im Bereich von 1 g pro kg Ackerboden gefunden.

Agroindustrie und Einsatz von Chemikalien in der Landwirtschaft

Die Fäkalien von 7,6 Mio. Schweinen, 70 Mio. Hühnern und 170.000 Rindern verschmutzen Taiwans Böden und Gewässer (EPA d, 1991, S. 4). Die Abwässer aus der Tierhaltung gehören zu den Hauptursachen für die organische Belastung der Flüsse, Seen und Küstenbereiche. Taiwan gehört mit einem durchschnittlichen Verbrauch von 1,5 t Düngemitteln pro ha (1988; BRD 1988/89: 0,375 t/ha) und 0,05 t Pestiziden pro ha (1989; BRD 1988: 0,0029 t/ha) weltweit zu den größten Anwendern von Agrargiften und Düngemitteln pro Anbaufläche (CEPD, 1990, S.66/74; TÜV-Essen, 1991, S. 8.1.2-1; UBA, 1992, S. 159). Pestizide kontaminieren Böden und Grundwasser und stellen somit eine Gefahr für die Trinkwasserqualität dar. Landwirte vergiften sowohl sich wie auch die Konsumenten durch überhöhten, unsachgemäßen Gebrauch von Schädlingsbekämpfungsmitteln (CN, 10.11.1987). 1986 zum Beispiel vergifteten sich 3.000 Konsumenten durch den Verzehr von PCB-verseuchtem Reis (Chi Chun-Chieh, 1992, S. 207).

Verkehr

1989 waren in Taiwan 9.782.000 Motorfahrzeuge zugelassen, umgerechnet 272 Fahrzeuge pro km^2 (BRD 1989: 139 Kfz/km^2). Taiwan gehört damit zu den Ländern mit der weltweit höchsten Kfz-Dichte. Die Emissionen des Kfz-Verkehrs wurden für 1988 auf insgesamt 2,3 Mio.t Kohlenmonoxid, Kohlenwasserstoff und Stickoxide geschätzt (EPA d, 1991, S. 3; FME, 1992, S. 5). Sowohl die Probleme des Autoerkehrs (Parkplätze, Unfälle, Lärm, Emissionen) wie die der illegalen Entsorgung von Schrottautos konnten bisher nicht gelöst werden.

Energie

1988 wurden 62,4 Mio.t Steinkohleeinheiten (SKE) Primärenergie (BRD 1989: 382 Mio.t SKE) verbraucht (EPA, 1991, S. 3; FME, 1992, S. 10). Bei einem jährlichen Wachstum des Energiebedarfs um 4,5% wird der Verbrauch im Jahr 2000 bei ca. 107 Mio.t SKE liegen (MOEA, 1990, S.26). Zusammen mit dem Anstieg des Energieverbrauchs wachsen die mit der Energieerzeugung verbundenen Umweltprobleme wie zum Beispiel die Standort- und Endlagerfrage bei Kernkraftwerken, die Landschaftszerstörung bei der Wasserkraftnutzung, die Schadstoffemissionen bei konventionellen Kohle- und Ölkraftwerken usw.

Flora und Fauna

Entwaldung gefährdet die natürlichen Ökosysteme und die Trinkwasserversorgung. Von 1956 bis 1977 schrumpfte die Waldfläche Taiwans um 7,6%, wobei unberührte Regenwälder unterhalb von 2.500 m Seehöhe fast vollständig verschwanden bzw. durch nichtstandortgerechte Wirtschaftswälder ersetzt wurden. Als Folge der Habitatzerstörung listet die staatliche Umweltschutzbehörde 20 Tier- und 16 Pflanzenarten als vom Aussterben bedrohte Spezies auf (Chi Chun-Chieh, 1992, S. 212).

Abb. 1: Taiwanesische Umweltprobleme im Spiegel der englischsprachigen Presse

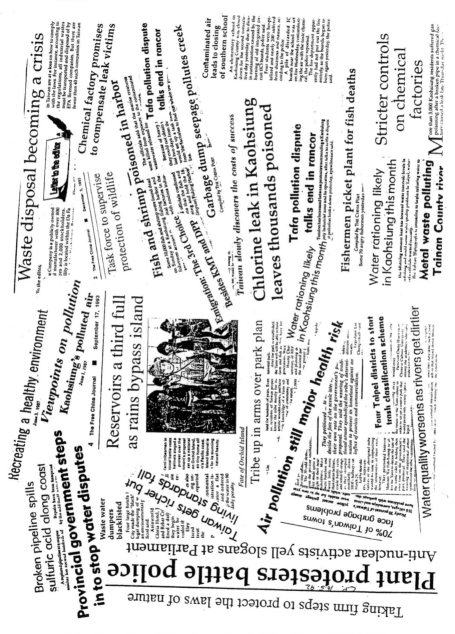

Quelle: *China Post, Free China Journal* und *China News*, 1987-1992.

Wir beobachten in Taiwan eine sich schnell beschleunigende, zum Teil bereits irreversible Verschlechterung der Umweltsituation. In der Euphorie über die in der Tat beachtenswerte ökonomische und soziale Erfolgsstatistik werden zum einen die besonderen historischen, politischen und naturräumlichen Ausgangsvoraussetzungen Taiwans falsch eingeschätzt und zum anderen die gravierenden ökologischen Folgeprobleme weitestgehend übersehen.

In Anbetracht der alarmierenden Umweltdaten stellt sich die Frage, inwieweit es gerechtfertigt ist, von einem "Entwicklungsmodell" Taiwan zu sprechen. In Taiwan selbst hat bereits Anfang der achtziger Jahre eine lebhafte Diskussion über die Folgen des Wirtschaftswachstums begonnen. Abbildung 1 gibt anhand einiger Schlagzeilen englischsprachiger taiwanesischer Tageszeitungen einen Hinweis darauf, daß die Umweltprobleme mittlerweile alle Medien, alle Sektoren und alle

Abb.2: Rückwirkung der Umweltzerstörung auf die gesellschaftliche Entwicklung

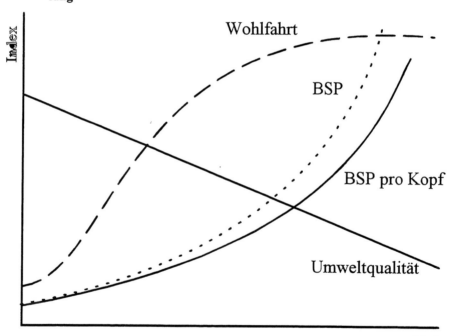

Wenn die Umweltqualität ein bestimmtes (niedriges) Niveau erreicht hat, nehmen die Wohlfahrtsgewinne ab einem Zeitpunkt x relativ ab. Anders interpretiert: eine immer größere Zunahme an BSP pro Kopf muß erwirtschaftet werden, um eine zusätzliche Einheit "Wohlfahrt" zu generieren.

Quelle: *Taiwan 2000*, 1989, S. 31.

Bevölkerungsgruppen erreicht haben. Betrachtet man die Inhalte der Zeitungsartikel, entsteht teilweise ein regelrechtes Katastrophenszenario.

Auch die Wissenschaft nahm sich Mitte bis Ende der achtziger Jahre der Thematik an. Die Studie *Taiwan 2000*, von einem interdisziplinären Team aus chinesischen und internationalen Wissenschaftlern 1989 vorgestellt, gibt erstmals konkrete, nachvollziehbare Hinweise auf einen rasanten "Ausverkauf" der natürlichen Ressourcen in Taiwan. Die Grundaussage der Wissenschaftler ist in vorstehender Grafik (Abbildung 2) zusammengefaßt: *Taiwan 2000* sieht den Zusammenhang zwischen Ökologie und Ökonomie in Taiwan als negative Rückwirkung der Umwelt auf das weitere Wachstum des Wohlstands der Bevölkerung.

Das Kernproblem liegt, wie die Wissenschaftler der Studie konstatieren, in der engen Verknüpfung des BSP-Wachstums mit der Verschlechterung der Umweltqualität *Taiwan 2000*, 1989, S. 32).

Trotz dieser Studie, die die Auswirkungen der taiwanesischen Wirtschafts- und Entwicklungspolitik auf die Umwelt kompetent systematisiert, fehlt bisher eine Analyse und Bewertung der Interdependenz zwischen politischem System, ökonomischem Erfolg und ökologischen Schäden. Williams hatte bereits 1989 (S.61/62) auf dieses Defizit in der wissenschaftlichen Beschäftigung mit Taiwan hingewiesen:

> Foreign scholars, sad to say, have paid very little attention to Taiwan's environmental problems. Praise is heaped upon praise about Taiwan's development "miracle", and more recently about Taiwan's dramatic political and social progress. Yet, one looks in vain for mention of the environmental cost of that development.

Das Fehlen einer umfassenden und interdisziplinären Betrachtung der Umweltprobleme Taiwans ist um so erstaunlicher, als gerade dieses Land, wie schon erwähnt, zum Modell für andere Entwicklungsländer gemacht wird, obwohl die Umweltbelastung, wie die Schlagzeilen der Zeitungen andeuten, bereits politische und soziale Konflikte hervorgerufen hat.

Die vorliegende Arbeit soll diese Lücke schließen. Die drei Hauptziele der Studie sind deshalb:
1. Die Darstellung des taiwanesischen Umweltproblems,
2. die Suche nach den (politischen und ökonomischen) Ursachen für ökologisches Fehlverhalten und
3. eine Analyse des taiwanesischen Entwicklungsweges nach Kriterien einer umweltverträglichen, dauerhaften Wirtschaftsweise.

Dabei wird angenommen, daß
- in Taiwan eine massive Belastung und Zerstörung der natürlichen Systeme und Ressourcen zu beobachten ist,
- besondere naturräumliche, kulturelle und politische Startbedingungen zur Umweltkrise beigetragen haben,

- Politik- und Marktversagen bei der Entstehung und Lösung der Umweltprobleme zu beobachten ist,
- die ökologischen Schäden und deren Folgen den ökonomischen Erfolg Taiwans in Frage stellen,
- Taiwan den im Konzept der nachhaltigen Entwicklung geforderten Generationenvertrag eklatant mißachtet,
- Taiwan im Rahmen der internationalen Entwicklungsdiskussion lediglich als Modell für Wirtschaftswachstum, nicht aber als Modell für Entwicklung gelten kann.

Diese Ziele und Annahmen lassen sich nur durch eine Kombination unterschiedlicher wissenschaftlicher Ansätze bearbeiten. Die Aufgabenstellung impliziert demzufolge einen interdisziplinären Anspruch, der im folgenden näher erläutert wird.

Interdisziplinärer Anspruch

Menschliche Aktivitäten und soziale Interaktionen werden als raumformend und raumabhängig angesehen. Einerseits verändert die Entwicklung die räumliche Struktur, andererseits beeinflussen die bestehenden Muster räumlicher Beziehungen den Entwicklungsprozeß. (Friedmann, J. zit. in: Schätzl, 1988, S. 161)

Die Frage nach den gesellschaftlichen und räumlichen Ursachen und Folgen einer bestimmten Wirtschafts- und Entwicklungspolitik läßt sich mit dem Instrumentarium einer einzigen wissenschaftlichen Disziplin nicht zufriedenstellend beantworten. Die Analyse des politischen und ökonomischen Systems sowie die Darstellung und Bewertung der ökologischen Grundlagen und Entwicklungen erfordern eine interdisziplinäre Vorgehensweise.

Da die Geographie durch ihre Subdisziplinen der politischen Geographie, der physikalischen Geographie, der Bio-, Wirtschafts- und Sozialgeographie bereits querschnittsorientiert Umweltfragen bearbeitet, bietet sie sich als integrative Umweltwissenschaft an. Allerdings liegt in der Geographie "derzeit kein klärender, wissenschaftstheoretisch fundierter Integrationsansatz vor" (Oßenbrügge, 1993, S. 8).

Die politische Geographie, wie sie von Oßenbrügge (1983 und 1993) definiert wird, bindet über den ökonomischen "Public Choice Ansatz" (vgl. Mueller, 1990) umweltökonomische Aspekte ein. Muir & Paddison (1981) beziehen wesentliche Elemente der politischen Systemtheorie in ihre politisch-geographische Arbeitsweise ein. Wirtschaftsräume und Standortanalysen sowie die Untersuchung des Spannungsverhältnisses von Wirtschaft, Natur und Gesellschaft gehören zum Forschungsgegenstand der Wirtschaftsgeographie (Schätzl, 1988; Otremba, 1969). Die in diesem Ansatz fehlende, fundierte Ökosystemforschung wird von der Biogeographie geleistet. Die Biogeographie zeichnet für die Analyse und Bewertung von Ökosystemen und räumlichen Umwelteinwirkungen (zum Beispiel durch

Einleitung

Schadstoffe) verantwortlich (Müller, 1979; Sedlag/Weinert, 1987). Dadurch entstehen zwar weitere Maßstäbe zur Entwicklung neuer Umweltqualitätsziele, die Frage nach der politischen und ökonomischen Umsetzbarkeit wird jedoch vernachlässigt. Bartels (1982) beschäftigt sich im Rahmen der Sozialgeographie mit räumlichen Disparitäten und den Prozessen ihrer Entstehung. Er sieht die Aufgabe der geographischen Umweltpotentialforschung in der Überführung von naturwissenschaftlichen Erkenntnissen und Aussagen über Standortpotentiale in sozioökonomische Bewertungsdimensionen (Oßenbrügge, 1993, S. 8).

Zusammengesetzt ergeben die einzelnen geographischen Teildisziplinen einen Rahmen, innerhalb dessen Umwelteinwirkungen erkannt und bewertet, Ursachen und Wirkungen von einer bestimmten Wirtschafts- und Umweltpolitik analysiert und die wirtschaftlichen Konsequenzen bestimmter Entwicklungen abgeschätzt werden können. Gegenstand der Betrachtung ist dabei nicht die jeweilige ökologische Situation, Umweltpolitik oder Umweltökonomie, sondern ein gegebener Raum. Als Räume kommen sowohl wirtschafts- und siedlungsstrukturell definierte Regionen in Betracht als auch politisch-administrative Territorien (Oßenbrügge, 1993, S. 27). Die Wirkung der Gesellschaft (Sekundäres Milieu)[2] auf den Raum (primäres Milieu)[3] und die Rückwirkung des (veränderten) Raumes auf das einwirkende System sollen im folgenden durch eine Integration der obenerwähnten Teildisziplinen realitätsnah analysiert werden. Speziell bezogen auf ökologische Probleme von Räumen liefert die geographische wissenschaftliche Literatur zwar Ansätze zur Betrachtung von Umweltfragen in abgestuften räumlichen Dimensionen (vgl. Oßenbrügge, 1993).[4] Ökonomische und politisch-administrative Teilsysteme entziehen sich allerdings einer rein geographischen Untersuchungsmethodik. Andererseits mangelt es politikwissenschaftlichen und ökonomischen Ansätzen zur Bewertung räumlicher Einwirkungen am dringend erforderlichen Raumbezug. Politikwissenschaft (politische Systemlehre) und Wirtschaftswissenschaft ([neue] politische Ökonomie) können durch politische Geographie und Wirtschaftsgeographie jedoch nicht ersetzt werden. Die Geographie bedient sich lediglich der Analysemethodik dieser Wissenschaften, um bestimmte Komponenten des ökologisch-ökonomischen Systems[5] (siehe Anhang 5) zu bewerten. Das im folgenden Abschnitt zur Verdeutlichung der Vorgehensweise beschriebene zyklische Entscheidungsmodell[6] stellt neben ökologischen und raumwirtschaftlichen Aspekten vor allem die raumpolitische Dimension des Widerspruchs zwischen Ökologie und Ökonomie in den Vordergrund. Physischer Betrachtungsgegenstand ist die politisch-administrative Region "Republik China auf Taiwan".

Zur Vorgehensweise

Das zyklische Entscheidungsmodell (Abbildung 3) veranschaulicht den inhaltlichen Aufbau der vorliegenden Arbeit. Auf der Grundlage bestimmter Startbedingungen (Wirtschaftstheorien, politisch-programmatische Rahmenbedingungen, räumliches Entwicklungspotential) zu einem Zeitpunkt x wird durch eine Entscheidung im

Abb. 3: Zyklisches Entscheidungsmodell für die Entwicklungspolitik der Republik China auf Taiwan

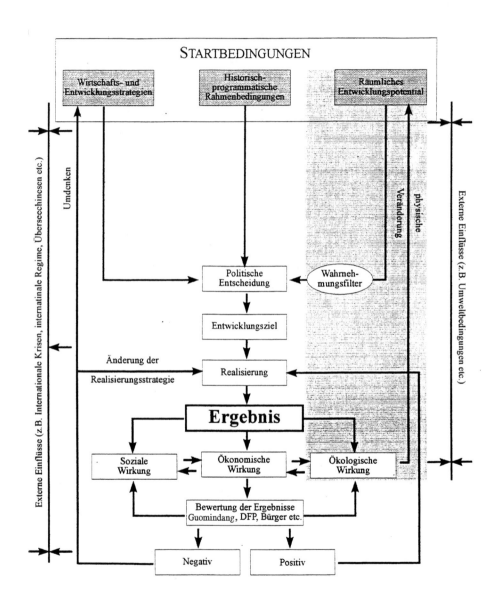

(Entwurf Heck)

politischen System ein Entwicklungsziel formuliert. Die Art und Weise der Realisierung ist abhängig von den jeweiligen politischen, ökonomischen und eventuell ökologischen Bedingungen sowie von der Qualifikation und dem Willen der mit der Umsetzung betrauten Politiker und Bürokraten. Die zu diesem Zeitpunkt x einflußreichen gesellschaftlichen Kräfte (Politiker, Geschäftsleute, Militärs, Akademiker, ausländische Berater usw.) beteiligen sich an der Bewertung und beeinflussen den Inhalt der Entwicklungspolitik bzw. ihrer Umsetzung. Bis zu Beginn der achtziger Jahre bestimmten beispielsweise fast ausschließlich die Politiker der herrschenden Nationalen Volkspartei (Guomindang, fortan: GMD) die Bewertung der Entwicklungspolitik in Taiwan. Mit der politischen Liberalisierung und dem Erstarken von oppositionellen Gruppen entstanden zusätzliche Bewertungseinheiten, die zum Teil völlig andere Schwerpunkte (etwa im ökologischen Bereich) setzten. Bei positiver Bewertung des Ergebnisses wird die Realisierung der gewählten Entwicklungsziele ohne größere Änderungen fortgeführt. Bei negativer Einschätzung erfolgt eine Änderung der Realisierungsstrategie und/oder eine tiefergehende Revision der theoretischen Grundlagen der Wirtschaftspolitik.

Die im Modell grau gekennzeichnete Fläche stellt den durch die Wirtschaftspolitik beeinflußten und veränderten Raum dar. Veränderungen im räumlichen Gefüge bzw. in der Umwelt werden von der Gesellschaft je nach vorhandener Sensibilität mehr oder weniger wahrgenommen. Der Wahrnehmungsfilter für diese "Feedback-Signale" der sich verändernden räumlichen Systeme (graues Feld) wird mit zunehmendem Bildungsgrad der Bevölkerung feinmaschiger und sensibler.

Als offenes System steht Taiwan im Austausch mit anderen Systemen. Externe Einflüsse wirken sowohl auf den physischen Raum (Taifune, Erdbeben, Klima usw.) wie auf die Entscheidungsebenen des sekundären Milieus (Ölkrisen, Golfkrieg, diplomatische Isolierung, militärische Bedrohung usw.) ein. Andererseits beeinflussen Outputs wie zum Beispiel Exporte, Schadstoffemissionen (FCKW), politisches Verhalten usw. andere, über- und untergeordnete Systeme.

Ein wichtiger Bestandteil des zyklischen Entscheidungsmodells ist die Verknüpfung von politisch-ökonomischen Entscheidungsvorgängen mit einem bestimmten räumlichen Zustand und dessen Veränderung sowie dessen Rückwirkung auf den politischen Prozeß. Die einzelnen Stationen des zyklischen Entscheidungsmodells werden in der vorliegenden Analyse des taiwanesischen Entwicklungsweges aufgegriffen und näher erläutert. Mit anderen Worten ergibt sich die Gliederung der Arbeit größtenteils aus der Abfolge des zyklischen Entscheidungsmodells.

Die Verknüpfung von politisch-ökonomischen Entscheidungsvorgängen mit einem bestimmten räumlichen Zustand und dessen Veränderung führt zu der prinzipiellen Fragestellung, wie eine Gesellschaft mit (knappen) Ressourcen umgeht. Inwieweit spielen kulturelle, ideologische, politische und naturräumliche Aspekte eine Rolle bei der Entstehung einer Entwicklungspolitik und deren Realisierung? Zur Beantwortung dieser Fragen wird in Kapitel 1 die Situation der internationalen Wachstums-, Entwicklungs- und Ökologiedebatte dargestellt. Zentrale Begriffe werden definiert und erläutert. Dadurch entsteht der konzeptionelle Rahmen, innerhalb dessen der spezielle Fall "Taiwan" gesehen und insbesondere der ökonomische Erfolg des Landes bewertet werden muß. Nach einer Analyse des taiwanesischen Entwicklungspotentials und der bestimmenden Entwicklungsfaktoren in Kapitel 2 steht die Ebene der politischen Entscheidung in Kapitel 3 im Vordergrund. Kapitel 4 beschäftigt sich mit den Entwicklungszielen Taiwans und deren Realisierung. Das Ergebnis der Umsetzung des Entwicklungszieles für die natürlichen Systeme Taiwans wird in Kapitel 5 diskutiert. Probleme der Landnutzung, der Energieversorgung und der Verkehrsentwicklung werden dabei ebenso angesprochen wie die Einwirkung von Immissionen auf Boden, Wasser, Luft und Menschen. Dadurch entsteht ein aussagekräftiges Bild des ökologischen Ist-Zustandes Taiwans. Im Rahmen von zwei Fallstudien aus den Bereichen Landwirtschaft und Industrie veranschaulicht Abschnitt 5.7 die Komplexität der taiwanesischen Umweltprobleme. Kapitel 6 faßt die Ergebnisse der Suche nach Ursache und Wirkung der Umweltkrise zusammen und erklärt, inwieweit das zyklische Entscheidungsmodell für die Analyse des Wechselspiels zwischen Staat und Gesellschaft einerseits und dem Raum bzw. Ökosystem andererseits taugt und welche politisch-ökonomischen Erklärungen für die ökologische Krise herangezogen werden können. Die Ergebnisse der Betrachtung des Entwicklungspotentials, der Entwicklungsfaktoren und des ökologischen Ist-Zustandes werden im Abschnitt 6.4 unter Kriterien einer dauerhaften Entwicklung[7] bewertet und in einen internationalen Zusammenhang gesetzt. Kapitel 7 liefert eine Zusammenfassung der Arbeit und beantwortet die Frage nach der entwicklungstheoretischen Modellfunktion Taiwans.

Datenmaterial

Daten zu Taiwan allgemein sind in englischer und deutscher Sprache reichlich vorhanden. Insbesondere Literatur zur politischen und ökonomischen Entwicklung Taiwans ist relativ leicht zugänglich. Problematischer hingegen ist die Verfügbarkeit von Umweltdaten. Die deutschsprachige Literatur kennt mit partieller Ausnahme der Arbeit von Maisch (1993) keine umfassende Darstellung der Umweltprobleme Taiwans.[8] Aussagekräftige Quellen in diesem Bereich sind fast ausschließlich in Taiwan selbst[9] (*Taiwan 2000*, Statistiken der EPA [teilweise chinesisch], Forschungsberichte des National Science Council [chinesisch] und der Universitäten [chinesisch]) oder in geringerem Maße in US-amerikanischen Veröffentlichungen zu finden.[10] Bello und Rosenfeld formulieren zum Beispiel in *Dragons in Distress* (1992) einige Passagen zur Umweltsituation in Taiwan. Aus den siebziger Jahren existiert eine wissenschaftliche Beschreibung der Luft- und Gewässerbelastung von Selya (1975). Williams spricht in einer Reihe kleinerer Aufsätze (1981, 1983, 1985, 1988, 1989, 1992) die ökologischen Folgen der taiwanesischen Wirtschaftsentwicklung an.

Einleitung 27

Mit Ausnahme der mit Hilfe oder durch den National Science Council bzw. die EPA veröffentlichten Forschungsberichte wurde keine systematische Literaturrecherche im Bereich chinesischsprachiger Umweltliteratur durchgeführt. Chinesische Zeitschriften, Bücher, Essays usw. in chinesischer Sprache wie etwa die Monatszeitschriften *Xin Huanjing* [New Environment] und *Dazeran* wurden für die vorliegende Arbeit zum Beispiel nicht systematisch ausgewertet.

Eine "Online"-Recherche aller seit 1962 in den USA und Kanada verfaßten Diplom-Arbeiten (Master-Theses) und Dissertationen ergab acht wissenschaftliche Arbeiten, die sich mit ökologischen Themen und/oder Umweltproblemen Taiwans befassen.[11] Bei näherer Betrachtung ergibt sich, daß die Arbeiten jeweils nur kleine, sehr spezielle Ausschnitte des Ökosystems Taiwan analysieren. Mit einer Ausnahme (Chi Chun-chieh, 1992) bieten sie keine übergreifende, interdisziplinäre Darstellung der Umweltkrise auf Taiwan.

Die bisherige technologisch-reparative Ausrichtung der Umweltschutzbemühungen Taiwans hat zwar eine Fülle von umweltrelevanten Meßdaten erzeugt, die ökologische Forschung, das Aufzeigen von ökosystemaren Zusammenhängen und Lösungsmöglichkeiten sind allerdings noch sehr unterentwickelt (Wang A., 1989, S.20). Es fehlt an Forschungseinrichtungen und staatlichen Budgets für ökosystemare Forschung wie aber auch an der Einsicht in deren Notwendigkeit. So ist bis heute der Schwerpunkt des schnell wachsenden Umweltdatenfeldes in Wissenschaft, Administration und Privatwirtschaft der apparative, analytisch-meßtechnische Umweltschutz. Daten und Forschungsberichte über ökosystemare Vorgänge, über Tier- und Pflanzenarten, Biotope und Bioindikatoren sind bisher nur partiell vorhanden. 1989 gab es in ganz Taiwan von insgesamt 144 Hochschullehrern, die umweltschutzbezogene Themen unterrichteten, nur 10 Experten, die einheimische Tiere und Lebensräume erforschten (*Yearbook R.O.C.*, 1993, S. 261). Zur Zeit der japanischen Kolonialherrschaft war die Aktivität der ökologischen Forschung dagegen bereits wesentlich höher (Wang A., 1989, S.20).

Die Meinungen über die Qualität der mittlerweile zahlreichen taiwanesischen Umweltdaten gehen weit auseinander. Hauptdatenlieferant ist die zentrale Umweltbehörde (TEPA). Kritik an der Qualität der Daten beruht zum einen auf dem beanspruchten staatlichen Monopol und zum anderen auf dem Mangel an gut ausgebildeten Fachkräften.

Weitere wichtige Quellen für Umweltdaten sind der "National Science Council", der Rat für Landwirtschaft (COA), das Chinesische Nationale Institut für Wirtschaftsforschung, die "National Taiwan University" (Geographisches Institut und "Graduate Institute for Environmental Engineering") und die an Glaubwürdigkeit und Zuverlässigkeit gewinnenden lokalen und regionalen Umweltadministrationen. Von besonderer Bedeutung als Gegengewicht zu den Informationen der Regierung ist der von in- und ausländischen Wissenschaftlern im Jahr 1989 verfaßte *Taiwan 2000* Report, der allerdings in großen Teilen ebenfalls Daten der TEPA verwendet.

Die in der Literatur vorhandenen Fakten und Bewertungen wurden für diese Arbeit durch mehrere längere Forschungsaufenthalte in Taiwan (1987 Praktikant, 1989/90 DAAD-Stipendiat, 1992 zweimonatiger Forschungsaufenthalt an der National Taiwan University, Institute for Environmental Engineering), in Exkursionen und Interviews mit verantwortlichen Wissenschaftlern, Verwaltungsbeamten und Vertretern von Umweltbewegungen überprüft und teilweise ergänzt. Im wesentlichen gibt diese Arbeit den Entwicklungsstand bis Frühjahr 1994 wieder.

1 Wirtschaftswachstums, Umweltschutz und dauerhafte Entwicklung: der konzeptionelle Rahmen

1.1 Begriffsklärung: Entwicklungspolitik, dauerhafte Entwicklung, räumliches Entwicklungspotential, Ökologie, Umwelt, Umweltschutz und ökologische Krise

Um das Spannungsverhältnis zwischen (quantitativem) Wirtschaftswachstum und Entwicklung herauszuarbeiten, ist es zunächst notwendig, einige Begriffe zu klären.

Schätzl definiert *Entwicklung* als "einen diskontinuierlichen, kumulativen Prozeß, der in Serien von Innovationen auftritt und sich in `clusters' und in umfassenden Systemen von Innovationen organisiert" (Schätzl, 1988, S.161/162).

Über den Inhalt des Begriffes der Entwicklung herrscht in der Literatur jedoch keine Klarheit (Nohlen und Nuscheler, 1993, S.55). Während Menzel (1992, S.49) die provozierende Frage nach der Definition von "Entwicklung" stellt, ohne eine befriedigende Antwort geben zu können, sieht Harborth (1991, S.13) Entwicklung ähnlich wie Schätzl in einem Muster von sozialen und strukturellen ökonomischen Veränderungen.

Nohlen (1985, S.155-162 u. 1993) und Nuscheler (1993, S.64/65) sprechen von einem magischen Fünfeck von Entwicklung mit den Eckgrößen Wachstum, Arbeit, Gleichheit/Gerechtigkeit, Partizipation und Unabhängigkeit, wohingegen für Seers (1974) Entwicklung lediglich auf den drei Grundzielen Arbeit, Nahrung und sozialer Gerechtigkeit basiert (Wagner et al., 1989, S.6; Nuscheler, 1985, S.154). Meadows, Meadows und Randers (1992, S.20) gehen bei der Definition des Entwicklungsbegriffes allerdings noch weiter. Für sie ist Entwicklung eng an das begrenzte Ökosystem der Erde gebunden:

> Quantitatives Wachstum und qualitative Änderung unterliegen unterschiedlichen Gesetzen. Unser Planet entwickelt sich insgesamt ohne Wachstum, seine Masse nimmt dabei nicht zu. Unsere Wirtschaft, die nur ein Untersystem der begrenzten und nicht wachsenden Erde darstellt, muß wohl über kurz oder lang eine gleichartige Entwicklungsform annehmen.

Entwicklung als zu einer strukturellen Veränderung oder Transformation des Gesellschaftssystems führender Innovationsprozeß wird unterschieden vom Begriff Wachstum, der die Expansion des Systems ohne Strukturveränderungen umschreibt (Schätzl, 1988, S.162). Hauser (1991, S.302) definiert modernes ökonomisches Wachstum als "schnelles und kontinuierliches Wachstum der Produktion pro Kopf der Bevölkerung im Zusammenhang mit grossen Änderungen des technologischen, sozio-ökonomischen und demographischen Charakters einer Gesellschaft".

Hauser (1990, S.275/276) sieht den Entwicklungsbegriff im Wandel der Zeit ausgehend von einem traditionell-ökonomischen (hohe Wachstumsraten des BSP; fünfziger und sechziger Jahre) über einen erneuerten ökonomischen (Armut, ungleiche Verteilung, Arbeitslosigkeit; vgl. Seers, 1974) zu einem umfassenden gesellschaftspolitischen Entwicklungsbegriff (Kriterium der "Lebensqualität"). Im Einklang mit Goodland und Ledec (siehe unten) postuliert Hauser den Schritt zu einem umfassenden, ganzheitlichen Entwicklungsbegriff, der angesichts einer *"drohenden globalen Ökokatastrophe gezwungenermaßen"* eingeleitet wird. Grundlage für diesen ganzheitlich-umfassenden Entwicklungsbegriff ist letztlich der weithin bekannte Bericht des Club of Rome "Grenzen des Wachstums" aus dem Jahre 1972, der zum ersten Mal deutlich machte, daß Entwicklung "nicht nur durch eine Vielzahl wirtschaftlicher, gesellschaftlicher, politischer und kultureller Hindernisse verzögert wird, sondern daß sie auch an absolute natürliche, ökologische Grenzen stößt". (Hauser, 1990, S.277)

Entwicklungspolitik im weitesten Sinne sind alle Maßnahmen, die auf eine normativ bestimmte Veränderung der Lage der Entwicklungsländer im nationalen und internationalen Bereich abzielen (Nohlen, 1991, S.121). Träger von Entwicklungspolitik sind zum einen die Entwicklungsländer selbst und zum anderen ausländische Regierungen und transnationale Akteure. Im engeren Sinne bedeutet Entwicklungspolitik alle politischen Beeinflussungs- und Gestaltungsversuche der Entwicklung eines Staates. Sie ist in diesem Fall primär das Ergebnis von Entscheidungsprozessen innerhalb des politisch-ökonomischen Systems eines Staates. Die Funktionsweise dieses Systems, das in der Theorie der Geographie als sekundäres Milieu[1] bezeichnet wird, ist von naturräumlichen und ökologischen Rahmenbedingungen abhängig (vgl. Huang und Odum, 1991).

Wöhlcke formuliert die Ansprüche an eine sinnvolle Entwicklungspolitik folgendermaßen und postuliert damit de facto eine ökologisch dauerhafte Entwicklung:

Existenzsicherung (Grundbedürfnisbefriedigung für die gesamte Bevölkerung);

Sozialverträglichkeit (angemessene Verteilung der gesellschaftlichen Rechte, Pflichten und Erträge, und zwar nicht im Sinne egalitärer Utopien, sondern im Sinne des sozialen Friedens und der sozialen Gerechtigkeit in einer offenen, mobilen und kompetitiven Gesellschaft);

Umweltfreundlichkeit (schonender Umgang mit der Natur, der Landschaft, den Böden und den Ressourcen sowie Erhaltung eines Milieus, das der physischen wie psychischen Befindlichkeit der Menschen zuträglich ist). (Wöhlcke, 1990, S.19)

Die Weltbank-Autoren Goodland und Ledec verstehen unter *dauerhafter Entwicklung* ein "Muster von sozialen und strukturellen ökonomischen Veränderungen, bei dem das in der Gegenwart beanspruchte Bündel von ökonomischen und sozialen Gütern optimiert wird, ohne aber gleichzeitig die Möglichkeit zu unterminieren, daß ähnliche Standards auch in Zukunft erreicht und aufrechterhalten werden können" (zitiert in Harborth, 1991, S.13). Hauser (1991, S.595) fordert im Rahmen seines Fließgleichgewichtskonzeptes drei verschiedene Verhaltensweisen, die

zu einer (dauerhaften) Entwicklung führen:
- Die Bestände (Menschen, Dinge) müssen konstant gehalten und optimal miteinander kombiniert werden;
- die Durchflüsse der konstant gehaltenen Bestände müssen minimiert werden;
- die Leistungen der konstant gehaltenen Bestände müssen maximiert werden.

Anders formuliert bedeutet für Hauser wirtschaftliche Entwicklung die Erhöhung von Leistung und Effizienz bei gleichzeitiger Minimierung des Ressourcenverbrauchs. Wirtschaftliches Wachstum hingegen steht für den erhöhten Verbrauch der Bestände ohne Erhöhung der Effizienzwerte (Hauser, 1991, S.595).

Das dieser Arbeit zugrunde liegende Konzept der dauerhaften Entwicklung[2] basiert auf zwei Grundannahmen: erstens auf der Annahme, daß die bisherige Auffassung von Entwicklung zu irreversiblen Schäden im Ökosystem geführt hat und führt und deshalb ökologisch nicht verantwortbar ist; zweitens darauf aufbauend auf der Annahme, daß eine andere Entwicklung sowohl für die sich entwickelnden Länder der Dritten Welt wie auch für die Industrieländer notwendig und machbar ist (Harborth, 1991, S.8). Die Brundtland-Kommission greift als Lösungsansatz ebenfalls den Begriff der "dauerhaften Entwicklung" auf.[3] In der Ökologie entspricht dieser Begriff dem Prinzip der "Nachhaltigkeit einer Nutzung". Beide Begriffe bezeichnen die Entwicklung eines Systems und die Nutzung der systemimmanenten Ressourcen mit Vorausschau auf eventuelle negative Rückmeldungen - oder, anders formuliert, einen Gebrauch, der die Ressource nicht zerstört, sondern im Rahmen der Tragfähigkeit des Systems nutzt (vgl. Ramphal, 1992, S.208).

> Sustainable development is a development strategy that manages all assets, for increasing long term wealth and well-being. Sustainable development, as a goal, rejects policies and practices that support current living standards by depleting the productive base, including natural resources, and that leaves future generations with poorer prospects and greater risks than our own. (Repetto, 1986, S.15, zit. in: Pearce et al., 1990, S.4)

Entsprechend dem Bericht der Brundtland-Kommission liegen dem Konzept der nachhaltigen Entwicklung drei Wertprämissen zugrunde (Harborth, 1991, S.52):
- Verantwortung für nachfolgende Generationen,
- gleiches Recht aller Menschen auf eine Umwelt, die ihrer Gesundheit und ihrem Wohlergehen angemessen ist,
- eigenständiges Überlebensrecht einmaliger Ökosysteme, darunter auch kulturellökologischer Lebenszusammenhänge von sogenannten Naturvölkern, unabhängig vom potentiellen Nutzen der Ökosysteme für die Menschheit.

Kritiker sehen im Brundtland-Konzept der nachhaltigen Entwicklung mit Recht lediglich einen Vorwand, um die notwendigen drastischen Änderungen der Lebens- und Produktionsverhältnisse in den reichen Industriestaaten weiter hinauszuschieben. Besonders kritisch muß die Verknüpfung einer dauerhaften Entwicklung mit dem Begriff des dauerhaften Wachstums gesehen werden (Hein, 1991, S.81/82; Goodland, 1992, S.178).

Für die Formulierung wie auch für die Realisierung einer bestimmten Entwicklungspolitik ist das *Entwicklungspotential* von grundlegender Bedeutung.

Unter dem Entwicklungspotential versteht man einen zusammenfassenden Ausdruck für die in einer Region zu einem Zeitpunkt vorhandenen Faktoren, die in dieser Region Aktivitäten zur Erzeugung von Wohlfahrt (im Sinne von Zufriedenheit oder Nutzen für die Bevölkerung) ermöglichen. (Zimmermann u. Nijkamp, 1986, S.29)

Nach Hahne (1985, S.52) gibt das (endogene) Entwicklungspotential die Obergrenze der möglichen wirtschaftlichen, sozialen und ökologischen Aktivitäten einer Region an (zit. in: Schätzl, 1988, S.121).

Ökologie als die "Haushaltslehre der Natur" beschäftigt sich mit Beziehungsgefügen von Organismen (Ökosystemen). Je nach Größenordnung der betrachteten Systeme sind dabei Individuen (Autökologie), ganze Populationen (Demökologie) oder Lebensräume (Synökologie) Untersuchungsgegenstand.

Umwelt, anthropozentrisch als die den Menschen umgebende, vom Menschen genutzte, belebte und unbelebte Welt definiert, besitzt für das ökonomische System vier zentrale Funktionen. Sie ist

1. Lieferant von öffentlichen Gütern (Luft, Wasser, Boden, Landschaftsästhetik usw.),
2. Lieferant von Ressourcen (Rohstoffen, Energie, Mineralien, Tiere usw.),
3. Medium zur Aufnahme, Absorption und Transformation von Schadstoffen,
4. Anbieter von Raum und Boden für Produktions- und Konsumprozesse, also von Standorten für Industrie, Gewerbe, Siedlungen, Landwirtschaft, Erholung usw.[4]

Basierend auf diesem Verständnis von Umwelt kann der Begriff des *Umweltschutzes* folgendermaßen interpretiert werden (Busch, 1992, S.13-14): Er umfaßt

- alle Maßnahmen zur Sicherung einer gesunden und menschenwürdigen Umwelt für den Menschen;
- den Schutz von Natur und Landschaft vor anthropogen bedingten schädlichen Einwirkungen;
- die Beseitigung und Reparatur von durch menschliche Aktionen verursachten Schäden an Natur und Landschaft (reparativer Umweltschutz);
- eine antizipatorische Planung zur Vermeidung von negativen Einwirkungen auf Natur und Landschaft sowie zur qualitativen Verbesserung der Umwelt (vorsorgender Umweltschutz).

Der Faktor Umwelt wird zu einem politischen Entscheidungsproblem, da sein Angebot nicht unerschöpflich ist. Es kommt zu Nutzungskonflikten zwischen den obengenannten Funktionen von Umwelt innerhalb des ökonomisch-gesellschaftlichen Systems. Solche Nutzungskonflikte können bei grober Mißachtung und/oder

Unkenntnis der Gesetzmäßigkeiten des Ökosystems entweder zum sofortigen Scheitern eines Entwicklungsansatzes oder aber zu einem langsamen, schleichenden Verfehlen des Wachstums-, Wohlstands- und Fortschrittszieles[5] führen. Besonders extreme Beispiele für das Scheitern von Entwicklungsansätzen infolge einer groben Mißachtung der naturräumlichen Gesetzmäßigkeiten sind Hungersnöte und Massensterben in bestimmten Bereichen der Sahel-Zone und Bangladeshs. In beiden Regionen siedeln Menschen in für Dauersiedlungen ungeeigneten Räumen. Selbst mit erheblichem Geld- und Materialeinsatz wären diese Gebiete nicht nachhaltig katastrophensicher zu gestalten.

Während die Anpassung an geographische Makrostrukturen eine Trivialität des menschlichen Überlebenskampfes ist, stellt das Erkennen und die Abwehr der viel subtileren, schleichenden Zerstörung und Vergiftung von Ökosystemen eine ständig wachsende Herausforderung dar.

Nichtwissen und ausschließliches Vertrauen in das "technisch Machbare" führen zu einer fortschreitenden Loslösung von den natürlichen Kreisläufen, die nach wie vor die Grundlage menschlicher Existenz darstellen. Die Folgen blieben lange unbemerkt bzw. wurden von den echten zivilisatorischen Fortschritten verdeckt. Die Befürchtung Robert Kochs, "man wird dereinst den Lärm bekämpfen müssen wie heute Pocken und die Cholera" (Binswanger, 1991, S.32), ist nicht nur im Bereich der Lärmbelastung längst eingetreten. Neben der Knappheit von Umwelt und der "Nichtsichtbarkeit" einer schleichenden Belastung der Ökosysteme tritt als drittes Problem die Existenz externer Effekte hinzu. Die Verursacher von Umweltbelastung zahlen in der Regel nicht für die Folgeschäden.

Langfristig mündet die Überlastung und Übernutzung des Entwicklungspotentials in Engpässen in der Versorgung mit Umweltgütern wie etwa Luft, Wasser, Boden, Landschaftsästhetik usw. Zur Erhaltung des gesellschaftlichen und wirtschaftlichen Wohlstandes müssen dann Umweltpotentiale neu geschaffen oder regeneriert werden, was um so mehr reale Ressourcen absorbiert, je weiter der Status der Überlastung fortgeschritten ist. Die damit verbundenen hohen Ausgaben für Umweltaufwendungen binden produktives Kapital und führen zu Wettbewerbsnachteilen gegenüber Staaten oder Regionen, die früher eine Strategie der gebremsten, nachhaltigen (Aus-) Nutzung ihres Umweltpotentials verfolgten (Zimmermann u. Nijkamp, 1986, S.31/32).

Bisher fehlt ein "Vorzeigestaat" für vorsorgenden Umweltschutz. Die so häufig zitierte Umweltpolitik Japans kann nur sehr eingeschränkt als Beispiel herangezogen werden. Die Aufwendungen Japans für Luftreinhaltung und Gewässerschutz haben zwar zu einer erheblichen Verbesserung der Umweltsituation im eigenen Land geführt, und die eigens hierfür entwickelte Technologie kann Japan mit Erwachen eines Umweltbewußtseins in anderen Ländern gewinnbringend exportieren, allerdings standen in Japan einige Städte vor einem Abgaskollaps und waren Tausende von Menschen durch Cadmium und Quecksilber vergiftet, bevor Maßnahmen ergriffen wurden (Weidner, 1989, S.86-89). Japan ebenso wie der andere vorgebliche ökologische "Musterknabe", Deutschland, sind lediglich Vorreiter im

Abb. 4: Ökologische Tragfähigkeit und ökologische Belastung

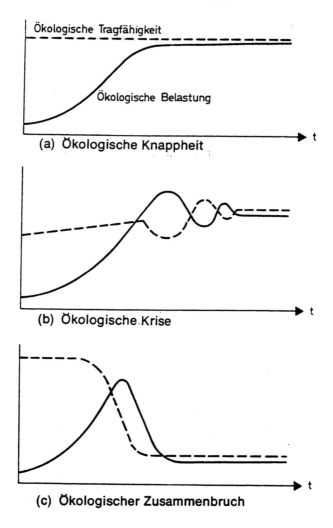

(a) Die Belastung erreicht die maximale Tragfähigkeit des Ökosystems; (b) Belastung und Tragfähigkeit passen sich in einem Wechselspiel kleiner "Katastrophen" (Krisen) einander an. Es herrscht der Zustand einer ökologischen Krise, das System bricht jedoch nicht zusammen; (c) Die Belastung hat zur Verringerung der Tragfähigkeit geführt und endet schließlich im völligen Zusammenbruch des Ökosystems.

Quelle: Bühl, 1981, S.45; vgl. Meadows, Meadows und Randers, 1992, S.142.

nachsorgenden Umweltschutz. Die Orientierung an ökologischen Produktionskreisläufen mit ausgeklügelten Vermeidungsstrategien für Umwelteinwirkungen steckt, obwohl technisch größtenteils machbar, im Jahre 1993 immer noch in den Kinderschuhen.

Eine *ökologische Krise* entsteht, wenn die Belastung der Ökosysteme zu einer dramatischen Minderung ihrer Tragfähigkeit führt (Bühl, 1981, S.46). Wenn ökologische Kreisläufe teilweise unterbrochen werden und bestimmte Ressourcen wie Boden, Luft oder Wasser sich nicht mehr selbst regenerieren können, steht der Mensch als Teil dieser Ökosysteme vor akutem Handlungsbedarf. Ökosysteminterne "Reinigungs- und Auffüllmechanismen" versagen und müssen mit erheblichem technischem und finanziellem Aufwand künstlich aufrechterhalten werden. Ab einem bestimmten Punkt der Überlastung ist eine völlige Zerstörung eines Ökosystems nicht mehr auszuschließen. Abbildung 4 stellt die potentielle Entwicklung von ökologischer Knappheit über die ökologische Krise bis zum ökologischen Zusammenbruch dar.

Im folgenden wird vom Begriff der dauerhaften Entwicklung ausgegangen. Die Analyse der taiwanesischen Entwicklungspolitik nach den Kriterien der dauerhaften Entwicklung wird die Problematik des in Taiwan bisher praktizierten nachsorgenden Umweltschutzes zeigen. Mittel- und langfristig besteht die Gefahr, daß das taiwanesische Wirtschaftswachstum durch Folgen des Raubbaus eingeschränkt wird. (*Taiwan 2000*, 1989, S.39/40)

1.2 Die internationale Diskussion der Entwicklungs- und Umweltproblematik

Die Veränderung der Erde durch menschliches Handeln, die *ökologische Transformation,* nimmt Formen und Ausmaße an, "die eine Verbesserung des Lebensstandards für alle (meist Modernisieruung oder auch Entwicklung genannt) immer mehr in Frage stellt". (Hauser, 1990, S.17) Hinter dieser Feststellung Hausers verbirgt sich die Erkenntnis, daß Entwicklung nicht unbedingt ein linearer Prozeß vom Schlechteren zum Besseren ist, sondern daß im Zuge des gesellschaftlichen Wandels zwar einige alte Probleme überwunden, andere aber verschleppt und neue produziert werden, wobei die Interaktion der Einzelprobleme immer komplexer und brisanter wird (Wöhlke, 1990, S.19). Die Vorstellung einer linearen Entwicklung vom "unterentwickelten" zum "entwickelten" Staat basiert bisher auf einem lediglich an quantitativen Wachstumsfaktoren orientierten Entwicklungsideal. Eine tatsächliche, dauerhafte Entwicklung muß jedoch viel komplexeren Ansprüchen genügen, die nicht nur an Steigerungen des Bruttosozialproduktes gemessen werden können.

Wenn Entwicklung nur über BSP-Wachstum definiert wird, dann setzen spätestens nach Erreichen der "Take-off-Phase"[6] Kapitalisierungsprozesse ein, die das ökologische Kapital irreversibel vermindern. Art und Ausmaß der Irreversibilität sind dabei abhängig von der Tragfähigkeit des ökologischen Systems, auf dem die

Abb. 5: "Trade-off" zwischen Naturkapital und ökonomischem Kapital

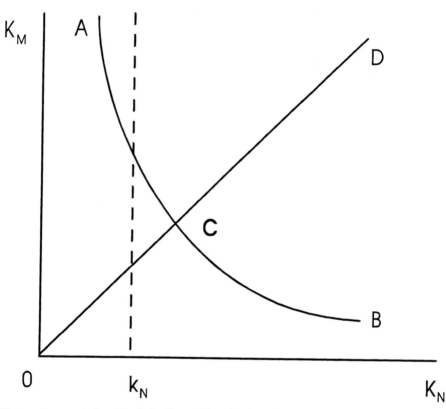

K_M = ökonomisches Kapital; K_N = Naturkapital; k_N = Minimumlinie für Naturkapital bei deren Unterschreitung der Zusammenbruch des ökologischen Systems droht; AB = "Trade-off-Linie"; OCD = Komplementärlinie. Die Verbindung zwischen A und B veranschaulicht die Ausverkauf-Hypothese. Bei geringem Bestand an Natur werden die höchsten Summen an ökonomischem Kapital erzielt und umgekehrt. Sinkt der Grundbestand an Natur unter einen kritischen Wert (k_N), so droht eine Folge von ökologischen, sozialen und ökonomischen Desastern. Das ökonomische Kapital wäre ohne diesen Grundbestand an Natur somit ebenfalls weniger "wert".

Quelle: Pearce et al., 1990, S.18.

politische Einheit lokalisiert ist, sowie von der Art und dem Ausmaß der Kapitalbildung. Zum Beispiel führt eine angepaßte Nutzung des tropischen Regenwaldes ("Ecofarming") zum Aussterben von weniger Tier- und Pflanzenarten als bei industriellem Kahlschlag; eine Variante ohne jeglichen Eingriff erscheint, wie viele Umweltverträglichkeitsprüfungen belegen, unter den heutigen Umständen menschlicher Existenz illusorisch. Die Umwandlung von Naturraum in Arbeits-, Verkehrs- und Wohnflächen für den Menschen bedeutet in der Regel einen nichtumkehrbaren Tausch von ökologischem Kapital gegen ökonomisches Kapital. Es entstehen räumlich mehr oder weniger abgegrenzte Sphären mit jeweiliger Dominanz ökologischer oder ökonomischer Belange. Die Sphären mit der Dominanz ökonomischer Belange sind insbesondere in der "Take-off-Phase" von sich entwickelnden Staaten sehr expansiv. Pearce et al. haben diese Problematik in Form einer Graphik (Abbildung 5) zusammengefaßt.

Würde man die Folgen einer Übernutzung des natürlichen Systems in gesamtwirtschaftliche Betrachtungen mit einbeziehen, gelangte man zu völlig anderen Ergebnissen von Entwicklungspolitik. Hauser (1990, S.44) spricht hier von der "Theorie der ökologischen Transformation".[7] Mit Hilfe dieser Theorie läßt sich, wie Simonis es folgerichtig tut, zwischen Entwicklung und Fehlentwicklung entscheiden:

> Beide (Entwicklung und Fehlentwicklung - Anm. des Verfassers) können auf Basis gleicher oder ähnlicher Wachstumsraten des Bruttosozialproduktes entstehen, weil große Unterschiede in der strukturellen Zusammensetzung des Endproduktes, der Naturausbeutung und der Art, Intensität und Verteilung der entstehenden Kosten möglich sind. (Simonis, 1991, S.2)

Ein Teil der Literatur beschäftigt sich mit der Beobachtung, daß nach Erreichen eines bestimmten Entwicklungsstandes, der mit größeren materiellen und intellektuellen Freiheiten der Menschen einhergeht, infolge eines steigenden Problembewußtseins in Bezug auf die knapper werdende Ressource Umwelt und einer besseren (umwelt-)technischen Ausstattung eine Abschwächung des Raubbaus auf dem Gebiet der eigenen politischen Einheit beginnt (Binswanger, 1992, S.28). Das steigende Umweltbewußtsein der Bürger führt zur Aufnahme umweltpolitischer Zielsetzungen in gesamtwirtschaftliche Planungen. Neuerworbene technische Fähigkeiten ermöglichen eine effizientere Nutzung von Ressourcen. Dieser im Vergleich zu den vorhergegangenen Übernutzungen und Zerstörungen "grüne" Effekt des Wirtschaftswachstums dient immer noch als Rechtfertigung für eine nicht stattfindende nachhaltige Entwicklung. Allerdings gilt auch, daß ohne ein überaus erfolgreiches Wirtschaftswachstum Länder wie die BRD und die USA heute nicht das Geld hätten, Umweltschutz zu finanzieren. Woher nimmt zum Beispiel Taiwan die ca. 35,5 Milliarden US$, die der Sechsjahresplan von 1991 bis 1997 für Umweltschutzausgaben vorsieht? Das Problem bei dieser Argumentation besteht in der Verdrehung von Ursache und Wirkung: Die Aufwendungen für den Schutz der Umwelt müßten nicht so hoch sein, wenn bei der Formulierung des Entwicklungsziels gleich vorausschauend geplant worden wäre!

So zeigen andere Studien, daß quantitative Wachstumseinbußen bei Realisierung des Konzeptes einer dauerhaften Entwicklung nach allen Erfahrungen geringer sind als die Reparaturkosten nach Eintritt der Belastungen und Schädigungen der Umwelt (Wicke, 1990). Die mit der technischen und wirtschaftlichen Entwicklung einhergehenden Eingriffe in gesellschaftliche und ökologische Systeme sind ökologisch nur sehr schwer abschätzbar. Eine dynamische Wirtschaft sollte demnach nur Mittel und nicht Ziel eines sinnvoll ausgerichteten Entwicklungsprozesses sein. Die qualitativen Probleme, vor allem in sozialen und ökologischen Belangen, müssen stärker als bisher betrachtet werden, um negativen Tendenzen entgegenzuwirken. Die unkontrollierte Verbreitung und Umsetzung von Neuerungen führt teilweise zu negativen synergetischen Effekten, die infolge einer negativen Rückkopplung den entwicklungstheoretischen Erfolg der gesamten Wachstumspolitik in Frage stellen! Durch die Sanierung kontaminierter Industriebrachen zum Beispiel entstehen in der BRD jährlich Kosten in Milliardenhöhe. In vielen Einzelfällen sind diese Kosten so hoch, daß ein Flächenrecycling nicht finanzierbar ist.

Ökologisch betrachtet bestehen die negativen Nebeneffekte von Wirtschaftswachstum in folgenden Bereichen (Wöhlcke, 1990, S.21):

- Vernichtung großräumiger Biotope, Übernutzung lebender Systeme und Auslöschung (Extinktion) von Tier- und Pflanzenarten;
- forcierte Ausbeutung der fossilen und mineralischen Ressourcen;
- Verschmutzung, Vergiftung und Verbauung von Naturräumen;
- Vernichtung landwirtschaftlicher Nutzfläche und Zerstörung der natürlichen Bodenfruchtbarkeit;
- Peripherisierung bis hin zum Aussterben von Bevölkerungsgruppen und der damit einhergehende Verlust an Tradition und Kultur, insbesondere an Kenntnissen über ihre Lebensräume.

Lokale, regionale und nationale Umweltprobleme addieren sich zur globalen Umweltproblematik. Luft- und Meeresverschmutzung kennen keine Grenzen, und der ästhetische und genetische Verlust durch Aussterben einer Tier- oder Pflanzenart betrifft die internationale Völkergemeinschaft ebenso wie den Einzelstaat. Verschiedene voneinander unabhängige Studien sehen die internationale Umweltzerstörung weiter steigen. Nur in Einzelfällen, wie etwa der Luftbelastung in ausgewählten Industrieländern, gibt es positive Trends zu verzeichnen (Wöhlcke, 1990, S.22).

Seit Rachel Carsons (1968) *Stummer Frühling* sind eine Unzahl von Expertisen geschrieben und eine Flut von Tagungen und Konferenzen abgehalten worden. Den bisherigen Höhepunkt bildete sicherlich die Umweltkonferenz von Rio de Janeiro im Frühjahr 1992. In Brasilien kamen zum ersten Mal nahezu alle Staatsoberhäupter der Erde zusammen, um über internationale Umweltprobleme zu diskutieren. Zumindest wissenschaftlich-rhetorisch scheinen damit die internationalen Umwelt- und Entwicklungsprobleme sowie deren voneinander unlösbare Verknüpfung Eingang in die Weltpolitik gefunden zu haben. Dies ist ein Ergebnis vieler zum Teil sehr bekannter Berichte und Konferenzen, die seit dem "Stummen Frühling" die öffentliche Meinung beeinflussen. Das *Raumschiff Erde* von Boulding (1966), *Grenzen des Wachstums* vom Club of Rome (1971), die Umweltkonferenz von Stockholm (1972), *Ökologie des Menschen* von Ehrlich und Ehrlich (1972), *Wir haben nur eine Zukunft* (Rio-Bericht an den Club of Rome von 1977), Carters *Global 2000* (1980), *Unsere gemeinsame Zukunft*, der Bericht der Brundtland-Kommission (1987) und *Earth in the Balance* (1992), das Buch des Vizepräsidenten der USA, Al Gore, stellen Meilensteine der Bewußtseinsbildung im Bereich des internationalen Umweltschutzes dar (Weizsäcker, 1990, S.3-66 und Hein, 1993, S.38). Angesichts der vorliegenden Erkenntnisse über die Begrenztheit der Ressourcen im "Raumschiff Erde" ist die noch immer dominierende Auffassung, daß die Länder der Dritten Welt die Entwicklung der Industriestaaten im Zeitraffertempo nachholen könnten, nicht nachvollziehbar.[8] Nicht die Nachahmung des "Verschwendungsmodells" (Weizsäcker, 1990, S.24) des Nordens, sondern das Lernen aus Fehlern der Industrieländer, das antizipatorische, nachhaltige und innovative Planen der gesellschaftlichen und naturräumlichen Entwicklung lassen ein für die Zukunft überlebensfähiges Modell entstehen. Abgesehen von der Frage, ob eine verkürzte Kopie der Entwicklungsgeschichte der Industrienationen ökologisch überhaupt wünschenswert ist, erscheint es anläßlich der bisherigen Ergebnisse von weltweiter Entwicklungspolitik sehr fragwürdig, ob deren soziale und ökonomische Erfolge wenigstens teilweise kopiert werden können. Wirtschaftliches Wachstum in der Dritten Welt war bisher Wachstum ohne Entwicklung![9] Darüber hinaus erscheint die von Redclift bereits 1984 geäußerte These, daß viele Entwicklungsländer nicht nur unter einer ökonomischen sondern auch unter einer ökologischen Ausbeutung durch den "reichen Norden" zu leiden haben (Redclift, 1984; zit. in: Chi Chun-chieh, 1992, S.49), vor dem Hintergrund der Diskussion um den Schutz des tropischen Regenwaldes, des Ozonlochs und des Treibhauseffektes, um nur einige Beispiele zu nennen, durchaus realistisch.

Neue Erkenntnisse aus der Ökosystemforschung, der zunehmenden Umweltzerstörung und dem Ressourcenschutz führten im Bereich der Ökonomie zur Entwicklung von neuen, sich von neoklassischen Ansätzen unterscheidenden Theorien. Die "Steady-State-Ökonomie", wie Daly (1994, S.57) sie formuliert, sieht die Volkswirtschaft nur als eine Komponente in einem größeren (Öko-)System, das externen Input benötigt, Materialien verändert und jegliche Energie schließlich in nicht weiter nutzbare Wärme umwandelt.[10] Für die "Steady-State-Ökonomen" ist die Volkswirtschaft in ein endliches, nicht wachsendes und stofflich geschlossenes, übergeordnetes System eingepaßt. Für das Ziel der dauerhaften Entwicklung bedeutet dies die Abkehr vom Grundsatz der Allheilkraft quantitativen Wachstums bei der Lösung von Allokations- und Verteilungsproblemen.

Zusammenfassend läßt sich feststellen, daß die noch junge entwicklungstheoretische Forschung erst seit Anfang der siebziger Jahre mit der Aufarbeitung von ökologischen Problemen begonnen hat. Die wissenschaftliche Diskussion um den Begriff der Entwicklung in Verbindung mit ökologischen Faktoren ist sogar noch jüngeren Datums. Erst 1980 taucht der Begriff des "sustainable development" zum ersten Mal auf. Daher ist es nicht verwunderlich, daß umfassende, interdisziplinäre

Analysen zu konkreten Entwicklungsansätzen noch fehlen. Insbesondere mangelt es an Studien zu den ökologisch-ökonomisch-politischen Komponenten von Entwicklung in den NICs (Newly Industrializing Countries). Es fehlen Betrachtungen zur (ökologischen) "Dauerhaftigkeit" ökonomisch anerkannter Wachstums- und Entwicklungsmodelle. In den folgenden Kapiteln werden die theoretischen Ausführungen zur internationalen Sichtweise von "dauerhafter Entwicklung" am konkreten Fall der Republik China auf Taiwan überprüft. Kapitel 2 beginnt mit der Darstellung und Analyse der naturräumlichen, politischen und ökonomischen Ausgangslage für das Wirtschaftswachstum auf der "Ilha Formosa".

2 Der Fall Taiwan - Ausgangslage: räumliches Entwicklungspotential, historisch-programmatische Voraussetzungen und Wirtschaftsstrategien

2.1 Räumliches Entwicklungspotential

Das räumliche Entwicklungspotential gliedert sich in Naturraum und Ökosysteme, demographische, ethnische, kulturelle sowie soziale Faktoren. Diese Aspekte bilden zusammen die Ausgangsbasis für die Formulierung einer bestimmten Entwicklungspolitik.

2.1.1 Naturraum und Ökosysteme

Taiwan liegt als Teil des asiatischen Kontinentalschelfs am westlichen Rand des Pazifikbeckens. Vom asiatischen Festland trennt die Insel eine bis 150 km schmale Meerenge, die "Taiwan Strait" oder Straße von Formosa. Zum Staatsgebiet gehören neben der Hauptinsel die in der Straße von Formosa gelegenen Pescadoren (Penghu-Inseln; 127 km^2) sowie Quemoy (Kinmen; 155 km^2) und Matsu (26 km^2), die unmittelbar vor der chinesischen Festlandsküste liegen. Südöstlich vor der Küste Taiwans liegt die für seine noch sehr "unterentwickelten" Bewohner (Yami-Minorität) bekannte Orchideeninsel (Lanyu; 27 km^2). Nördlich der Orchideeninsel gehört die Grüne Insel (Lü Tao; 16,3 km^2) ebenfalls zum Staatsgebiet der nationalchinesischen Regierung Taiwans.

Auf einer Gesamtfläche von 36.000 km^2 erheben sich mehr als 200 Berggipfel über 3000 m. Im Westen steigt das Land aus der bis zu 45 km breiten Küstenebene terrassenförmig zum Zentralgebirge auf, das die Insel von Norden nach Süden auf einer Länge von 270 km und einer Breite von bis zu 80 km durchzieht. Nach Osten hin fällt das Gebirge steil ab (120 m/km). Auf einer Länge von 150 km und einer Breite von 10 km wird das Zentralgebirge im Osten von einem kleinen Küstengebirge begleitet. Ein Grabenbruch trennt die beiden Gebirgsketten. Die mit 3.952 m höchste Erhebung ist der Jadeberg (Yu Shan). Kurze, aber tiefe, wasserreiche Quertäler zerteilen das Gebirge, dessen zentraler Höhenzug die Wasserscheide für die kurzen, nach Westen und Osten zum Meer strömenden Flüsse bildet. Die Flüsse führen zur Regenzeit häufig Hochwasser, in regenarmen Perioden versiegen sie fast gänzlich (Statistisches Bundesamt, 1986, S.14).

Die Berge in Taiwan bestehen hauptsächlich aus sehr jungem Sediment- und Metamorphgestein, das vielerorts sehr stark angewittert und somit sehr erosionsanfällig ist. Hinzu kommt die Instabilität infolge häufiger Erdbeben sowie lokal und saisonal stark schwankender Niederschläge. In Taiwan werden weltweit mit die höchsten Bodenabtragswerte gemessen (Rolshoven, 1988, S.98). Die Ursachen hierfür liegen hauptsächlich in der sehr hohen Reliefenergie und in der geringen Distanz zur Erosionsbasis des Pazifischen Ozeans.

Abb. 6: Übersichtskarte Ostchinesisches Meer und geographische Lage Taiwans

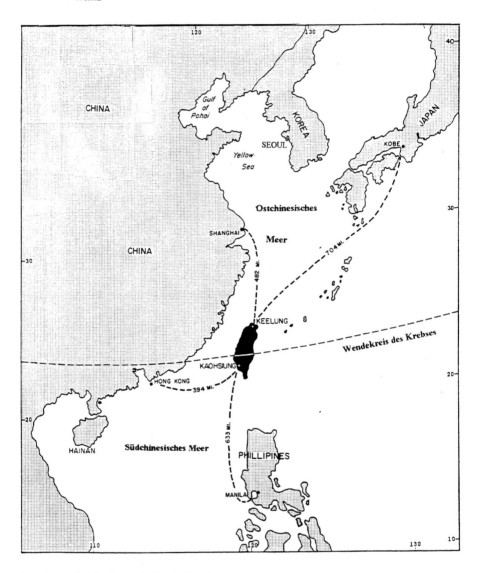

Quelle: Hsieh Chiao-Min, 1964, S.4.

Klimatisch gesehen gehört Taiwan zu den Subtropen. Nur der äußerste Südzipfel liegt bereits im Einflußbereich tropischer Klimaregime. Die Temperaturen liegen im Jahresdurchschnitt bei 24°C im Süden bis 22°C im Norden (Abbildung 7a).

Winter- und Sommermonsune, die wiederum unter dem Einfluß der ostasiatischen Landmasse und der extremen Topographie Taiwans besondere Eigenheiten entwikkeln, geben dem Klima in Taiwan ein besonderes Gepräge. Abbildung 7b verdeutlicht die sehr starken regionalen Unterschiede in der Niederschlagsmenge. Der Norden erhält durchschnittliche Niederschlagsmengen bis zu 4.000 mm (Maximalwerte bis zu 6.000 mm), während der durch die Küstenkette abgeschirmte Südwesten durchschnittlich nur 1.500-2.000 mm Niederschlag verzeichnet.

Abb. 7a:) Durchschnittliche Jahrestemperatur (°C)

Abb. 7b:) Durchschnittliche jährliche Niederschlagsverteilung (mm)

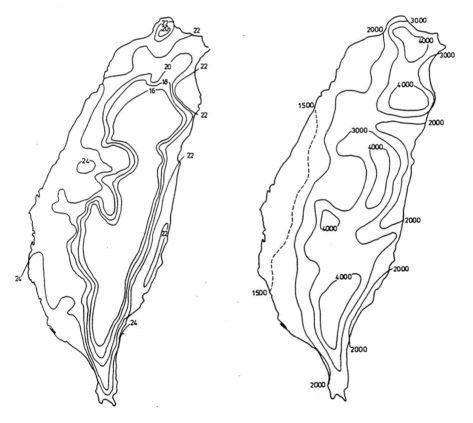

Die Anzahl der Regentage beschränkt sich im Südwesten auf durchschnittlich 75, während es im Nordosten an 200 Tagen regnen kann (Abbildung 7d). Im Süden regnet es fast ausschließlich im Sommer, während der Nordwesten ganzjährig Niederschläge erhält (Statistisches Bundesamt, 1986, S.14). Der Südwesten Taiwans leidet durchschnittlich alle zwei Jahre unter ausgedehnten Trockenperioden

Abb. 7c:) Häufigkeit von Trockenperioden (50 Tage ohne Niederschläge) **Abb. 7d:) Durchschnittliche Anzahl von Tagen mit Niederschlägen**

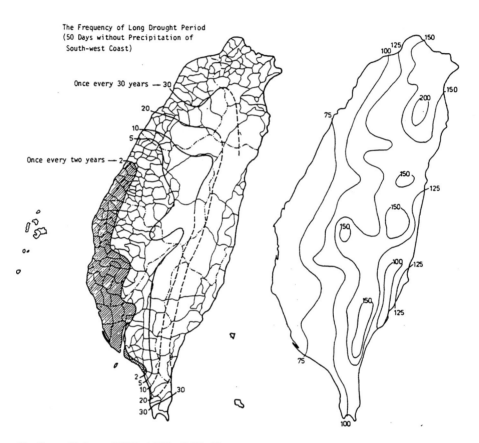

Quelle: *Taiwan 2000*, 1989, S.57-60.

mit über 50 Tagen ohne Niederschlag. Die hydrogeologischen und klimatischen Konditionen bedingen Probleme mit der Wasserversorgung. Prinzipiell bereitet der Transport von Wasser aus wasserreichen Regionen in solche mit Wassermangel große Probleme (*Taiwan 2000*, 1989, S.65). Abbildung 7c kennzeichnet die von Trockenperioden betroffenen Regionen im Südwesten Taiwans. Innerhalb der schraffierten Flächen finden wir statistisch alle zwei Jahre eine Trockenperiode von mindestens 50 Tagen ohne Niederschläge. Die Lage Taiwans im Bereich mehrerer Taifunbahnen des Ostchinesischen Meeres führt zu häufigen Verwüstungen der Küstenregionen während der Sommermonate (EPA, 1991c, S.116).

Der langsame Anstieg von der subtropischen Küstenebene über ein Hügelland bis zu den über 3.000 m hohen Bergen bietet eine Fülle unterschiedlicher Lebensbedingungen für Flora und Fauna. Die große Vielfalt ist unter anderem auf die abwechslungsreiche geologische Vergangenheit Taiwans zurückzuführen. Taiwan war immer ein Teil des Festlandes, der erst im Pleistozän durch die Absenkung der Taiwanstraße vom Festland getrennt wurde (Hsieh Chiao-Min, 1964, S.8). Die auf Taiwan "gestrandeten" Tier- und Pflanzenarten sahen sich in der nacheiszeitlichen Wärmephase mit steigenden Temperaturen konfrontiert. Viele "wanderten" auf der Flucht vor den sich ändernden Klimabedingungen in die Höhenregionen der jungen Gebirge, wo sich bis heute aufgrund der langen Isolation viele Arten und Unterarten entwickelt haben. Taiwan zeichnet sich infolge dieser Ereignisse durch einen sehr hohen Endemitenreichtum[11] aus. Tabelle 2 zeigt die Anzahl der Arten insgesamt sowie die Anzahl der endemischen Arten auf Taiwan.

Tabelle 2: Anzahl endemischer Tier- und Pflanzenarten auf Taiwan

Pflanzen und Tiere	Anzahl der Arten	endemische Arten
Höhere Gefäßpflanzen	> 4.000	1.000
Säugetiere	62 (61)	13
Vögel	410	15
Süßwasserfische	140	-
Amphibien	26 (30)	6
Reptilien	83 (92)	20
Insekten (insgesamt)	ca. 50.000	-
Schmetterlinge	> 400	50

abweichende Angaben in Klammern

Quelle: Severinghaus 1989, S.107; COA 1993, S.3.

Die Verteilung von Ebenen, Hügelland und Hochgebirge ist für die Entwicklungsplanung Taiwans ein einschränkender Faktor. Von den 36.000 km² Gesamtfläche sind nur 23% Ebene und 12% Hügelland; der Rest ist Hochgebirgsregion. Bewässerungskulturen, vornehmlich Reis, dominieren in den Ebenen. Verschiedene Feldfrüchte, wie etwa Tee und Bananen, prägen die Hügellandschaft. Die Hochgebirge werden von Wald bedeckt. In den Ebenen des Südens und Südwestens findet man eine tropische Vegetation mit Mangroven, Bambusrohr und Küstenregenwald.

In den leicht gewellten Hügelländern wird das Klima subtropisch mit immergrünen Laubwäldern, Baumfarnen und Palmen. Durch intensive Holzwirtschaft stark übernutzt sind die Regionen gemäßigten Klimas, die mit Zedern, Zypressen, Rhododendron, Hemlocktannen und Fichten bestanden sind. Der charakteristischste Baum der Bergwälder ist wohl der Kampferbaum (*Cinnamomum camphora*). Aufgrund der erst sehr spät erfolgten Isolierung besitzt die Flora Taiwans große Ähnlichkeit mit der Flora des ostasiatischen Festlandes.

Tabelle 3: Prozentuale Verteilung von Ebenen, Hügelland und Gebirge

Klassifikation	Prozentualer Anteil %
Ebenen	26,3
Hügelland	27,1
Gebirge	46,6
Gesamt	100,00

(Ebenen = unter 100 m; Hügelland = 100 - 1.000 m; Gebirge = über 1.000 m über NN)
Quelle: *Taiwan 2000*, 1989, S.77.

Wie Tabelle 3 und Abbildung 9 verdeutlichen, stehen von den 36.000 km² Gesamtfläche den knapp über 20 Millionen Einwohnern rein theoretisch nur rund 8.900 km² Ebene zur Verfügung. Tatsächlich gut verfügbar sind nach Böhn (1987, S.110) sogar nur 8.300 km², während weitere 12% der Gesamtfläche aus nur bedingt nutzbaren Hangflächen bestehen. Dumont errechnet für das Jahr 1987 eine Bevölkerungsdichte von 2.100 Menschen pro km² Kulturland (Dumont, 1987, S.16/17). Raumplanung und Siedlungsentwicklung spiegeln die naturräumlichen Disparitäten wider. Bedingt durch die Oberflächenformen - Steilküste im Osten, Hochgebirge in Zentraltaiwan und Küstenebene im Westen und Norden - liegen die führenden sechs Entwicklungszentren auf der Westseite der Insel (vgl. Abbildung 8). Die drei kleineren Zentren im Osten sind mehr oder weniger isoliert (Böhn, 1987, S.112-113). Infolge der topographisch-morphologischen Vorgaben kann die einseitige West-Ausrichtung nur besser strukturiert, nicht aber verhindert werden (*Taiwan 2000*, S.412-415).

Die Fruchtbarkeit der Böden schwankt je nach Lage und Intensität der jahrhundertelangen Nutzung. Viele vormals fruchtbare Böden sind ausgelaugt, versauert, versalzen oder von Erosion betroffen. Neben der für tropische Klimate mit starkem

Regenfall typischen Auswaschung von Nährstoffen sind viele Fertilitätsprobleme in Taiwan anthropogen verursacht. Im Norden findet man vorwiegend saure alluviale Böden und diluviale Latosole. Im Südwesten dominieren neutrale bis schwach basische Alluvialböden. In den höheren Berglagen finden sich dünne, unreife und wenig fruchtbare Lithosole (*Yearbook R.O.C.*, 1991/92, S.19). Das warm-feuchte Klima Taiwans fördert den Krankheits- und Schädlingsbefall der Ackerbaukulturen. Natürliche Katastrophen in Form von Taifunen und Erdbeben sind relativ häufig. Dabei führen insbesondere die in den Sommermonaten auftretenden Taifune zu teilweise erheblichen Schäden an Infrastruktur und in der Landwirtschaft. 1990 wurden fast 166.000 ha Anbaufläche (Gesamtanbaufläche: ca. 890.000 ha) durch Taifune, Überschwemmungen, Krankheitsbefall und Schädlinge in Mitleidenschaft gezogen (*Yearbook R.O.C.*, 1991/92, S.203). Rolshoven (1988, S.97) spricht von einer hohen "Grundgefährdung, der die natürlichen, naturnahen und naturfernen Ökosysteme der Insel ausgesetzt sind". Mit anderen Worten besitzt das Ökosystem Taiwan eine sehr hohe natürliche Dynamik. Klimaxstadien werden aufgrund regelmäßig auftretender Katastrophen seltener erreicht.

Abb. 8: Taiwan: zentralörtliche Systeme

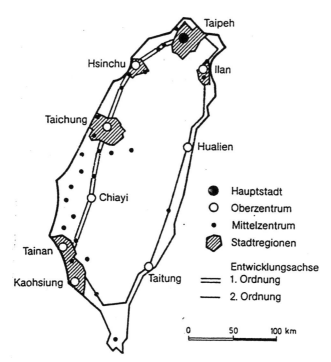

Quelle: Böhn, 1987, S.113.

Abb. 9: Karte der verschiedenen Höhenstufen

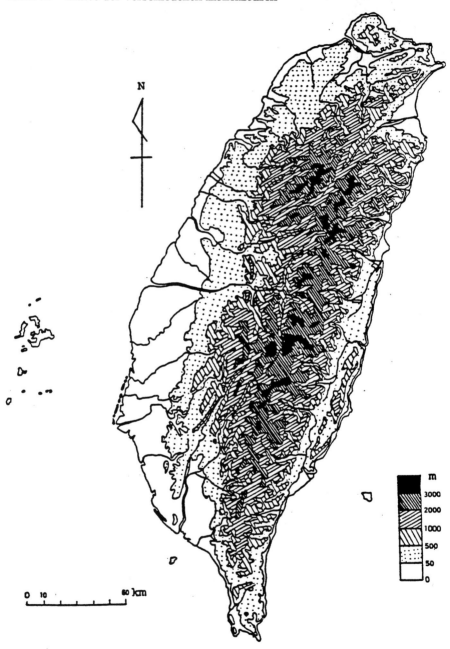

Quelle: Cheng Flora Sheng-Hua, 1984, S.114.

Abb. 10: Bodenschätze, Industriestandorte und Verkehr

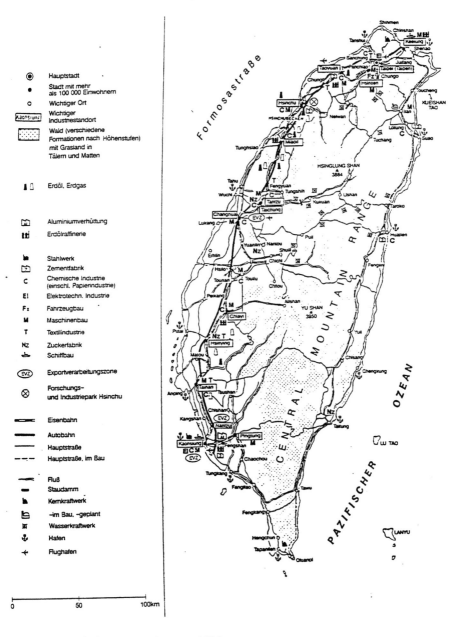

Quelle: Statistisches Bundesamt, 1992.

Die Gebirgslagen sind ursprünglich mit standortangepaßten Harthölzern ("Hardwoods") und endemischen Koniferen bestanden, einer Pflanzengesellschaft, die den rauhen Bedingungen des taiwanesischen Klimas angepaßt ist. Der Ersatz dieser Waldbestände durch Obstbaumkulturen, importierte Nadelhölzer oder Bambusplantagen führt zu starken Erosions- und Bodendegradationserscheinungen. Die forstwirtschaftlichen Erträge reichen nicht aus, um die einheimische Industrie ausreichend zu versorgen (Gälli, 1980, S.XIII).

Bodenschätze sind entweder nicht oder in so geringen Mengen vorhanden, daß sich ein Abbau nicht lohnt. Kohlevorkommen von 176 Millionen t sind bekannt, wären jedoch nur zu einem Drittel ökonomisch abbaubar. 1979 wurden ca. 4,7 Mio. cbm Erdgas gefördert. Lukrativ ist bisher allein der Abbau von Marmor im Osten der Insel (Gälli, 1980). Fast alle anderen mineralischen Ressourcen müssen importiert werden.

2.1.2 Demographische, ethnische und kulturelle Faktoren

Abb. 11: Bevölkerungsentwicklung auf Taiwan seit dem 17. Jahrhundert

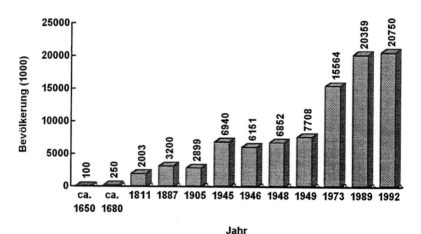

Quelle: Ho, 1978; EPA, 1991b.

Nahezu alle Autoren, die über den wirtschaftlichen Erfolg Taiwans schreiben, erwähnen die Bevölkerung als eine der wichtigsten Ressourcen. Die Han-Chinesen auf Taiwan, die über 98% der Bevölkerung ausmachen, sind in mehreren Etappen vom Festland her eingewandert. Innerhalb dieser Population existieren zwei stark voneinander abzugrenzende Gruppen: die Taiwanesen und die Festländer ("Mainlander"). Taiwanesen sind alle Han-Chinesen, die vor 1947-49, also vor der Ankunft der Bürgerkiegsflüchtlinge, bereits auf Taiwan lebten. Innerhalb der Taiwanesen existiert eine ethnische Untergruppe, die Hakka, die vor allem in der westlichen Ebene um Hsinchu und Changhua lebt. Auf dem Festland heimatlos und vertrieben, fanden die Hakka um das Jahr 1000 auf Taiwan Unterschlupf. Die Hauptphase der Einwanderung der Hakka nach Taiwan wird jedoch um die Zeit von 1250 bis 1279 datiert (Goddard, 1964, S.26). Heute leben ca. drei Millionen Hakka auf Taiwan. Bereits im 13. Jh. folgten weitere chinesische Einwanderer, hauptsächlich aus den Provinzen Kwuangtung und Fukien. Nach langen, erbitterten Kämpfen vertrieben diese Neu-Einwanderer, die sogenannten Fulao oder Hoklos, die Hakka in die zentralen Regionen Taiwans, ähnlich wie jene zuvor die Ureinwohner aus den Ebenen verjagt hatten (Goddard, 1966, S.26; Cohen, 1988, S.118/119). Seit dieser Zeit gab es einen ständigen Zustrom von Festlandchinesen nach Taiwan mit Höhepunkten während der holländischen Kolonialzeit (1642-1661), der Herrschaft Zheng Chenggangs (1661-1683)[12] und der Flucht Chiang Kai-sheks[13] 1948-49.

Zu den Festlandchinesen zählen alle zwischen 1945 und 1949 vom Festland auf die Insel gekommenen Zuwanderer sowie deren Nachkommen (Weggel, 1990, S.131). 70% der Festländer konzentrieren sich in den Ballungszentren um Taipei, Taichung, Kaohsiung sowie in der Nähe der Militärstützpunkte (Halbeisen, 1993). Während die Hakka und Fulao jeweils ihren eigenen Dialekt haben, sprechen die Festlandchinesen je nach Herkunft unterschiedliche Dialekte, meist aber von Haus aus auch die chinesische Hochsprache, die infolge der Erziehungspolitik der Guomindang heute zudem landesweit auch unter den anderen Gruppen verbreitet ist.

Der Konflikt zwischen Taiwanesen und "Mainlandern" sollte nicht unterschätzt werden. "Eines der großen Probleme Taiwans, das bis heute noch von Bedeutung ist, war der Gegensatz in der Bevölkerung zwischen den rund 80% im Lande geborenen Chinesen, die Süd-Fukien-Dialekt oder einen anderen südchinesischen Dialekt (Hakka) oder einen kantonesischen Dialekt sprachen, und den 1945-49 vom chinesischen Festland gekommenen, sogenannten Festländern" (Domes, 1989, S.6). Während des Zwischenfalls vom 28. Februar 1947, mit dem die Guomindang ihre Herrschaft über Taiwan sicherstellte, töteten Guomindang-Soldaten 6.000 bis 10.000 Taiwanesen und weitere 10.000 in den folgenden Monaten. Die Folgen dieser Exzesse sind bis heute spürbar, obwohl es bis zur Demokratisierung streng verboten war, überhaupt darüber zu reden (Cohen, 1992, S.22-23; Lai et al., 1991). Noch im April 1992 sprach die taiwanesische Tageszeitung *China Post* von einem weithin sichtbaren, ethnischen Bewußtsein in der Politik, das "Spannungen zwischen Festländern und Taiwanesen fördert" (China Post, 13.4.1992). So versucht, wie noch zu zeigen sein wird, die neue Oppositionspartei DFP, sich über eine Renaissance des "Taiwanesischen", einschließlich der Sprache, zu legitimieren.

Insgesamt betrug die Einwohnerzahl Taiwans im Jahre 1991 20,56 Millionen, woraus sich eine Einwohnerdichte von 571 Personen pro Quadratkilometer errechnet (EPA, 1992c; EPA, 1991b). Wie Abbildung 12 verdeutlicht, drängen sich die Einwohner Taiwans auf etwas weniger als einem Drittel der Fläche der Insel, während über zwei Drittel der Oberfläche Taiwans extrem dünn besiedeltes Hochgebirge oder Hügelland sind. Auf dem dicht besiedelten ersten Drittel beherbergen

Abb. 12: Bevölkerungsdichte

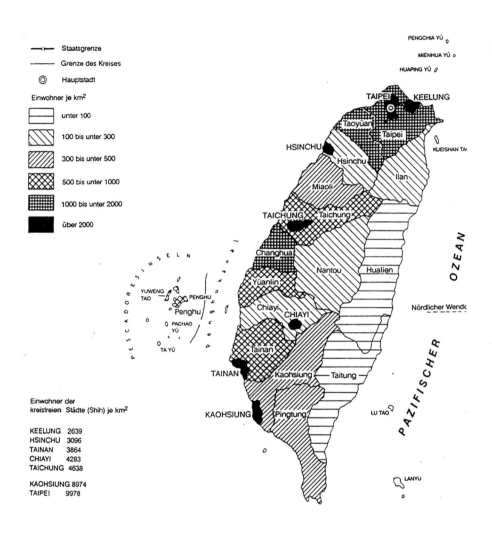

Quelle: Statistisches Bundesamt, 1992.

die vier großen Ballungszentren Taipei, Kaohsiung, Taichung und Tainan über 50% der Gesamtbevölkerung. Hinter Bangladesh ist Taiwan somit der dichtestbesiedelte Flächenstaat Asiens. Tabelle 4 zeigt den Vergleich Taiwans mit anderen Staaten.

Tabelle 4: Taiwans Fläche und Bevölkerungsentwicklung im internationalen Vergleich

	Taiwan	Südkorea	Japan	VR China	Bangladesh	HGK	BRD	Holland
Fläche (1.000 km²)	36	99	144	9.561	143,9	1,0	248,6	40,8
Einwohner (Mio.)	20,6	42,0	123,2	1.150	110,7	5,7	79,6	14,8
Bevölkerungswachstum (%)	1,2	1,2	0,5	1,4	2,6	1,5	0,1	0,5
Einwohner (pro km²)	571,1	440,0	331,0	120,0	755	5.700	223	362,7
Alphabetisierung (%)	92,0	100	100	73	36	k.A	99,0	100
Anteil städtischer Bevölkerung (%)	74	72	77	56	16	94	85	89

Daten für 1990-1993; k.A. = keine Angabe; HGK = Hongkong
Quelle: Naya und Imada, 1990, S.297; Menzel, 1992; Rhode, 1993, S.7; CEPD, 1990; *The Economist*, 1993; *Harenberg Länderlexikon*, 1993.

Im Laufe der letzten vierzig Jahre haben sich an der Westküste und im Norden folgende vier große Agglomerations- und Entwicklungszentren herausgebildet (Tabelle 5):

Tabelle 5: Bevölkerungszuwachs im Zeitraum von 1956 bis 1982 in den vier größten Ballungszentren Taiwans

Region	1956	1971	1982	Wachstumsrate (1956-1982) (%)
Taipei	1,41	3,02	4,71	243
Kaohsiung	0,58	1,24	1,77	205
Taichung	0,59	0,98	1,37	132
Tainan	0,36	0,61	0,79	119
TOTAL	2,91	5,85	8,64	194

Quelle: Williams, 1988a, S.180.

1992 lag die Zahl der Geburten bei 15 Promille, und für das Jahr 2035 wird ein Nullwachstum der Bevölkerung erwartet. Bei Fortdauer dieses Trends werden im Jahr 2036 21,6% der Taiwanesen über 65 Jahre alt sein. Zur Zeit liegt der Anteil der über Fünfundsechzigjährigen bei 6,7% (1988: 5,7%). Um einer drohenden "Überalterung" der Gesellschaft zu entgehen, versucht die Regierung, die Taiwanesen wieder zu mehr Kinderreichtum anzuhalten. Während in den fünfziger Jahren bei einem Bevölkerungswachstum von 3,2% die Parole ausgegeben wurde, "Zwei sind gerade genug, eines ist nicht zuwenig", heißt es heute nur noch "zwei sind gerade genug" (*The Economist*, 5.6.1993, S.63, Gälli, 1991, S.62 f.). Mitte der sechziger Jahre hatte die taiwanesische Regierung mit viel Erfolg ein Programm zur Bevölkerungskontrolle gestartet. Gesundheitsberatung für werdende Mütter, kostenlose Vorsorgeuntersuchungen für Mutter und Kind, kostenfreie Abgabe von Kontrazeptiva und Programme zur sexuellen Aufklärung führten zu einer Senkung der Geburtenrate von 38,3 Kindern pro Tausend Einwohner im Jahre 1968 auf 15,7 pro Tausend im Jahre 1988 (Li K.T., 1991, S.37; Gee San, 1993, S.4). Neben den staatlichen Maßnahmen haben vor allem das hohe Pro-Kopf-Einkommen und ein gestiegenes Bildungsniveau der taiwanesischen Frauen zu einer Verringerung der Geburtenrate beigetragen.

Nationale Minderheiten spielen in Taiwan eine untergeordnete Rolle. Die Nicht-Han auf Taiwan siedeln vorwiegend im zentralen Bergland und umfassen mit 335.603 Menschen lediglich 1,7% der Gesamtbevölkerung[14] (*Yearbook R.O.C.*, 1991/92, S.29). Vor Ankunft der Han-Chinesen auf Taiwan lebten die Ureinwohner in den fruchtbaren Ebenen Westtaiwans. Durch die starke Zuwanderung vom chinesischen Festland wurden immer mehr Ureinwohner in die zentralen Gebirgslagen verdrängt (vgl. Abbildung 13). Heute lebt etwa die Hälfte aller Minderheiten in eigens für sie eingerichteten Schutzzonen Zentraltaiwans (Yuan, 1992, S.6-8). Die übrigen leben in den Siedlungszentren der Han-Chinesen, wo sie, wie zum Beispiel in Taitung mit 30%, lokal große Minderheiten bilden (Yuan, 1992, S.6-8).

Den Minoritäten wird bei Anpassung an die chinesische Kultur Chancengleichheit gewährt (Yuan Y., 1992, S.5-13). Allerdings stehen die Volksgruppen, die sich nicht sinisieren lassen wollen, unter einem sehr starken Assimilationsdruck. Die jungen Leute arbeiten in den Industrien in der Küstenebene bzw. in den Bordellen und "Barbershops" der Großstädte (Liu P., 1992, S.18). Traditionelles Handwerk, Sprache und Kultur sterben mit den alten Dorfstrukturen aus bzw. werden von der Kultur der chinesischen Zuwanderer überformt. Es liegt nahe, diese Entwicklung als schleichenden Genozid zu bezeichnen. Ein besonders krasses Beispiel für die allmähliche Zerstörung einer Kultur sind die Yami auf der Orchideeninsel (Lanyu) südöstlich vor Taiwan (Yuan, 1992, S.7). Die Yami sind als kleinste Minoritätengruppe besonders stark von der kulturellen Überformung durch die Han-Chinesen bedroht. Durch Aufbau von Tourismusstrukturen auf der Heimatinsel der Yami sowie durch Zwang zu einer chinesischen Lebensweise zerstört die taiwanesische Regierung eine uralte Fischereikultur. Das Geld vom

Tourismus bleibt bei den wenigen chinesischen Händlern auf Lanyu. Als sei dies nicht genug, lagert Taiwan radioaktive Abfälle aus seiner Atomwirtschaft auf Lanyu (China Post, 29.5.1987; Cohen, 1988, S. 355-357; Lin, 1993; Interview mit Shy Nu-Lai, Februar 1990).

Abb. 13: Regionale Verteilung von Immigranten und Ureinwohnern in Taiwan

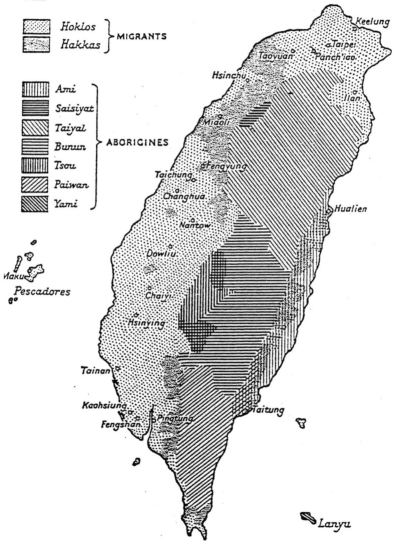

Quelle: Kaulbach und Proksch, 1984, S.17.

Verglichen mit den ethnischen Reibereien zwischen Taiwanesen und Festlandschinesen sind die religiösen Differenzen in Taiwan ohne großen Zündstoff. Die taiwanesische Volksreligion setzt sich aus Animismus, Ahnenkult, Daoismus, Buddhismus und der Verehrung einer Reihe lokaler, regional differierender Gottheiten zusammen (Kaulbach und Proksch, 1984). Das Zusammenleben der verschiedenen Religionen ist von großer Toleranz geprägt. Die christlichen Kirchen vornehmlich amerikanisch-protestantischer (Presbyterianer) Herkunft hatten aufgrund ihres Widerstandes gegen das diktatorische Regime der Guomindang und ihrer Unterstützung für die taiwanesische Unabhängigkeitsbewegung teilweise erhebliche Probleme mit dem staatlichen Repressionsapparat (Halbeisen, 1992, S.5).

Die neben und über den anderen Religionen bestehende konfuzianische Gesellschaftsordnung wird von einigen Autoren als eine Grundlage für den wirtschaftlichen Erfolg Taiwans angeführt (Chen Li-fu, 1990; vgl. Sautter, 1990, Chan und Clark, 1992). Dies wird später noch näher zu betrachten sein. Insbesondere die dominierende Funktion der Familie in der chinesischen Gesellschaft, mit der Achtung für die Älteren und der außergewöhnlichen Daseinsvorsorge für die Kinder, ist unter mehreren Gesichtspunkten für die Wirtschaft von besonderer Relevanz. Zum einen brauchte sich der Staat lange Zeit keine Gedanken um wesentliche sozialstaatliche Maßnahmen für vor allem ältere Menschen zu machen. Zum anderen trug die sehr hohe Nettosparquote der Taiwanesen erheblich zur Schaffung von Eigenkapital für den Investitionsbedarf der taiwanesischen Wirtschaft bei (Chan und Clark, 1992, S.85).

... It is not just that the people want to save for educating their children as a Confucianist would do; it is also the belief that frugality or abstinence from consumption, especially of the conspicious type, is itself a virtue in the system of Confucian values. (Chen Li-fu, 1990, S.19)

Für Taiwan bedeutet diese weittragende Rolle der chinesischen Familie eine erhebliche soziale und ökonomische Stabilität. Über regionale Unterschiede und Differenzen in der Klassenzugehörigkeit hinweg hält sie ein landesweit effizientes Bindungsnetz aufrecht. Die Familie bildet den Zement, der die sich immer schneller differenzierende taiwanesische Gesellschaft (noch) zusammenhält. Sautter (1990, S.107) sieht in der hohen Wertschätzung der Familie einen wesentlichen Beitrag zum ökonomischen Erfolg Taiwans: "Ohne das `Familienmotiv' läßt sich die große Zahl taiwanesischer Familienunternehmen, die das Rückgrat der Wirtschaft des Landes bilden, kaum erklären".

Die chinesische Gesellschaft ist durchzogen von unsichtbaren Netzen, Geweben aus sozialen, kulturellen, lokalen, regionalen, militärischen usw. Beziehungen, die den Standort, die Position des Einzelnen in einer hierarchisch strukturierten Gesellschaft ein Leben lang bestimmen. Beziehungen (*guanxi*) haben heißt in China: Erfolg haben (*you guanxi you banfa, meiyou guanxi meiyou banfa*). Die Besonderheit der chinesischen Guanxi-Systeme liegt zum einen in der effizienten Durchsetzung eingegangener Verpflichtungen und zum anderen in der Vererbbarkeit von Schulden. Das Guanxi-System erklärt u.a. den hohen Konsumverzicht, den Eltern leisten, um zum Beispiel ihren Kindern ein Auslandsstudium zu ermöglichen (Krug, 1993, S.266/267). Konfuzianische Ethik und Selbstdisziplin tragen auch zu einer Harmonisierung des Verhältnisses zwischen Arbeitgebern und Arbeitnehmern bei.

Aus der buddhistisch-daoistischen Tradition entstammt der chinesische Umweltbegriff bzw. der Mythos einer besonderen Mensch-Umwelt-Beziehung. *"Huanjing"*, der chinesische Umweltbegriff, "charakterisiert den bekannten Lebensraum, mit dessen Verlassen der Verlust des geregelten und geordneten Lebens droht" (Grewe, 1992, S.6). Die chinesische Mensch-Natur-Beziehung geht vor allem auf zwei philosophische Konzepte zurück: Mensch und Himmel sind eins (*tian ren heyi*) und *yi yin yi yang*, die Formel des menschlichen Handelns im Einklang mit den Wandlungsphasen der "zwei kosmischen Manifestationsarten" (Grewe, 1992, S.6).

Die dem chinesischen Individuum in diesen Konzepten zugedachte, verschwindend kleine Rolle im Naturgeschehen wird durch das individuelle Streben des Einzelnen nach materiellen Gütern relativiert. Der menschliche Existenzkampf führt de facto zu einer Gegnerschaft mit der Natur, die wirklich nur noch in idealistischer, philosophischer Darstellung als Harmonie zu bezeichnen ist. Die moderne Ökologie in Taiwan (*shengtaixue*) krankt an ebendieser Einstellung der Taiwanesen, die Professor Lin Jun-yi, ein Pionier der Umweltbewegung auf Taiwan, mit dem Satz: "Ich esse, also bin ich" (*wo chi suoyi wo cunzai*) umschreibt (Grewe, 1992, S.6). Die im Westen etwas verklärte Sichtweise des von Daoismus und Buddhismus durchdrungenen Chinesen ist somit schlichtweg falsch. Prägend für das alltägliche Leben in China ist der Konfuzianismus, und dieser legt ganz eindeutig das Hauptgewicht auf die Suche nach dem materiellen Wohlergehen der Familie als Mittelpunkt der individuellen Umwelt.

Bestärkt durch die technischen Erfolge Taiwans im Rahmen der industriellen Entwicklung der letzten 40 Jahre wird die ordnende, eingreifende Rolle des Menschen im Ökosystem nicht als negativ gesehen. Zwar werden Umweltzerstörung und Verschmutzung als große Probleme erkannt. Die Reaktion aber überläßt man der technischen Entwicklung und dem für gesellschaftliche Harmonie zuständigen Staat. An dieser Stelle vermischen sich opportunistische Bequemlichkeit, wie sie auch aus den westlichen Industrieländern bekannt ist, mit alten konfuzianistischen Wertvorstellungen. Grewe faßt diese unter Betonung der Rolle der Familie wie folgt zusammen:

> Die Erfahrung seiner Stellung in der Welt, eine Umwelterfahrung, machte der Einzelne von nun an über seine Familie: In ihr und mit ihr trat er Natur und der Gesellschaft gegenüber. Sein Handeln bestimmte sich an den Interessen aller Familienmitglieder, durch die ein bestmögliches Überleben in der gegebenen Umwelt sichergestellt war. Nur im Sinne dieser - von Familie zu Familie oft sehr spezifizierten - Interessen wurden die einzelnen Naturbereiche von Bedeutung. (Grewe, 1992, S.7)

Baoyu, das chinesische Wort für Naturschutz, setzt sich aus den Wörtern *baohu* (schützen) und *peiyu* (kultivieren) zusammen (Grewe, 1992, S.6). Naturschutz im chinesischen Verständnis ist von der Bedeutung des Wortes her also immer auch mit einem pflegenden Eingriff in die natürlichen Systeme verbunden. Der Schutz der Natur wird über seinen Nutzen für den Menschen definiert. Natur, nur um der Ökologie, der Biotope, der Tiere und Pflanzen willen, kommt in diesem Verständnis von Naturschutz zunächst nicht vor.[15]

2.1.3 Soziale Faktoren und rechtsstaatliche Grundsätze

Die 1949 eingewanderte Guomindang bildet bis heute die politische Elite Taiwans. Dem steht eine Wirtschaftselite gegenüber, die sich aus dem erfolgreichen Unternehmertum und der ehemaligen taiwanesischen Grundherrenschicht bildet, die in der Landreform 1953 mit Anteilen an Staatsbetrieben entschädigt worden war. Lediglich in Form der großen, monopolistischen Staatsbetriebe besitzt die herrschende GMD-Elite einen ökonomischen Machtfaktor. Einen sehr starken politisch-administrativen Rückhalt hat die GMD in dem vornehmlich aus Festlandschinesen bestehenden Bürokratenapparat. Die kleine, mit der Guomindang kooperierende, taiwanesische Unternehmerschicht (von einigen Autoren abfällig "Kompradoren" genannt) und die politische Elite der Festlandschinesen sind durch das gemeinsame Ziel der Stabilisierung der Wirtschaft miteinander verbunden. Erst mit Auftreten von wirtschaftlichen Problemen in Folge steigender Lohnkosten, Arbeiterstreiks und einer wachsenden Umweltbewegung seit Beginn der achtziger Jahre zeigt dieses Zweckbündnis, wegen eines dritten Elementes, den multinationalen Konzernen, auch "Triple Alliance" genannt, erste Abstimmungsprobleme (Bello und Rosenthal, 1992, S.231-249).

Soziale Konfliktpotentiale waren lange Zeit kein Thema in Taiwan. Zum einen ermöglichte der wirtschaftliche Aufschwung auf der Grundlage der Landreform sehr vielen einen zumindest bescheidenen Lebensstandard, zum anderen duldete die rigide, diktatorische Regierung keine Diskussion potentieller Probleme. Mit fortschreitender Industrialisierung entstand eine Industriearbeiterschaft, die sich allerdings nur sehr schlecht organisieren ließ. Die hohe Fluktuation innerhalb und zwischen den Betrieben, die Familienstruktur vieler Unternehmen und das Überbrücken von Arbeitslosigkeit durch eine Rückkehr in die Landwirtschaft oder in die "Selbständigkeit"[16] vor allem im informellen Sektor erschwerten bis heute die Entstehung einer selbstbewußten Arbeitnehmerschicht. Weibliche Arbeitnehmer bildeten ohnehin ein geringeres Protestpotential, da von diesen die Arbeit nur als Übergangszeit bis zur Gründung einer Familie angesehen wurde (Reinhardt, 1989, S.108). Weitere Gründe für die fehlende Organisation von Arbeitnehmerinteressen sind: 90% der etwa 90.000 legalen Firmen haben weniger als 30 Angestellte, und ein Großteil der Arbeiter in den dezentralisierten, ländlichen Industriebetrieben sind nur "Teilzeitproletarier", d.h. mit kurzfristigen Arbeitsverträgen ausgestattet (Bello und Rosenthal, 1992, S.219). Die niedrigen Löhne, die finanzielle Benachteiligung der Arbeiterinnen und die mangelnden Arbeitsschutzvorrichtungen erzeugen zwar ein Klima der Unzufriedenheit, jedoch war es aus obengenannten Gründen wie auch wegen der fast vollständigen Kontrolle der "Gewerkschaften" durch die GMD nicht möglich, eine autonome Arbeitnehmerorganisation zu bilden. Erst mit Beginn der Demokratisierung begannen sich lang unterdrückte Probleme zu artikulieren. Ein Indiz hierfür sind die Gründung und der langsam wachsende Einfluß der Arbeiterpartei sowie der Erlaß eines Gesetzes zur Verbesserung der Arbeitsbedingungen von Arbeitnehmern im Jahre 1984 (Pang, 1990, S.30).

Infolge der Landreform war es der GMD-Regierung gelungen, eine relativ gleichmäßige Verteilung des Vermögens zu erreichen. Auch der GINI-Koeffizient[17] sank von 0,558 1953 auf 0,278 im Jahr 1984. Seit 1984 beginnt sich der Trend der gleichen Einkommensverteilung wieder umzukehren. Gründe hierfür sind unter anderem der Rückgang arbeitsintensiver Produktion und die steigende Alterung der Gesellschaft wie auch die steigenden Kapitalrenditen heimischer Investitionen. Statistisch läßt sich dies, wie Abbildung 14 zeigt, am Anwachsen des GINI-Koeffizienten beobachten.

Abb. 14: Entwicklung des GINI-Koeffizienten 1953-1991

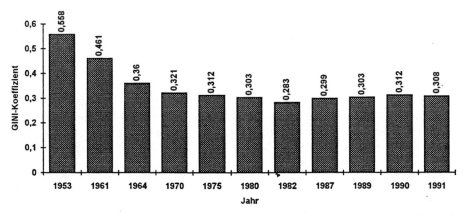

Quelle: Lan Ke-jeng und Wang Jiann-chyuan, 1991; Yu Tzong-shian, 1987 und 1993; Sautter, 1990.

Bevor im folgenden Abschnitt einige Aspekte der chinesischen Auffassung von Recht und Gesetz erläutert werden, muß auf die zwei wichtigen Phasen der politischen und gesellschaftlichen Entwicklung Taiwans hingewiesen werden: die Zeit der "autoritären Erziehungsdiktatur", die mit Aufhebung des Kriegsrechtes im Jahre 1987 endete, und die offizielle Demokratisierung, die seit 1987 andauert. Bereits vor der Aufhebung des Kriegsrechtes begann de facto eine Liberalisierung und Taiwanisierung des politischen Systems. In Kapitel 3 werden die Hintergründe dieser Entwicklung näher erläutert. Für die Diskussion über rechtsstaatliche Grundsätze und deren Einhaltung ist die Kenntnis der beiden Phasen von großer Wichtigkeit. Fast 40 Jahre lang bestimmte die GMD, was Recht und Ordnung ist, und es existierte de facto keine Trennung zwischen Rechtsprechung, Gesetzgebung und Exekutive. Seit Beginn der Demokratisierung sind politische und gesellschaftliche Entscheidungen Gegenstand heftiger parlamentarischer und gesellschaftlicher Auseinandersetzungen. Sowohl Regierung wie Opposition, einschließlich der Umweltbewegung, müssen erst lernen, mit demokratischen, rechtsstaatlichen Instrumenten umzugehen. Neue soziale Bewegungen profitieren einerseits von dem entstandenen Machtvakuum, leiden andererseits aber unter institutionellen Mängeln der Behörden auf lokaler, regionaler und zentraler Ebene. Die in Kapitel 3 noch näher zu erläuternde Umweltbewegung zum Beispiel hat durch ihre Aktivitäten wesentlich zur Demokratisierung beigetragen. Allerdings fehlen ihr andererseits die Instrumente und Anlaufstellen, um effektiv Umweltpolitik zu machen (vgl. Kapitel 3).

Obwohl chinesische Gesetze sehr eng an westliche Gesetze angelehnt sind, sind sowohl die Rechtsprechung wie der Respekt vor dem Gesetz doch sehr verschieden (Hu Hsien-chin, 1948, S.63). Gerichte in Taiwan waren nach Darstellung von TANG (1990, S.307) nie in der Lage, effektiv kontroverse Problemstellungen zu lösen. Traditionell liegt der Schwerpunkt des chinesisch-konfuzianischen Rechtsempfindens in der moralischen Selbstkontrolle bzw. in der Kontrolle durch die sozialen Strukturen der Gesellschaft.[18] Der Umgang mit "objektiven", von "außen" eingesetzten Richtern ist vielen Chinesen suspekt. Probleme werden immer noch zwischen den Familienklans oder durch Vermittler geregelt (Hu Hsien-chin, 1948, S.63). Allein der Gang zum Gericht bedeutet bereits das Eingeständnis der Unfähigkeit, das Problem selbst zu lösen, und ist daher mit Gesichtsverlust verbunden (vgl. Sautter, 1990, S.112). Diese Grundeinstellung behindert die gesamte Ebene der Durchführung von Gesetzen und Verordnungen. Die Einhaltung gesetzlicher Handlungsbeschränkungen wird, wie Sautter (1990, S.112) argumentiert, nicht durch "internalisierte moralische Werte" gefördert. Die Menge der in neuerer Zeit zum Beispiel im Bereich des Umweltschutzes erlassenen Gesetze und Richtlinien ist ein positives Zeichen. In der Wirkung lassen sich diese Gesetze mit ihren westlichen Vorbildern jedoch schwer vergleichen. Trotzdem gilt, daß vor allen Dingen im Bereich des Schutzes von privatem Eigentum Rechtsstaatlichkeit gewährleistet ist, und somit eine Grundlage für den ökonomischen Aufschwung gegeben war. Hsü Yü-hsiu (1992) weist auf die große Bedeutung von behördlichen Untersagungen im taiwanesischen Strafrecht hin. Da die rechtsstaatliche Disziplin seit "über 40 Jahren nicht befriedigend entwickelt" (Hsü Yü-hsiu, 1992, S. 602) ist, können sich Gesetze im Alltag nicht leicht durchsetzen. Um nun strafbare Tatkonstellationen zu entschärfen und die Strafjustiz zu entlasten, existiert in Taiwan ein System der Verwarnung. Genauer gesagt, wird ein Vergehen (z.B. Einleiten von Schadstoffen in einen Fluß) erst dann strafbar, wenn eine behördliche Untersagung (= Verwarnung) vorausgegangen ist. Für den Umweltbereich hat diese Rechtspraxis erhebliche Folgen. Zum einen dient das Verwarnungssystem nicht gerade der Bestärkung von Umweltnormen, und zum anderen ist das Risiko irreversibler Schädigungen anderer Rechtsgüter zu groß, um einem potentiellen Verschmutzer einen quasi risikofreien ersten Versuch zu gewähren.

Zusammenfassend läßt sich feststellen, daß das Wirtschaftwachstum in Verbindung mit der Landreform zu relativ gleichmäßig verteiltem Wohlstand geführt hat. Sozialen Zündstoff aufgrund von Massenelend in Zusammenhang mit oligarchischem Reichtum, wie man es in anderen Schwellenländern beobachten kann, gibt es in Taiwan nicht. Mit fortschreitender Demokratisierung und Pluralisierung steigt darüber hinaus das Vertrauen in rechtsstaatliche Grundsätze. Neue Probleme entstanden im sozialen Bereich durch Umweltbelastung, wachsende Kriminalität und ein langsames Auseinanderklaffen der Einkommensschere. Die Bevölkerungsdichte, das begrenzte Angebot an nutzbarer Fläche, die Verstädterung infolge gestiegener Mobilität und der Wirtschaftsboom erzeugen einen ständig zunehmenden Druck auf die besiedelbare Fläche. Immobilienpreise und Mieten erreichen teilweise astronomische Höhen (Auw, 1990, S.149), wodurch sich ein zusätzliches Wohlstandsgefälle ergibt.[19] Obdachlose führen Sitz- und Hungerstreiks durch,[20] und Umweltschützer blockieren Industriekomplexe.

Das oben detailliert beschriebene räumliche Entwicklungspotential Taiwans allein garantiert keine ökonomische Entwicklung. Die im Sinne von ökonomischem Wachstum und/oder dauerhafter Entwicklung optimale Nutzung hängt entscheidend von den politischen Konzepten und deren Umsetzung ab. Deshalb soll im folgenden zunächst der programmatisch-historische Hintergrund der Wirtschaftspolitik betrachtet werden.

2.2 Programmatisch-historischer Hintergrund der taiwanesischen Wirtschaftsentwicklung

Der programmatisch-historische Hintergrund der taiwanesischen Wirtschaftsentwicklung ist ein Konglomerat von historischen Erfahrungen, Gesellschaftstheorien, politischen Institutionen und ökonomischen Theorien. Von besonderer Bedeutung sind die drei Volksprinzipien Sun Yat-sens (Sun Yixian)[21] (s.u.), der Antikommunismus, der Einfluß US-amerikanischer Politiker und Ökonomen, die engen kulturellen und wirtschaftlichen Beziehungen zu Japan, der Ost-West Konflikt sowie die Konkurrenz zur Volksrepublik China.

2.2.1 Die drei Volksprinzipien Sun Yat-sens

Über die geistige Herkunft und die praktischen Auswirkungen der drei Volksprinzipien Sun Yat-sens existieren unterschiedliche Bewertungen. Von "absurden Feststellungen", "Fälschungen" und "Kindergartenökonomie" bis hin zu Würdigungen als weitsichtiger Führer, Revolutionär und politischer Philosoph reichen die Einschätzungen internationaler Wissenschaftler über Sun Yat-sen und seine Werke (Gregor et al., 1981). Die Regierung Taiwans selbst führt allerdings ihre sozialen Errungenschaften auf den Einfluß Sun Yat-sens zurück und vertritt die drei Volksprinzipien als offizielle Ideologie der Republik China. In der folgenden Kurzdarstellung geht es weniger um die Suche nach einer objektiven Interpretation von Suns Schriften als vielmehr um ein von der GMD propagiertes und eventuell bei der Entwicklung von Taiwan berücksichtigtes Verständnis.

1949, als die Niederlage der Nationalchinesen gegen die Volksarmee Mao Zedongs besiegelt war, mußten die 1,2 Millionen Festlandsflüchtlinge auf Taiwan unter hohem Erfolgsdruck ein neues Wirtschafts- und Gesellschaftssystem schaffen. Grundlage des neuen Staates sollten Suns drei Grundlehren vom Volk (*sanminzhuyi*) sein: Nationalismus oder Nationalbewußtsein (*minzu zhuyi*), Demokratie (*minquan zhuyi*), Volkswohlstand (*minsheng zhuyi*) (Chang Sai, 1984, S.6-10).

Suns Gedanken gehen im wesentlichen auf drei Quellen zurück (Chang D. Wen-wei, 1990, S.53):

1) Gewaltenteilung, Volkssouveränität, Bürgerrechte und Gleicheitsgrundsätze wurden von westlichen Demokratietheorien übernommen;
2) Beamtenprüfung und Kontrollorgane zur Vermeidung von Korruption und Nepotismus entstammen der chinesischen politischen Tradition;
3) Als Suns eigene Beiträge gelten die Vorstellung einer friedlichen Landreform und das öffentliche Eigentum an Gemeingütern.

Suns Nationalismusbegriff bedeutet in dem von der Guomindang propagierten Verständnis die Herstellung eines geeinten, international anerkannten Chinas, die Integration aller darin lebenden Minoritäten zu einer gleichberechtigten, chinesischen Völkergemeinschaft sowie die Wiederherstellung und Wiedergeburt der traditionellen chinesischen Kultur (Kuo Xing-hu, 1987, S.195). Die Lehre von den Rechten des Volkes (Demokratie) entspricht nach Auffassung Suns dem Prinzip der Bürgerrechte (Chang Sai, 1984, S.7). Das daraus entstandene politische System spiegelt Suns Vorstellungen weitgehend wieder (vgl. Kapitel 3). Wahlrecht, Recht zur Abberufung von Politikern, Volksinitiative und Referendum sind die wesentlichen Bestandteile des Demokratieprinzips Sun Yat-sens (Kuo Xing-hu, 1987, S.195).

Volkswohlstand (*minsheng zhuyi*) beinhaltet den Wunsch Suns nach einem Programm zur Verbesserung der Lebensverhältnisse der Menschen in China. Ausgehend von einer Verbesserung der Situation in der Landwirtschaft (Landreform) sollte ein breitangelegtes Industrialisierungsprogramm China unabhängig und souverän gegenüber externen Einflüssen machen (Gregor et al., 1981). Das Prinzip des Volkswohlstandes steht darüber hinaus für ein freies Unternehmertum mit Elementen einer staatlichen Planung, um die Entwicklung optimal zu steuern und den Wohlstand gleichmäßig zu verteilen (Kuo Xing-hu, 1987, S.196). Sun propagierte, wie Gregor und Chang (1984, S.71) es darstellen, die Notwendigkeit einer frühen Importsubstitutionspoltik, um die Ansätze einer eigenen Industrialisierung vor dem aggressiven Weltmarkt zu schützen. Erst nach einer bestimmten "Schonzeit" sollte die Bühne des Weltmarktes betreten werden (Gregor und Chang, 1984, S.72).

Sun unterteilt die Revolution in drei Phasen. Zuerst die militärische Beseitigung der Mandschu-Herrschaft, dann eine autoritäre Phase der Entwicklungsdiktatur mit eingeschränkten demokratischen Rechten der Bürger und schließlich die Phase der Demokratie mit freien Wahlen, Gewaltenteilung usw. Im Jahre 1993 befindet sich die Republik China auf Taiwan auf dem Weg zur Vollendung der letzten Phase der nationalistischen Revolution.

Heute streiten sich Chinawissenschaftler, ob und inwieweit die "Drei Volksprinzipien" beim Aufbau der Republik China auf Taiwan tatsächlich eine Rolle gespielt haben. Sicherlich hilft der Originaltext Sun Yat-sens wenig, um diesen Streit zu erhellen. Er gilt als "autorisierender Mythos" und "legitimierendes Motiv" für die politischen und ökonomischen Reformen (Chan und Clark, 1992, S.89) und kann beim besten Willen nicht als Entwicklungskonzeption gelesen werden. Allerdings gilt, daß Sun Yat-sen die Bedeutung einer Reform der Landwirtschaft für die wirtschaftliche und soziale Entwicklung Chinas erkannt hatte.

In his final lectures on the San-min chu-i, ..., the entire program was provided in considerable detail. Revolutionary priority was given to rapid economic development. That development would commence in the agrarian sector. (Gregor und Chang, 1984, S.69)

Für die von der GMD verfolgte Wirtschaftspolitik sind allenfalls Suns Landreformvorstellungen von Bedeutung, obwohl auch diese ohne Niederlage auf dem Festland und ohne US-amerikanische "Überredung" in der Form nicht realisiert worden wären.

2.2.2 Antikommunistische Ideologie, Kriegsrecht und bürokratischer Kapitalismus

Zwischen 1921 und 1945 standen die Nationalchinesen zwar noch in zwei Einheitsfronten zusammen mit der KPCh (1923-1927 und 1937-1945) (Spence, 1990, 336 f. und 421 f.; Kuo Xing-hu, 1987, S.67/68), jedoch wurde die Kommunistische Partei Chinas (fortan KPCh) als Hauptrivale im Kampf um China gesehen und der nach 1949 siegreiche Kommunismus als Katastrophe für die Chinesen bewertet. Die antikommunistische Haltung der nationalchinesischen Regierung auf Taiwan machte die Insel zu einem wichtigen Faustpfand des Westens während des kalten Krieges. Vor allem die USA nutzten die strategische Lage Taiwans während der Kriege in Korea und Vietnam. Bis zum Abbruch der diplomatischen Beziehungen im Jahr 1979 und Aufkündigung des US-taiwanesischen Beistandspaktes[22] unterhielten die Vereinigten Staaten große Militärstützpunkte auf Taiwan.

Ungeachtet der Lehren Sun Yat-sens regierte die nationalchinesische Regierung auf Taiwan mit Hilfe von Kriegsrecht und "Übergangsregelungen für die Zeit der Kommunistischen Rebellion". Mit Ausnahme der von der Guomindang gesteuerten Gewerkschaften und den beiden Satellitenparteien, die auch nur auf dem Papier eine Opposition darstellten, waren keine oppositionellen Gruppen zugelassen. Unabhängige Gewerkschaften, echte Oppositionsparteien und Bürgerinitiativen konnten sich in einem solchen Umfeld lange Zeit nicht entwickeln. Die Guomindang etablierte auf Taiwan eine autoritäre Staatsform, die entsprechend der Vorgaben Sun Yat-sens als Entwicklungsdiktatur bezeichnet wird (vgl. Kapitel 3). Diese Einparteiendiktatur der Guomindang hatte ganz erhebliche Auswirkungen auf die taiwanesische Gesellschaft. Pressezensur, Militärgerichtsbarkeit, Ein- und Ausreiserestriktionen sowie die systematische Überwachung und Unterdrückung oppositioneller Gruppen verhinderten eine Pluralisierung der Gesellschaft. Durch diese staatlichen Restriktionen im Bereich von Meinungsbildung und Antwortverhalten wurde der Feedback-Filter, wie er im theoretischen Teil (vgl. Abbildung 3) idealtypisch entwickelt wurde, bis Anfang der achtziger Jahre nahezu vollständig ausgeschaltet. Mit Ausnahme von wenigen Politikern und Akademikern fand eine Wahrnehmung zum Beispiel von Umweltproblemen kaum statt, geschweige daß ein offener Protest an die Adresse des herrschenden Regimes erfolgt wäre. Welche Konsequenzen ein solches politisches System für die Ressourcennutzung und den Umweltschutz hatte, wird in den Kapiteln 3, 5 und 6 ausführlich erläutert.

Eine Konsequenz der antikommunistischen Ideologie und der Konkurrenz zur Volksrepublik China war, daß die Wirtschaftspolitik seit 1949 die Aufgabe hatte, ausreichend Deviseneinnahmen für Waffenimporte bereitzustellen und eine ausgewogene Verteilung des Wohlstandes zu gewährleisten. Die reale Bedrohung durch die Volksbefreiungsarmee Maos und die anfangs noch vorherrschenden Pläne einer baldigen Rückeroberung des Festlandes verhinderten eine Identifikation der GMD-Politiker mit Taiwan als ihrer zukünftigen Heimat. Die militärische Bereitschaft absorbierte finanzielle Ressourcen, die für die Entwicklung des Landes anders hätten verwendet werden können. Ohne das Engagement der US-Amerikaner, die den Nationalchinesen abgesehen von militärischem Schutz bis 1965 insgesamt 3,9 Mrd.US-$ an Wirtschaftshilfe und Waffen[23] gewährten, hätte die prekäre ökonomische und militärische zu einem schnellen Ende der nationalchinesischen Regierung auf Taiwan geführt (Gälli, 1980, S.XIV; Hickey, 1986; Huebner, 1985). Das Interesse der USA an Taiwan als Pendant zu der Regionalmacht VR China und als strategischem Stützpunkt im Ost-West-Konflikt bescherte Chiang Kai-sheks Regierung somit eine verläßliche militärische und finanzielle Ausgangsposition für den Aufbau eines neuen Staates auf Taiwan.

Aufbauend auf Suns Vorstellung einer Entwicklungsdiktatur und den Erfordernissen einer Einparteiherrschaft entstand eine besondere Mischung zwischen staatlichem Interventionismus und freier Marktwirtschaft: der bürokratische Kapitalismus.

> Taiwan has a free-enterprise economy within a larger state-dominated economy. (Gold, 1989, S.201)

Das Zitat von Gold gibt die Bedeutung eines bürokratischen Kapitalismus treffend wieder. Tang (1990, S.286) bezeichnet Taiwan als eine von staatlicher Planung geführte Marktwirtschaft. Während die Bemühungen der Republik China auf Taiwan, dem allgemeinen Zoll- und Handelsabkommen (GATT) beizutreten, in den letzten Jahren zu einem Abbau von immer mehr Regularien, Zöllen und Interventionen im Wirtschafts- und Finanzsektor Taiwans geführt haben, wurden der freien Marktwirtschaft in der Vergangenheit teilweise sehr enge Restriktionen, hohe Importzölle und eine makroökonomische Planung entgegengesetzt. Agrar- und Industrieentwicklung, Außenhandel, Bodennutzung, Infrastruktur und Kapitalmarkt unterstanden früher z.b. staatlicher Kontrolle.

Durch die partiell sehr starke Einmischung der Regierung in das Wirtschaftsgeschehen entstand über die Jahre allmählich eine bürokratisch-ökonomische Interessengruppe aus Wirtschafts- und Finanzfachleuten innerhalb der Regierungsadministration, die sich wiederum wegen der Einparteienherrschaft der GMD sehr stark mit der Parteielite deckte. Wichtig ist festzuhalten, daß das taiwanesische Modell trotz des hohen Anteils des Staatssektors und planwirtschaftlicher Züge des Wirtschaftswachstums nicht mit einer sozialistischen Planwirtschaft verwechselt werden darf. Das Recht auf Privateigentum und Gewerbefreiheit ermöglichte den Aufbau einer wettbewerbsfähigen Mittel- und Kleinindustrie, die zur allmählichen Zurückdrängung des Staatssektors beiträgt und die Macht der bürokratisch-ökonomischen Elite unterminiert. Mit zunehmender wirtschaftlicher und politischer Liberalisierung und mit der Privatisierung der staatlich gelenkten Betriebe geht ein weiterer Machtverlust der Wirtschaftsbürokraten einher. Dies ist um so bedeutender, als diese Bürokraten mehrheitlich Festländer sowie Parteigänger der herrschenden Guomindang waren und sind. Die Taiwanesen engagieren sich weitaus mehr im dynamischen Sektor der kleinen und mittleren Betriebe.

2.3 Wirtschafts- und Entwicklungsstrategien - Importsubstitution und Exportindustrialisierung

Die Technokraten in der taiwanesischen Regierung waren und sind an einem konventionellen Modell des Wirtschaftswachstums orientiert. Hierin unterscheiden sie sich lediglich in der Strategiewahl und in der Präzision von Planung und Ausführung von anderen entwickelten und unterentwickelten Staaten der Erde. Dies gilt besonders für die Anfangsjahre des taiwanesischen Wirtschaftsbooms, als der ökologische Gedanke in keinem Staat der Welt Grundlage offizieller Politik war.

Taiwan entwickelte zur Erreichung des gesteckten Entwicklungszieles eine ganze Palette von Strategien, die zum Teil in sehr unterschiedlichen Theorieansätzen wurzelten. Der große Vorteil bestand darin, daß durch die schützende und beratende Funktion der USA zu Beginn des Entwicklungsweges sowie der beträchtlichen US-Kapitalhilfe ein kleiner Spielraum existierte, der den Technokraten der GMD-Regierung Zeit für eine optimale Vorbereitung auf den Weltmarkt gewährte (Pang, 1990, S.26). Leitlinie war von Beginn an die Maximierung der Deviseneinnahmen für Rüstungseinkäufe im Hinblick auf eine militärische Auseinandersetzung mit der Volksrepublik China. Dies limitierte die Spielräume der taiwanesischen Wirtschaftspolitiker bei der Durchsetzung einer harten Importsubstitutionspolitik. Die USA, nach dem zweiten Weltkrieg unbestrittene Führungsmacht der westlichen Hemisphäre und nach Ausbruch des Korea-Krieges wichtigster Verbündeter der Nationalchinesen auf Taiwan, prägten über Berater und Geldspenden die ersten Jahre der Entwicklungspolitik Taiwans erheblich mit. Bis heute ist, wenn auch abgeschwächt, diese Abhängigkeit Taiwans von US-amerikanischem Wohlwollen geblieben.

Bei der Betrachtung der wirtschaftlichen Entwicklung auf Taiwan treten zwei Wirtschaftsstrategien besonders hervor: Importsubstitution und Exportindustrialisierung bzw. Exportförderung. Durch die Importsubstitution sinkt die Abhängigkeit von teuren ausländischen Gütern. Ein Land kann eigene Potentiale entwickeln, ohne sich dabei hoch zu verschulden. Erstes Ziel einer solchen Strategie ist in der Regel die Sicherstellung der Versorgung der eigenen Bevölkerung mit Grundbedarfsmitteln. Erste Überschüsse (in der Regel landwirtschaftliche Produkte) können später allmählich exportiert werden. Prinzipielles Ziel ist eine eigene, "autozentrierte" Entwicklung durch Abkoppelung vom freien Weltmarkt. Nach einer leichten Phase der Importsubstitution mit hohen Wachstumsraten (in Taiwan lag die Wachstumsrate Anfang der fünfziger Jahre bei 9%) wird es allerdings zunehmend schwieriger, die Importsubstitution auf weitere Bereiche der Wirtschaft auszudehnen. Es fehlen Kapitalgüter und notwendige Vorprodukte. Das anfängliche Wachstum kann sich in Stagnation verkehren, und die Entwicklung neuer Industrien ist gefährdet (Wagner et al., 1989). Krueger (1990) sieht im Rahmen eines Vergleiches zwischen Importsubstitution und Exportförderung eindeutige Vorteile für die letztere Entwicklungsstrategie. Der bürokratische Aufwand, der mangelhafte nationale und internationale Wettbewerb sowie die chronische Devisenarmut führen schließlich zu einer Verlangsamung des industriellen Entwicklungsprozesses und zu mehr Abhängigkeit von internationalen Anbietern (Krueger, 1990, S.158/159). In Taiwan erreichte die binnenmarktorientierte Importsubstitutionspolitik bereits 1957 ihre Grenzen. Der Binnenmarkt war gesättigt, und die Agrar- und Industrieproduktion begann zu sinken (Chang Sai, 1984, S.83). Als Reaktion auf diese Entwicklung änderten die taiwanesischen Wirtschaftsplaner die Realisierungsstrategie von Importsubstitution zu Exportförderung. Zur Wahl standen drei Alternativen: erstens die Fortsetzung der Importsubstitution im Bereich der Leichtindustrie, zweitens der Wechsel zu einer zweiten Phase der Importsubstitution im Bereich der Schwerindustrie oder drittens die Hinwendung zu einer exportorientierten Entwicklungsstrategie (Chan und Clark, 1992, S.83). Der für ein Entwicklungsland bemerkenswerte Strategiewechsel wurde zum einen durch US-amerikanischen Druck und zum anderen durch die undogmatische, flexible Wirtschaftspolitik der Chinesen ermöglicht. Widerstände kamen hingegen aus der Bürokratie (geringere Einflußmöglichkeiten auf die Wirtschaft) und dem Militärestablishment (Vorliebe für Schwerindustrie wegen Rüstungsindustrie) (Chan und Clark, 1992, S.83).

Vorrangiges Ziel der Exportindustrialisierung ist die Beschleunigung des Wirtschaftswachstums und die Steigerung der Wohlfahrt durch Eingliederung in das System der weltwirtschaftlichen Arbeitsteilung. Die Anpassung der nationalen

Produktionsstrukturen an internationale Märkte führt, wie Beispiele aus Entwicklungs- und Schwellenländern Afrikas und Südamerikas zeigen, häufig zu ungünstigen strukturellen Schwerpunktbildungen. Hochentwickelte Industriestrukturen existieren neben Bereichen absoluter Unterentwicklung und Subsistenzwirtschaft. Nohlen und Nuscheler nennen dies eine strukturelle Heterogenität (Nohlen, 1989, S.619; Nohlen u. Nuscheler, 1993, S.44-45). Aufgrund der geschickten Strategiewahl - zuerst Landreform dann Importsubstitution und danach Exportförderung - ist Taiwan eines der wenigen (ehemaligen) Schwellenländer, in denen eine Exportindustrialisierung nicht zu einer strukturellen Heterogenität geführt hat.[24]

Seit Erstarken des internationalen und nationalen Umweltbewußtseins fließen in Taiwan allmählich einige ökologische und umweltökonomische Ansätze in die nationale Entwicklungspolitik ein. Ökologische Schäden infolge von "Entwicklungsmaßnahmen" werden von kritischen Wissenschaftlern in volkswirtschaftliche Gesamtrechnungen einbezogen. Die Studie *Taiwan 2000* benutzt diese neuen Ansätze, um der Regierung die Nebeneffekte und Gefahren des Wirtschaftswachstums zu verdeutlichen (vgl. Abbildung 2).

Seitdem der Begriff einer dauerhaften Entwicklung geprägt wurde, wird Taiwans "Wirtschaftswunder" national wie international neu bewertet. Im Rahmen der zyklisch wiederkehrenden Evaluierung der Ergebnisse des Entwicklungsweges (vgl. Abbildung 3: Zyklisches Entscheidungsmodell) nehmen kritische und warnende Stimmen immer mehr zu. Die Existenz neuer Bewertungsansätze führt gerade in einem so extrem auf seine Außenwirkung bedachten und von externen Faktoren abhängigem Staat wie der Republik China zu (kleinen) Änderungen in der Realisierungsstrategie oder der Formulierung der Entwicklungsziele. In Kapitel 3.3 wird gezeigt werden, daß zum Beispiel die Naturschützerlobby bereits eine Abkehr von rein an ökonomischen Wachstumsidealen orientierten Entwicklungszielen fordert.

Nach der Analyse der Startbedingungen folgt entsprechend dem zyklischen Entscheidungsmodell (vgl. Abbildung 3) die Darstellung und Bewertung des Systems der politischen Entscheidungsfindung.

3 Die Bedeutung des politischen Systems für die taiwanesische Entwicklungspolitik seit 1949

3.1 Endogene Rahmenbedingungen: das politische System Taiwans

Seit 1949 existieren zwei Regierungen für ein Staatsgebiet: Mao Tse-tungs (Mao Zedong) siegreiche Volksarmee kontrolliert das Festland mit der Hauptstadt Peking (Volksrepublik China), und Chiang Kai-sheks Nationalchinesen beherrschen Taiwan sowie einige kleine, dem Festland vorgelagerte Inseln mit der provisorischen Hauptstadt Taipei (Republik China auf Taiwan). Beide Regierungen beanspruchen das Alleinvertretungsrecht für ganz China. Beide Regierungen sehen Taiwan als einen festen Bestandteil Chinas.

Die seit 1947 gültige, noch auf dem Festland verkündete Verfassung der Republik China beruht gemäß den Volksprinzipien Sun Yat-sens auf einer fünffachen Gewaltenteilung (Gesetzgebung, Verwaltung, Rechtsprechung, Beamtenprüfung und -kontrolle), wobei die drei ersten Kategorien der westlichen Gewaltenteilungstradition entstammen, während Kontrolle und Prüfung autochthon chinesischen Ursprungs sind (Weggel, 1990, S.451). Kontrolle und Prüfung beinhalten das Recht zur Ministeranklage, die Kontrolle über die Beamtenschaft und das Rechnungswesen sowie die Aufsicht über den durch Prüfungen geregelten Zugang zum Staatsdienst (Domes, 1982, S.20). Jede dieser Gewalten ist in einem Yuan (Regierungshof) repräsentiert. Oberstes Regierungsorgan ist der Exekutivyuan, das Kabinett, dessen Präsident zugleich Premierminister ist. Gemäß der Verfassung von 1947 übt die Nationalversammlung, in die 1947, noch auf dem Festland, 2.900 Mitglieder gewählt wurden, nur noch eingeschränkt Macht aus. Die Nationalversammlung wählt alle sechs Jahre den Präsidenten und dessen Stellvertreter. Das eigentliche gesetzgebende Organ ist der Legislativyuan. Mit Zustimmung des Legislativyuans ernennt der Staatspräsident den Vorsitzenden des Exekutivyuans (Kabinett), den Premier. Die Mitglieder des Exekutivyuans werden vom Präsidenten auf Vorschlag des Premiers ernannt. Innerhalb dieses Yuans sind die einzelnen Ministerien sowie weitere Ämter und Kommissionen untergebracht (Weggel, 1990, S.451). Der Kontrollyuan setzt sich aus gewählten Abgeordneten der Provinz- und Stadtparlamente zusammen. Hinzu kommen "Vertreter" der Inneren Mongolei, Tibets und der Überseechinesen. Der Kontrollyuan überprüft Dienstrechtsobliegenheiten, ist für Fragen von Korruption zuständig und besitzt das Recht der Ministeranklage (Domes, 1982, S.20). Der Justizyuan ist das höchste Berufungs- und zugleich Verfassungsgericht ("Council of Grand Justices", ein dem Supreme Court der USA ähnliches Gebilde). Seine Mitglieder werden vom Präsidenten mit Zustimmung des Kontrollyuans berufen (Domes, 1982, S.20).

Die Nationalchinesen brachten die 1947/48 auf dem Festland gewählten Repräsentanten der Verfassungsorgane mit nach Taiwan. Mit dem "Einfrieren" dieser Politiker in ihren Ämtern untermauerte die nationalchinesische Regierung in Taipei ihren Anspruch auf die Regierungsgewalt über ganz China. Nach einer kurzen Phase des Aufenthaltes in der Provinz Taiwan sollte die nationalchinesische Regie-

Abb. 15: Die Organisation der Regierung der Republik China auf Taiwan

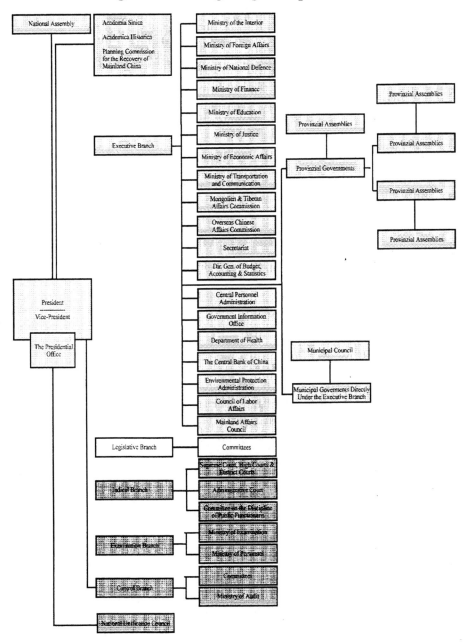

Quelle: *Yearbook R.O.C.*, 1991-92, S.86.

rung wieder in Nanking/Peking etabliert werden. Als Provinz der Republik China besitzt Taiwan zusätzlich eine Provinzregierung mit gewählten Vertretern aus Taiwan; sie hat ihren Sitz in der Nähe Taichungs in Zentraltaiwan. Die Verfassung von 1947 setzt die Provinzregierung als oberste Verwaltungseinheit für die Provinz Taiwan fest. Seit der Neugliederung der Landkreise im Jahre 1950 und der direkten Unterstellung der Städte Taipei und Kaohsiung unter die Zentralregierung 1967 bzw. 1979 existieren insgesamt 16 Landkreise und zwei kreisfreie Städte (Lee Kuo-wei, 1987, S.180). Die Abgeordneten der der Zentralregierung unmittelbar unterstellten Städte Taipei und Kaohsiung werden gewählt, wohingegen die Bürgermeister vom Exekutivyuan ernannt werden. Im Gegensatz zur Dominanz von Festlandschinesen in der Zentralregierung bestimmen auf lokaler und regionaler Ebene Taiwanesen die Politik (Lee Kuo-wei, 1987, S.182). Von Bedeutung für die spätere Diskussion der Rolle des politischen Systemes bei der Entstehung der ökologischen Krise ist das erstaunlich hohe Bildungsniveau der Lokal- und Regionalpolitiker. Die Mehrheit besitzt akademische Abschlüsse von Universitäten in den USA, Japan und Taiwan/China (Lee Kuo-wei, 1987, S.182).

Die Organisation der Regierung der Republik China auf Taiwan ist in Abbildung 15 schematisch dargestellt. Deutlich zu erkennen ist die direkte Zuordnung der Provinz- und Stadtregierungen (kreisfreie Städte Taipei und Kaohsiung) zum Exekutivyuan, also dem Kabinett. Die besondere Historie der Regierung der Republik China spiegelt sich in speziellen Organisationseinheiten wie der "Planning Commission for the Recovery of Mainland China", dem "National Unification Council", der "Mongolian and Tibetan Affairs Commission" oder des "Mainland Affairs Council" wider. Die enge Bindung zu den nicht in China lebenden Chinesen wird durch die "Overseas Chinese Affairs Commission" symbolisiert.

Als die erste Nationalversammlung der Republik China 1948 in Nanking zusammentrat, näherte sich der Bürgerkrieg bereits dem Ende. Angesichts der bedrohlichen Lage der Regierungstruppen wurde die noch junge Verfassung durch "Übergangsregelungen" teilweise außer Kraft gesetzt. Diese "Temporary Provisions Effective During the Period of Mobilization for the Suppression of Communist Rebellion" stärkten die Stellung des Präsidenten bei der Notstandsgesetzgebung und entließen ihn de facto aus der Kontrolle durch den Legislativyuan (Chiu Hungdah, 1993, S.14). In den folgenden Jahren haben die Präsidenten der Republik China allerdings nur viermal von ihren erweiterten Notstandsbefugnissen Gebrauch gemacht: 1948/49 bei der Verhängung des Kriegsrechtes und der Währungsreform, 1958 bei einer Flutkatastrophe und 1978 bei der Mobilmachung in Reaktion auf den Abbruch der diplomatischen Beziehungen und bei der Kündigung des gegenseitigen Verteidigungspaktes durch die USA (Chiu Hungdah, 1993, S.15). Die "Übergangsregelungen" wurden 1960, 1966 und 1972 nochmals ergänzt (Domes, 1982, S.20). Das zweite, bedeutsamere Instrument zur Etablierung eines diktatorischen Regimes war der im Sommer 1949 über Taiwan und die vorgelagerten Inseln verhängte Ausnahmezustand. Die Gründung neuer politischer Parteien wurde verboten, so daß die GMD zusammen mit zwei kleinen, bedeutungslosen Koalitionspartnern allein herrschte. Darüber hinaus waren Demonstrationen, Streiks und eine freie Presse nicht erlaubt. Politische Verstöße und Kapitalverbrechen fielen unter die Militärgerichtsbarkeit (Domes, 1989, S.5-6). Ein "üppig wuchernder Sicherheitsapparat" mit nicht weniger als acht Geheimdiensten wachte gegen kommunistische Infiltration (Weggel, 1990, S.451). Innerhalb dieses Systems der totalen Kontrolle blieb nur wenig Raum für oppositionelle Aktivitäten. Lediglich die alles beherrschende GMD zog die Fäden und bestimmte Wirtschafts-, Militär- und Gesellschaftspolitik. Domes bezeichnet diese Herrschaftsform als autoritäre Entwicklungsdiktatur (Domes, 1982, S.9). Die Verhängung des Kriegsrechtes stand in fundamentalem Gegensatz zu Artikel 9 der Verfassung der Republik China, die eine Militärgerichtsbarkeit für Zivilpersonen eindeutig ausschließt.

Ansätze von Demokratie und Opposition konnten unter diesen Umständen nur in kleinen Verwaltungseinheiten entstehen. Die 1950 erfolgte Neugliederung der Städte und Gemeinden gewährte diesen mehr Freiheiten im Rahmen der kommunalen Selbstverwaltung. Neben den Kandidaten der Guomindang und deren Satellitenparteien - der Chinesischen Jugendpartei und der Demokratisch-Sozialistischer Partei - durften auf kommunaler Ebene auch unabhängige Kandidaten antreten. Dies führte zu einer stetigen Taiwanisierung der kommunalen Verwaltungsspitzen. Insbesondere die wichtigen Städte wie Taipei, Kaohsiung, Taichung und Tainan tendierten zu Bürgermeistern, die nicht der GMD angehörten. Deshalb wurden Taipei und Kaohsiung unmittelbar der Zentralregierung unterstellt (Weggel, 1990, S.455; Chiu Hungdah, 1993, S.20). Bei den Kommunalwahlen 1977 verlor die GMD erstmals die Posten der Oberbürgermeister von Taichung und Tainan sowie diejenigen der Landräte in den Landkreisen Kaohsiung und Taoyuan (Domes, 1982, S.27). Die Landräte der Kreise Kaohsiung und Taoyuan begannen sofort mit einer Oppositionspolitik gegen die Machthaber in Taipei. Die Stimmengewinne der Opposition und die zunehmende Taiwanisierung auf lokaler und regionaler Ebene führte zu Kommunikationsproblemen zwischen Dorf bzw. Kreis auf der einen und Provinzregierung bzw. Zentralregierung auf der anderen Seite, die sich heute zum Besipiel im Bereich der Umweltpolitik in massiven Kommunikations- und Kooperationsproblemen niederschlagen (Interview mit Chang Chang-yi, 1990[25]).

Mitte der sechziger Jahre war die Anzahl der seit 1947/48 in ihren Ämtern "eingefrorenen" Parlamentarier von Legislativyuan und Nationalversammlung den Gesetzen der Biologie folgend um die Hälfte zurückgegangen. Die daraus resultierende, abnehmende Effizienz der parlamentarischen Gremien zwang die GMD zu Änderungen im Wahlrecht. 1966 wurden nach Änderung des Wahlrechtes elf neue Mitglieder für "unbestimmte" Zeit in den Legislativyuan gewählt (Lu Ya-li, 1987, S.17).

... the 1966 amendment of the "Temporary Provisions Effective During the Period of Communist Rebellion" authorized the president ... to order elections to fill the vacancies. (Government Information Office [GIO], 1990, S.20)

1969 fanden zum erstenmal seit 1947 wieder nationale Wahlen statt. Unter Zuhilfenahme der Interimsbestimmung wurden sogenannte Ergänzungswahlen abgehalten. Obwohl zu diesem Zeitpunkt nur 26 neue Abgeordnete hinzukamen, war der Damm gebrochen. "Ergänzungswahlen" fanden von nun an regelmäßig statt, und das Aufkommen einer organisierten Opposition war nur noch eine Frage der Zeit. 1980 nach den Ergänzungswahlen zum Legislativyuan existierte eine kleine Gruppe von unabhängigen Abgeordneten. Diese *dangwai*[26] (außerhalb der Partei) genannte Gruppe, deren erste Wurzeln bis zu den Kommunalwahlen 1977 zurückgehen, erreichte durch geschicktes Taktieren und durch Zusammenarbeit mit liberalen GMD-Legislatoren immer größeren Einfluß auf die Politik. Am 15.7.1987 wurde der Ausnahmezustand aufgehoben, und im Januar 1988 fielen mit Inkrafttreten eines neuen Pressegesetzes die letzten Beschränkungen für eine freie Berichterstattung (Domes, 1989, S.11). Nach dem Tode des Präsidenten Chiang Ching-kuo[27] am 13.1.1988 übernahm der damalige Vizepräsident Lee Teng-hui (Li Denghui), ein Taiwanese, das Amt des Staatspräsidenten und - im Juli 1988 - das des Parteivorsitzenden der Guomindang. Die Zeit seit 1980 war geprägt von einer Taiwanisierung und Pluralisierung der taiwanesischen Gesellschaft (Domes, 1989, S.8).

Am 3. Februar 1989 wurde ein Gesetz über die freiwillige Pensionierung der 1948 und 1969 in Taiwan gewählten Vertreter der Nationalversammlung, des Legislativyuans und des Kontrollyuans verabschiedet. Nach einer Interpretation durch den Obersten Gerichtshof mußten bis zum 31. Dezember alle "Lebenszeitparlamentarier" ihr Amt niederlegen (Chiu Hungdah, 1993, S.22). Mit der Wahl der zweiten Nationalversammlung der Republik China am 21.12.1991 wurde schließlich de facto die Fiktion des Alleinvertretungsanspruches der Nationalchinesen für ganz China aufgegeben. Dieser neugewählten Nationalversammlung gehörten 318 Vertreter der GMD, 75 der DFP und 10 Parlamentarier anderer Parteien an (Chiu Hungdah, 1993, S.33). Bei den Wahlen zum Legislativyuan im Dezember 1992 konnte die DFP 31% der Stimmen erreichen (Schubert, 1993, S.30). Dieses sehr erfolgreiche Abschneiden der taiwanesischen Oppositionspartei untermauert den Erfolg der allmählichen Taiwanisierung der taiwanesischen Gesellschaft. Taiwan beendete hiermit die Phase der Einparteiendiktatur.

3.2 Diversifizierung der Parteienlandschaft

Die GMD herrscht seit 1929 ununterbrochen über die Republik China (seit 1949 über die Republik China auf Taiwan). Mit ihren 2,5 Millionen Parteimitgliedern besetzt sie alle wichtigen politischen und administrativen Positionen auf nationaler Ebene (Lu Ya-li, 1989, S.31). 1921 mit Hilfe der Kommunistischen Internationale neu organisiert, funktioniert die GMD nach ähnlichem Muster wie die Kommunistische Partei Chinas, da sie noch unter Sun Yat-sen als leninistische Kaderpartei aufgebaut wurde. Die Macht wird in wenigen Gremien bis hinauf zum scheinbar allmächtigen Generaldirektor (*Zongcai*) zentralisiert (Weggel, 1990, S.453).

Trotz der autoritären Alleinherrschaft der GMD, des Kriegsrechtes und der massiven Beschränkung demokratischer Rechte begann sich bereits Ende der fünfziger Jahre Widerstand gegen die Einparteiendiktatur zu regen. Mit den von Chiang Ching-kuo zu Anfang der achtziger Jahre eingeleiteten demokratischen Reformen begann sich in Taiwan eine pluralistische Parteienlandschaft zu entwikkeln. 1986 führte die Arbeit der *dangwai* zur (noch illegalen, aber offiziell geduldeten) Gründung der ersten echten Oppositionspartei, der Demokratischen Fortschrittspartei (DFP). Weiterhin illegal und als Partei nicht anerkannt, errang die DFP bei den 1986er Wahlen 20% der Stimmen und 12 bzw. 11 Sitze im Legislativyuan bzw. in der Nationalversammlung (GIO, 1990, S.44). Mit Verabschiedung des "law on civic organizations" im Januar 1989 wurde die seit September 1986 de facto bestehende DFP legalisiert und andere Parteien zugelassen (GIO, 1990, S.44). 1992 existierten in Taiwan fast 70 registrierte Parteien (Halbeisen, 1992). Von diesen fällt allerdings nur sehr wenigen eine echte Bedeutung im politischen System zu. Neben der DFP war dies vor allem die Arbeiterpartei. Seit ihrer offiziellen Gründung am 28.9.1989 konnte die DFP (12.000 Mitglieder) mit beachtlichen Wahlerfolgen die Position der allein bedeutsamen Opposition zur herrschenden Guomindang erobern (*Yearbook R.O.C.*, 91-92; Lu Ya-li, 1989, S.34-37). Insbesondere auf regionaler und lokaler Ebene gelang es der DFP, erheblichen Einfluß zu gewinnen. Einige Kreis- und Stadtparlamente werden von der DFP dominiert. Diese Situation nutzt die DFP, um lokal Initiativen der Zentralregierung zu verzögern oder zu blockieren. Direktiven der Zentralregierung werden teilweise nicht umgesetzt, und gleichzeitig werden Proteste gegen die Zentralregierung organisiert.

Die Arbeiterpartei mit ihren etwa 500 Mitgliedern wird in absehbarer Zeit keine wichtige Rolle in der Parteienpolitik spielen. Bei der Reform der taiwanesischen Gewerkschaften ist sie jedoch mitgestaltend tätig.

Beide, Arbeiterpartei und Demokratische Fortschrittspartei sind taiwanesische Parteien. Sie werden von Taiwanesen organisiert, und die meisten Mitglieder sind Taiwanesen.

3.3 Das Entstehen einer taiwanesischen Umweltbewegung

Im Vorgriff auf die in Kapitel 5 zu erläuternden ökologischen Folgen des Entwicklungsweges der Republik China auf Taiwan soll im Rahmen der Darstellung der Entwicklung des politischen Systems an dieser Stelle bereits die Entstehung der taiwanesischen Umweltbewegung analysiert werden.

Umweltfragen spielten von Anfang an eine bedeutende Rolle bei der Entstehung einer parlamentarischen Opposition. Die Umweltbewegung selbst entstand jedoch außerhalb und unabhängig von partei- oder wahlpolitischen Fragen.

Seit Beginn der achtziger Jahre, begünstigt durch die ersten Früchte der Demokratisierungsbemühungen von Präsident Chiang Ching-kuo wird der Umweltschutzgedanke allmählich zur Grundlage einer breiten gesellschaftlichen Bewegung. Als Reaktion auf lokale Katastrophen und Belastungen sowie als prinzipielle

Kritik an einseitigen ökonomischen Schwerpunktsetzungen in der Entwicklungspolitik entstanden seit Beginn der achtziger Jahre verschiedene Bürgerinitiativen, Vereine und Stiftungen mit umweltpolitischen Zielsetzungen. Gleichzeitig begannen die Menschen, die Beschränktheit der natürlichen Ressourcen zu spüren (Grewe, 1992, S.11). Vor 1980 waren Umwelt- und Naturschutzthemen noch auf wenige engagierte und mutige Einzelpersonen beschränkt (Yang Yuan-po, 1989). Einige Wissenschaftler der Tunghai-Universität fügten bereits in den siebziger Jahren zu den lebhafter werdenden Debatten über Verschmutzung von Umwelt die bis dahin völlig vernachlässigte Problematik des Arten- und Biotopschutzes hinzu (Wang, 1989, S.4). Diese Ansätze erreichten erst Anfang 1980 eine breitere Basis in der Bevölkerung. Die Demokratisierung in jener Zeit tat das Ihre, indem sie eine quantitative und qualitative Verbesserung des Feedback-Filters (vgl. zyklisches Entscheidungsmodell, Abb. 3) bewirkte. Informationen über den Zustand der Umwelt in Taiwan erreichten jetzt größere Bevölkerungskreise. Gleichzeitig wuchs auch das Interesse an umweltschutzorientierten Studiengängen. Die jährliche Zahl von Collegeabgängern im erweiterten Umweltschutzbereich stieg von 291 im Jahre 1984 auf 778 im Jahre 1991. Von 1989 (144) bis 1991 (252) erlebte die Zahl der College-Professoren mit einem Umweltschutzschwerpunkt nahezu eine Verdoppelung. (*Yearbook R.O.C.*, 1993, S.261)

Die sich im Zuge der zunehmenden Umweltbelastung und -information aufstauenden Ängste und Forderungen konnten infolge der allmählichen Pluralisierung der Gesellschaft immer offener geäußert werden; die Wahrscheinlichkeit staatlicher Repressionen ging stetig zurück. 1992 existierten in Taiwan über 100 Umweltschutzorganisationen (vgl. Liste im Anhang; eigene Recherchen). Bezeichnend für das erwachende Umweltbewußtsein ist der Erfolg des Bestsellers *Taiwan in ruins* aus dem Jahre 1986. Von dem taiwanesischen Autor Song Zelai 1985 publiziert, beschreibt der Roman die allmähliche Selbstzerstörung Taiwans unter anderem durch wachsende Umweltverschmutzung und atomare Unfälle (Martin, 1988, S.181).

Mit der Wahrnehmung von Umweltproblemen stiegen die Bedenken der Bevölkerung gegenüber der Umweltpolitik der Regierung. 1986 betrachteten 64% der Befragten die Maßnahmen der Regierung im Umweltschutz als unzureichend; das waren 5% mehr als 1983. Die Unzufriedenheit der Bevölkerung mündete in zahlreiche Proteste und Demonstrationen bis hin zu gewalttätigen Ausschreitungen (Hsiao, 1989, S.56/58). Durch die dezentrale Industrialisierung entstandene Vergiftungs- und Verschmutzungsprobleme führten lokal zur Gründung von militanten bzw. gewaltbereiten "Selbsthilfegruppen" (Chang Mau-kuei, 1989, S.128) bzw. zu NIMBY-("Not In My Backyard"-)Protesten (Shaw Daigee, 1990, S.4). 1984 stürmten Einwohner eines kleinen Dorfes in der Nähe von Taichung die Büroräume eines großen Pestizidherstellers. 1988 unterbrachen verärgerte Dorfbewohner in der Nähe des Linyuan-Industrieparkes in Südtaiwan die Stromzufuhr und erzwangen die Schließung eines ganzen petrochemischen Komplexes mit 19 Fabriken, darunter zwei Raffinerien (Tang, 1990, S.318; FEER, 27.10.1988). Schwere Verschmutzungen von Boden, Luft und Wasser sowie ein stetiger Rückgang der

Fischereierträge hatten über Jahre hinweg die Geduld der Anwohner strapaziert. Den Firmen in Linyuan entstanden Verluste von umgerechnet 456,5 Mio. US-$, nicht eingerechnet die 1,27 Mrd. NT-$ Kompensation an die Dorfbewohner (Tang, 1990, S.318). Ebenfalls 1988 protestierten verärgerte Anwohner in Houchin (Nordwesttaiwan) und Ilan (Nordosttaiwan) gegen Pläne zum Bau des fünften bzw. sechsten Naphta-Crackers[28] (FEER, 25.10.1988).

Nach Erreichen ihres unmittelbaren Zieles - Beendigung der Verschmutzung oder/und Kompensation - ziehen sich die meisten Bürgerinitiativen wieder zurück in ihre defensiv abwartende Grundhaltung. Nur wenige tragen den prinzipiellen Umweltgedanken weiter und werden zu "echten" Umweltschützern. Hsiao (1989, S.59) bezeichnet diese Selbsthilfegruppen als "Initiativen der Opfer". Die Mitglieder sind in der Regel einfache Bauern und Fischer (FEER, 25.10.1988). Parallel zur Entstehung der Selbsthilfegruppen begann sich Anfang der achtziger Jahre eine Naturschutzbewegung zu etablieren. Formal sichtbar wurde dies in der Gründung der Gesellschaft für Wildtiere und Natur (Society for Wildlife and Nature = SWAN) und der Gesellschaft für Wildvögel (Wild Bird Society of the Republic of China = WBSRC). Im August 1982 fand auf Initiative ehemaliger Auslandsstudenten und Dozenten der Taiwan University zum erstenmal eine große Aktion gegen die jährliche Jagd auf Zugvögel statt (Grewe, 1992, S.9). Reaktionen auf die sich verschlechternde Umweltsituation zeigen sich somit allmählich in allen Gesellschaftsschichten Taiwans - auf der einen Seite die harten, kompromißlosen Selbsthilfegruppen, gebildet hauptsächlich aus einfachen Bauern und Fischern, und auf der anderen Seite die diskussionsbereiten und kompromißfähigen Naturschutzgruppen mit Akademikern, Studenten, Künstlern usw. Die Naturschützer verknüpfen mit ihren Aktivitäten die Forderung nach der Etablierung von Umwelt- und Naturschutz als gleichrangigem politischem Entwicklungsziel neben Wirtschaftswachstum und nationaler Sicherheit (Grewe, 1992, S.9). In manchen Fällen kommt es zu gemeinsamen Aktionen von Selbsthilfegruppen und Naturschützern. Der Lukang-Aufstand (vgl. Kapitel 5.7.2) oder die Proteste gegen das ehrgeizige Atomprogramm der Regierung belegen dies.

Der Widerstand gegen die von dem staatlichen Strommonopolisten Taiwan Power (Taipower) seit 1955 propagierte Nutzung der Kernenergie begann mit einer öffentlichen Rede eines Dangwai-Abgeordneten vor dem Parlament der Provinz Taiwan am 15. Mai 1979 (Chang Mau-kuei, 1989, S.118). Danach bildete sich sehr schnell ein Kern von namhaften Wissenschaftlern und Politikern, die Bedenken gegen die Nutzung der Kernenergie äußerten. Dazu gehörte unter anderen Lin Jun-yi, Ökologie-Professor aus Taichung und der Pionier der taiwanesischen Umweltbewegung. Aus Angst vor möglichen Repressionen veröffentlichte Lin Jun-yi unter einem Pseudonym von 1979 bis 1980 einige Zeitungsartikel, in denen er die Regierung zum Überdenken ihrer Atompolitik aufforderte (Chang Mau-kuei, 1989, S.118). Ausgehend von Protesten gegen die undurchsichtige Budgetplanung durch Taipower sowie gegen die mangelnden Sicherheitsstandards, entwickelte sich die Anti-Atomkraftbewegung zu einem breiten Forum gegen die weitere Nutzung von Kernenergie. 1985 gelang es der taiwanesischen Verbraucherschutzorganisation, die dem Anti-Atomkraftbündnis beigetreten war, durch einen vielbeachteten Kongreß über Sicherheit von Atomkraftwerken einen Meinungsumschwung in Taiwan herbeizuführen (Chang Mau-kuei, 1989, S.120). Für die herrschende Guomindang besonders unangenehm gestaltete sich der zunehmende Stimmengewinn der oppositionellen Dangwai-Politiker mit klaren Stellungnahmen gegen die Nutzung der Kernenergie. Der Erfolg der Anti-Atomkraftallianz sowie der steigende Rückhalt dieser illegalen Opposition in den Medien und bei einzelnen Politikern der Regierungspartei ermunterten andere Umweltgruppen zu öffentlichen Aktionen. Aus diesem Grund ist es sicher legitim, die Anti-Atomkraftbewegung, der 1994 über 80 soziale Organisationen angehörten (Hwang, 1994, S.56), als Schrittmacher für eine breitere Umweltschutzbewegung in Taiwan zu bezeichnen.

Ganz entscheidend mitgetragen wird die taiwanesische Umweltbewegung von einer immer selbstbewußter auftretenden Frauenrechtsbewegung (Chen Yu-chi, 1991 S.247 ff.). Als Beispiel für das wachsende Engagement taiwanesischer Frauen im Umweltschutz steht die erfolgreiche Arbeit der "Homemakers Union and Environmental Protection Foundation" (früher "Homemakers Union & Foundation"), einer hauptsächlich aus Frauen bestehenden, nichtstaatlichen Umweltschutzorganisation. 1991 zählte sie etwa 1.000 über ganz Taiwan verteilte Mitglieder mit Schwerpunkten in Taipei und Taichung (Chen Yu-chi, 1991, S.254/256). Aufgabenschwerpunkte liegen in der Umwelterziehung sowie in Kampagnen und Veröffentlichungen zum Thema Umweltschutz (Chen Yu-chi, 1991, S.258/259).

Die Academia Sinica in Taipei hat Dokumente zu allen Umweltprotesten im Zeitraum von 1983 bis 1989 zusammengetragen und die Aktionen auf Zielsetzung, Zielerreichung und eingesetzte Mittel untersucht. Die in Tabelle 6 dargestellten Ergebnisse zeigen unter anderem den geringen Stellenwert, den Naturschutz im Vergleich zu Abwehr von Verschmutzung einnimmt. Ganz deutlich wird in dieser Untersuchung, daß die Proteste der Bevölkerung ihren Schwerpunkt im Bereich des nachsorgenden Umweltschutzes hat.

Bereits 1986 konnte Hsiao mittels einer Befragung über die Gewichtung von Umweltproblemen das gleiche Ergebnis ermitteln. Übervölkerung, Luftverschmutzung und Lärmbelastung stellten 1983 und 1986 für die taiwanesische Bevölkerung jeweils die größten Umweltprobleme dar. Der Schutz natürlicher Ressourcen landete jeweils nur auf Rang 7 von 11 Nennungen. Abbildung 16 zeigt die genauen Ergebnisse der Befragungen von 1983 und 1986.

Es kann nicht verwundern, daß die Oppositionspartei DFP sich bald Umweltfragen zu eigen machte. Die Suche nach Standorten für das vierte Atomkraftwerk (Taipei County, DFP regiert) und ein Chemiewerk (Naphta Cracker in Ilan County, DFP regiert) können hierfür als Beispiel dienen (Chiau, 1991, S.76). Der Landrat des Landkreises Taipei hatte im Konflikt um das vierte Atomkraftwerk medienwirksam mit dem Einsatz von ihm unterstehenden Polizeieinheiten gegen die Zentralregierung gedroht. Die Suche nach Standorten für Deponien und Kläranlagen ist ebenfalls ein Streitobjekt zwischen Zentralregierung und DFP vor Ort.

Das Entstehen einer Umweltbewegung 77

Tabelle 6: Struktur, Ziele und Ergebnisse von Umweltprotesten in den achtziger Jahren

Analyse	1.Gebiet				2.Zeit		3.Ziele		4.Methoden				5.Teiln.		6.Art		7.Ergebnis		
Fokus	N	M	S	O	N	V	E	M	Ü	A	G	U	L	O	S	L	O	N	U
Antiverschmutzung (108)	53	25	28	2	104	4	108	0	0	6	16	86	101	7	101	7	41	6	61
Naturschutz (4)	1	1	1	1	2	2	4	0	4	0	0	0	1	3	3	1	2	2	0

1. Gebiet: M = Mitte, N = Norden, O = Osten, S = Süden; 2. Zeitpunkt: N = Ex-post-Proteste, V = Ex-ante-Proteste, 3. Ziele: E = Einzelmotiv, M = = mehrere Motive; 4. Methoden: Ü = Überzeugung, A = sofortige Aktion, G = Gewaltanwendung, U = unterschiedliche Methoden; 5. Teilnehmer: L = lokal, O = überregional; 6. Art: S = kurzlebig, L = längerfristige Organisationsstrukturen; 7. Ergebnisse: O = Ziel erreicht, N = Ziel nicht erreicht, U = Ausgang unbekannt.
Quelle: Hsiao Michael Hsin-Huang, 1989.

Abbildung 16: Gewichtung von Umweltproblemen durch die taiwanesische Bevölkerung

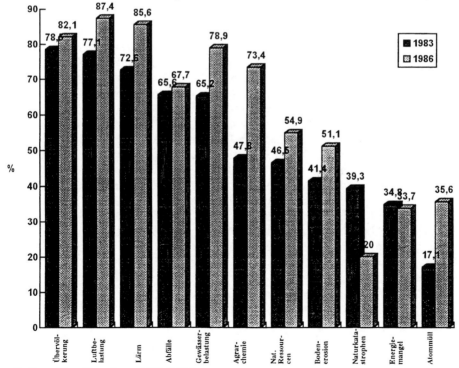

Quelle: Chou Chang-hung, 1989, S.106.

Eine dringend erforderliche nationale Umweltpolitik wird somit durch das Kräftemessen zwischen Guomindang und DFP in den Kreisen und Städten nur zum Teil gefördert. Zum anderen Teil entstehen auch maßgeblich Behinderungen. Im Dezember 1992, vor den Wahlen zum Legislativyuan, erschienen speziell die Abfallentsorgungsprobleme als zentrale Punkte auf den Agenden der Wahlkämpfer von GMD und DFP (Underwood, 1993, S.36).

Zusammenfassend läßt sich sagen, daß das Umweltbewußtsein der taiwanesischen Bevölkerung seit Anfang der achtziger Jahre stark zugenommen hat. Hu und Mao (1989) konnten feststellen, daß die meisten Taiwanesen gesundheitliche Probleme mit Umweltverschmutzung in Zusammenhang bringen. Wie oben bereits erwähnt, führt die Wahrnehmung von Umweltverschmutzung immer häufiger zu Protesten, die nicht selten (vgl. Tabelle 6) gewalttätig ausgetragen werden. Die Konflikt- und Gewaltbereitschaft der Umweltschützer liegt unter anderem in den fehlenden politischen und administrativen Strukturen und Mechanismen für den Umgang mit Umweltproblemen begründet. Dies wird in Abschnitt 3.4 näher zu erläutern sein.

3.4 Verwaltungsstrukturen im Umweltschutz und taiwanesische Umweltpolitik

Ein schweres Handicap für eine effiziente nationale Umweltpolitik stellen die Verwaltungsstrukturen allgemein und insbesondere auf den Umweltschutz bezogen dar. Prinzipiell lassen sich drei Regierungsebenen unterscheiden: Die Zentralregierung (fünf Yuans und acht Ministerien), die Provinzregierung, die Kreise (*xian*) und kreisfreien Städte sowie die übrigen Städte (*shi*). Abbildung 17 gibt einen Überblick über die aus der Sicht des Umwelt- und Naturschutzes wichtigen Strukturen der Zentral-, Provinz- und Lokalregierungen.

Die 1987 gegründete nationale Umweltbehörde TEPA (Taiwan Environmental Protection Administration) ist die zentrale Anlaufstelle für Fragen des Umweltschutzes und untersteht direkt dem Exekutivyuan. Im Exekutivyuan selbst existiert eine dem Vizepräsidenten direkt zugeordnete Spezialeinheit für Umweltfragen ("Committee for Environmental Quality"). Sie ist für die langfristige Struktur und Strategie der taiwanesischen Umweltpolitik zuständig. Ihr gehören hochrangige Mitarbeiter verschiedener Ministerien an (EPA, 1993, S. 415/416). Auf lokaler Ebene gibt es Umweltbüros (Bureau of Environmental Protection) oder Umweltabteilungen (Department of Environmental Protection). Viele der größeren Städte haben mittlerweile ihre eigenen Umweltabteilungen.[29] Diese kleinen Abteilungen sind für die tägliche Durchsetzung der nationalen Umweltpolitik (z.B. Koordinierung von Aufräumtrupps) vor Ort verantwortlich.

Weiterhin werden Belange des Natur-, Umwelt- und Ressourcenschutzes in folgenden Regierungsstellen bearbeitet:

Das Büro für Industrieentwicklung (IDB = Industrial Development Bureau) untersteht direkt dem Wirtschaftsministerium. Seine Zuständigkeitsbereiche liegen in der Registrierung der Firmen und in der Emissionskontrolle. Bei der Durchsetzung von Umweltstandards muß die TEPA mit dem IDB zusammenarbeiten. Der Rat für Wirtschaftsplanung und Entwicklung (CEPD = Council on Economic Planning and Development) berät den Exekutivyuan in Entwicklungs- und Umweltschutzfragen. Eine spezielle Arbeitsgruppe formuliert die Richtlinien im nationalen Umweltschutz.

Das Ministerium für Kommunikation und Transportwesen (MOCT) ist zuständig für die Bekämpfung von Ölunfällen. Die dazugehörende Tourismusabteilung verwaltet große, touristisch interessante Gebiete ("scenic areas").

Das Innenministerium ist verantwortlich für die Überwachung von Schadstoffbelastungen am Arbeitsplatz. Die ihm untergeordnete Polizeiadministration ist für

Abb. 17: Umweltschutzrelevante Strukturen (schraffierte Felder) **der Zentral-, Regional- und Lokalregierungen**

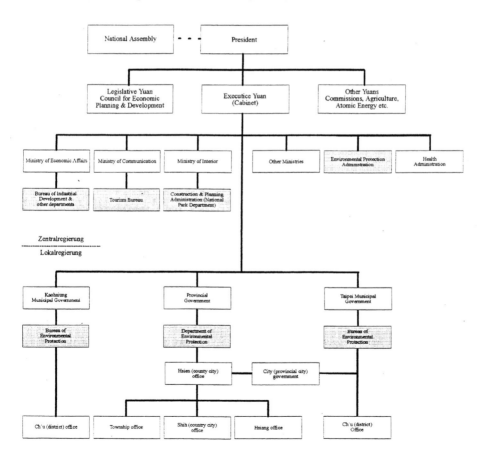

Quelle: Chiau, 1991, S.86.

für die Kontrolle von Lärm und Trinkwasserverschmutzung sowie von Immissionen bei der Abfallbeseitigung und bei offenem Feuer zuständig. Für Umweltbelastungen, die von Baumaßnahmen ausgehen, ist die Bau- und Planungsverwaltung des Innenministeriums verantwortlich (Chiau, 1991, S.88). Die ebenfalls unter dem Innenministerium angesiedelte Nationalparkverwaltung betreut die fünf Nationalparks Taiwans. Sie stellt eine von sechs Abteilungen in der Bau- und Planungsverwaltung dar. Ebenfalls vom Innenministerium verwaltet werden die Küstenschutzzonen.

Der 1984 gegründete Rat für Landwirtschaft ("Council of Agriculture") ist neben klassischen Fragen der Landwirtschaft mit der Kontrolle des Pestizidverbrauches, der Forstwirtschaft und dem Boden- und Wasserschutz betraut (Wang, 1989, S.6). Abgesehen von der Nationalparkverwaltung (Innenministerium) und dem Rat für Landwirtschaft sind die Naturschutzbefugnisse überwiegend im Wirtschaftsministerium zusammengefaßt. Die Abteilung für Landwirtschaft und Forsten ist direkt für Naturschutz zuständig. Den Abteilungen für Bergbau und Wasserschutz obliegt der Oberflächen- und Grundwasserschutz, die Abteilung für Warenkontrolle und Quarantäne überwacht den Import von Chemikalien und seltenen Tieren und Pflanzen (Chiau, 1991, S.90). Das Forstbüro ist, als der Provinzverwaltung unterstellte Behörde, für die Waldbewirtschaftung zuständig.

Die oben beschriebenen Befugnisse im Umwelt- und Naturschutz konkurrieren darüber hinaus mit a) lokalen und regionalen Verwaltungsebenen und b) mit den Ansprüchen mächtiger Verbände und Vereinigungen. So besitzt zum Beispiel die Veteranenorganisation VACRS[30] beträchtliche Flächen, darunter ein wertvolles Schutzgebiet (*yuanyanghu*), sowie ganze Industriebetriebe. Aufgrund der Nähe zum Militär ist es sehr schwierig, gegen diese Organisation Umweltschutzmaßnahmen durchzusetzen. In der Fallstudie über den Li-Berg in Abschnitt 5.7.1 wird diese Problematik an einem Beispiel erläutert.

Die extrem schwierige Aufgabe der 1987 gegründeten nationalen Umweltbehörde TEPA liegt abgesehen von den politischen und ökonomischen Sachzwängen in dem riesigen Ausmaß der Verschmutzung infolge mehrerer Dekaden ungezügelter Industrialisierung (FEER, 19.9.1991, S.42).

Die TEPA muß, um in einer bestimmten Sache aktiv zu werden, zuvor erst einen gemeinsamen Ausschuß mit dem jeweils zuständigen Ministerium bilden. Dadurch wurden bisher die Kontrolle und Verfolgung von Umweltverschmutzung unnötig erschwert. 1990 wurde aus diesem Grund beschlossen, in sieben Ministerien eigene Umweltabteilungen einzurichten. Die neuen Abteilungen in Innen-, Wirtschafts-, Verteidigungs-, Kommunikations-, Erziehungs-, Gesundheits- und Landwirtschaftsministerium sollen die bisher bei der TEPA angesiedelten praktischen Aufgaben in den Bereichen von Abwasser, Krankenhausabfällen, Tier- und Pflanzenschutz usw. übernehmen (FC, 1990, Sept/Okt, S.63). Die TEPA soll sich nach den Worten des Initiators, Hao Pei-tsun, auf "die Festlegung von Richtlinien und Gesetzen für den Umweltschutz" konzentrieren (FC, 1990 Okt/Sept, S.63).

Abb. 18: Organisationsschema der "Taiwan Environmental Protection Administration"

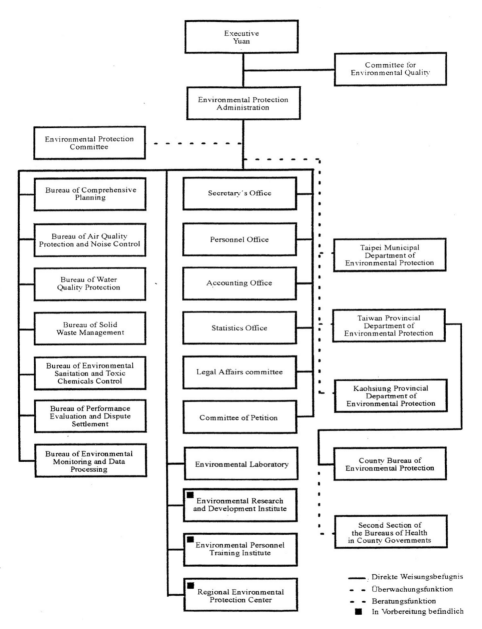

Quelle: EPA, 1991b, S.IV.

Entgegen der offiziellen Darstellung muß diese Änderung der Kompetenzen der TEPA als erhebliche Beschränkung der Eingriffsmöglichkeiten der obersten staatlichen Umweltschützer gesehen werden. Ein Beispiel für den sehr beschränkten Einfluß der TEPA auf die Regierungspolitik gibt die im Rahmen der Budgetplanung für den nationalen Sechsjahresplan erfolgte weitgehende Mißachtung der Vorschläge der Umweltbehörde. Auf die Frage der Unternehmensberatungsgesellschaft Bectech Consulting an Vertreter der Regierung, wie man die verschiedenen Budgetvorschläge der TEPA (vgl. Abschnitt 5.8) einschätzen könne, antworteten diese, "that it is mistaken to take too much note of the figures" (Bectech, 1991, S.3).

Han (1987) bezweifelt, daß die taiwanesischen Behörden rein organisatorisch und konzeptionell in der Lage sind, effizienten Umwelt - und Naturschutz zu praktizieren. Es existiert weder ein umfassendes Konzept zum Flächen- und Ressourcenmanagement noch eine entsprechende Behörde, die ein solches Konzept umsetzen könnte. Obwohl die TEPA mittlerweile den Rang eines Ministeriums erlangt hat und sogar eine Abteilung für Planung existiert, treffen die von Han 1987 formulierten Mängel größtenteils immer noch zu (vgl. EPA, 1993, S.420). Der Schwerpunkt der TEPA liegt nach wie vor in der Kontrolle von Verschmutzung und öffentlicher Hygiene. Es wird demnach rein institutionell vornehmlich nachsorgender Umweltschutz praktiziert. Die Möglichkeit zum vorsorgenden Umweltschutz ist der TEPA durch den großen Kompetenzwirrwarr versperrt. Planungskompetenzen für ein und dieselbe Fläche können vom Büro für industrielle Entwicklung, dem Landwirtschaftsministerium, der TEPA, dem Innenministerium, dem Büro für Konstruktion und Bauwesen, dem Tourismusbüro bis hin zum Forstbüro reichen, das unter der Hoheit der Provinzregierung steht. Oft entstehen Interessenkonflikte innerhalb ein und derselben Behörde. Das Büro für industrielle Entwicklung ist gleichzeitig für die Bekämpfung der industriellen Verschmutzung zuständig (Han, 1987, S.458).

Abbildung 18 gibt einen Überblick über die Organisationsstruktur der höchsten staatlichen Umweltschutzbehörde in der Republik China auf Taiwan. Der Wirrwarr administrativer Strukturen und Kompetenzen erschwert eine rechtzeitige, qualitativ hochwertige Rückmeldung von der Basis zur zentralen Umweltbehörde und damit zur Zentralregierung. Zusammenfassend lassen sich somit zwei institutionelle Schwächen erkennen, die zur Umweltproblematik beitragen: erstens ein politisches System, welches der Forderung der Stimmbürger nach mehr Umweltschutz nur ungenügend Rechnung trägt und zweitens eine Bürokratie, die selbst den unvollständigen, in Abschnitt 3.5 näher beschriebenen Gesetzen keine Geltung verschaffen kann.

3.5 Gesetze und Verordnungen zum Schutz der Umwelt

Die Geschichte der Umweltschutzgesetzgebung in der Republik China auf Taiwan begann bereits 1970 mit der Verabschiedung des "Fundamental Law Governing

Public Pollution" durch die Zentralregierung. Auf der Grundlage dieses allgemeinen Gesetzes entstanden von 1974 bis 1975 wichtige Einzelgesetze zum Schutz der Gewässer ("Water Pollution Control Law), zur Kontrolle der Luftverschmutzung ("Air Pollution Control Law"), zur Kontrolle der Lärmbelästigung ("Noise Control Law") und der Abfallbeseitigung ("Waste Disposal Act") (Chiu Tsong-juh, 1989, S.428). 1982 entstand durch die Verabschiedung des "Organizational Law of Environmental Protection Bureau (EPB) of National Health Administration of the Executive Yuan" der Vorläufer der heutigen TEPA. Am 22. August 1987 wurde das EPB schließlich zu einem mit weitreichenderen Befugnissen und erheblich mehr Personal ausgestattetem Umweltministerium der Republik China auf Taiwan aufgewertet (TEPA). 1988 folgte die Gründung der zentralen Umweltbehörde der Provinz Taiwan.

Die TEPA formulierte in der Folgezeit insgesamt 19 neue Gesetze und 53 Verordnungen sowie Neuformulierungen und Verbesserungen bestehender Gesetze und Verordnungen (Chien, 1991, S.9). Von besonderer Bedeutung sind neue Regelungen zur Umweltverträglichkeitsprüfung ("Environmental Impact Assessment Law"), zur Anwendung von Pestiziden ("Residential Pesticide Control Act"), zum Umgang mit gefährlichen Chemikalien (1986), zur Verbesserung der Organisationsstruktur der TEPA ("Law of Organization for the EPA"), zur Etablierung eines Labors zur Kontrolle der Umweltbelastung ("Law of Organization for Environmental Laboratory") sowie die Überarbeitung der ersten Regelungen zur Luft- (1982), Wasser- (1983) und Abfallproblematik (1980 und 1985) (Chien, 1991, S.9). Anhang 3 gibt eine detaillierte Übersicht über bestehende und geplante Umweltschutzgesetze in der Republik China auf Taiwan, soweit hierfür die TEPA zuständig ist.

Das ehrgeizige Gesetzgebungsvorhaben der TEPA wird durch die politische Umbruchphase, in der sich Taiwan seit Beginn der achtziger Jahre befindet, stark gebremst. Das zuständige Gesetzgebungsorgan, der Legislativyuan, ist zur Zeit mit verfassungsrechtlichen und parteipolitischen Debatten völlig überlastet.

Durch die von der TEPA vorgeschlagenen neuen Gesetze und Verbesserungen bestehender Regelungen würde der Vorwurf der "Zahnlosigkeit" der taiwanesischen Umweltgesetzgebung allmählich entkräftet. 1989 hatten die Autoren der Umweltstudie *Taiwan 2000* noch erhebliche Bedenken an der Effizienz und den Inhalten der Umweltgesetzgebung geäußert:

> However, in strict legal terms the coverage of the contents in the respective laws and regulations does not appear to be complete or strict enough to insure proper and adequate functions designed for the control of public pollution... (Chiu Tsong-juh, 1989, S.428)

Die Umweltschutzgesetze sind zu stark an der Kontrolle der Verschmutzung und zu wenig an der Kontrolle der Verschmutzer orientiert. Überdies fehlen ausreichende Emissionsstandards und -kontrollen, die die Abgabe von Schadstoffen in die Umwelt vermindern bzw. verhindern. Durch die Einführung des Verursacherprinzips ("Polluters Pay") versucht die TEPA, diese Defizite in den bestehenden Gesetzen auszuräumen (Chien, 1991). Eine ähnliche Situation findet man, wie Abschnitt 5.3 verdeutlicht, bei der - nicht in den Bereich der TEPA fallenden - Naturschutzgesetzgebung. Allen Gesetzen im Bereich des Natur- und Umweltschutzes gemeinsam ist die sehr mangelhafte Umsetzung, die bereits in Abschnitt 3.4 beschrieben wurde.

Nach Darstellung und Analyse von Ausgangslage und politischen Rahmenbedingungen des taiwanesischen Entwicklungsweges stehen in Kapitel 4 die daraus resultierenden entwicklungspolitischen Ziele, Strategien und Erfolge des taiwanesischen Modells im Blickpunkt (vgl. zyklisches Entscheidungsmodell, Abbildung 3).

4 Das taiwanesische Wirtschaftswunder: Entwicklungsziele und ihre Realisierung (1949-1992)

4.1 Rückeroberung des Festlandes als oberste Prämisse der Politik in den ersten vier Jahrzehnten und ihre Auswirkungen auf die Entwicklungspolitik

Nach der Niederlage gegen die KPCh wurden zu Beginn der fünfziger Jahre alle Planungen der Nationalchinesen auf eine möglichst schnelle Rückkehr nach China ausgerichtet.[31] Zumindest in den ersten 20 Jahren nach der Staatsgründung verfügte dieses Ziel über eine gewisse Glaubwürdigkeit. Für ihre Rückeroberungspläne wie auch zur Verteidigung gegen Angriffe vom Festland brauchten die Nationalchinesen insbesondere in den Anfangsjahren politische und soziale Stabilität in Taiwan sowie Devisen und Waffen. Devisen ließen sich nur durch Exporte und ausländische - d.h. US-amerikanische - Kredite beschaffen. Die erste Prämisse der Politik lautete somit: Wirtschaftswachstum und Industrialisierung in einem stabilen politischen und sozialen Umfeld. Sie wurde mit Hilfe einer gelungenen Wirtschaftsplanung und erheblicher Unterstützung durch die USA realisiert.

Als sich die geschlagene GMD-Armee nach Taiwan absetzte, zeigte sich die US-amerikanische Regierung zunächst wenig geneigt, die korrupten Machthaber weiterhin zu unterstützen. Erst der Ausbruch des Koreakrieges führte die Vereinigten Staaten wieder auf die Seite des einstigen Bündnispartners. 1954 kam es zu einem gegenseitigen Verteidigungspakt zwischen den USA und Taiwan. Damit war die Gefahr einer Invasion vom und zum Festland weitgehend gebannt. 1979 jedoch trugen die Vereinigten Staaten den realen weltpolitischen Gegebenheiten Rechnung und erkannten die Volksrepublik China als legitimen Alleinvertreter Chinas an.

Ohne die militärischen Garantien der USA für Taiwan und ohne die massiven direkten und indirekten monetären Zuwendungen der USA war das Überleben des jungen Staates und dessen kometenhafte wirtschaftliche Entwicklung undenkbar.[32] (Prybyla, 1991, S.62)

> United States aid, in the early 1950's played a critically important stabilizing role and helped the battered and confused Taiwan economy to recover. In 1950, when the United States resumed aid to the Republic of China, Taiwan was near collapse. (Ho, 1978, S.112)

Die massive finanzielle Unterstützung durch die USA ermöglichte Taiwan ein stabiles, stetiges Wachstum unter Beibehaltung und Ausbau seines enormen Militärapparates. Von besonderer Bedeutung war die Öffnung des US-Marktes für taiwanesische Produkte zu extrem günstigen Konditionen (Prybyla, 1991, S.62/ 63). Nach dem erzwungenen Rückzug aus den Vereinten Nationen Anfang der siebziger Jahre begann jedoch für Taiwan eine Periode der internationalen Isolierung. 1976, nach dem Fall der "Viererbande" in Peking, änderte sich die Strategie der Kommunisten gegenüber dem "rebellischen kleinen Drachen". Nicht mehr "Befreiungsdrohungen" bestimmten die Tonart, sondern Gesprächsangebote für eine friedliche Vereinigung ("ein Land, zwei Regierungen"). Gleichzeitig begann Peking durch Wirtschaftsreformen eine attraktive Alternative für überseechinesische Investitionen zu eröffnen. Mit dem Eintritt in wichtige internationale Organisationen (Vereinte Nationen, Weltbank, GATT) zwang die VR China die Nationalchinesen zum Austritt oder zur Änderung der offiziellen Staatsbezeichnung.

Im Bereich der Außenwirtschaftsbeziehungen mußte Taiwan aufgrund seiner extremen Abhängigkeit von importiertem Rohöl und exportierten Fertigwaren einige Krisen überstehen. 1974 und 1980/81 gab es erhebliche Einbrüche im Industrieoutput.

Das zweite wichtige Standbein neben der "US-Connection" sind die engen Wirtschaftsbeziehungen zu Japan. Von 1952 bis 1987 war Japan mit 28% aller Projekte der größte ausländische Investor in Taiwan. In absoluten Zahlen erreichte Japan hinter den USA das zweitgrößte Direktinvestitionsvolumen in Taiwan (Prybyla, 1991, S.64). Bei den Importen ist Japan seit 1960 die Hauptquelle für ausländische Waren (Prybyla, 1991, S.64)

Die fehlenden diplomatischen Beziehungen zu der Mehrzahl der Staaten der Erde ersetzt Taiwan durch eine geschickte Außenwirtschaftspolitik. Wichtigste außenpolitische Partner sind die USA und Japan. Anfang der neunziger Jahre verließen Saudi-Arabien und Südkorea die kleine protaiwanesische Allianz und ließen ihre Botschafter in Peking akkreditieren.

Innenpolitisch garantierte die Einführung des Kriegsrechtes und die teilweise Außerkraftsetzung der Verfassung (siehe Kapitel 3) stabile soziale und politische Rahmenbedingungen (Tsai, George W., 1993, S.66). Es ist wichtig zu betonen, daß die Festländer 1949 nur durch Zuhilfenahme ihrer militärischen Übermacht die Regierungsgewalt über die Insel Taiwan übernehmen konnten (Huebner, 1985, S.196/197). Nach den Ereignissen vom 28. Februar 1947 (s. Abschnitt 2.1.2) hätte die taiwanesische Mehrheit eine Beherrschung durch die Neuankömmlinge vom Festland nicht mehr toleriert. Zumindest zu Beginn der GMD-Herrschaft muß also von einem De-facto-Besatzungsstatus ausgegangen werden, der half, die notwendige politische Stabilität zu gewährleisten (Pye, 1985, S.229).

Mit zunehmender Dauer der GMD-Herrschaft über Taiwan begann sich das Entwicklungsziel zu verändern. Dem Ziel der Rückeroberung des Festlandes mit militärischen Mitteln folgte eine Außenwirtschaftsdiplomatie mit dem Ehrgeiz, aller Welt zu zeigen, daß das taiwanesische Modell dem festlandchinesisch-sozialistischen überlegen sei.

Wie schon erwähnt, bewirkte die zunehmende Taiwanisierung und das Erstarken der Opposition in den achtziger Jahren, daß Taiwan als Heimat und Zukunft für künftige taiwanesische Generationen politisch an Gewicht gewann. Die verstärkte umweltpolitische Diskussion seit Ende der achtziger Jahre beruht unter anderem auf der Erkenntnis, daß Taiwan keine Zwischenstation bis zur Rückeroberung des Festlandes sein wird, sondern zukünftiger Lebensraum für die Kinder und Enkel des Wirtschaftswunders. Michael Hsiao, ein bekannter Soziologe aus Taiwan und Mitautor der Studie *Taiwan 2000*, gibt den Stimmungswandel in Taiwan mit einem Buchtitel treffend wieder: *Wir haben nur ein Taiwan* (*Women zhi you yige Taiwan*) nennt er seine Analyse der Situation auf der ehemals "wunderschönen Insel" (Hsiao Hsin-huang, 1987). Der zunehmende Einfluß von Taiwanesen in Politik, Wirtschaft und Gesellschaft führt zu einer stärkeren Rückbesinnung auf taiwanesische Werte. Dazu gehört auch und vor allem die Fruchtbarkeit und Schönheit ihrer Insel. Im Gegensatz dazu konnte sich die alte Garde der Festlandspolitiker nie mit der Geschichte und dem Naturraum der Insel Taiwan identifizieren. Deshalb gab es in der von ihr gestalteten Politik keinen Ansatz zum Schutz oder zur Bewahrung von taiwanesischem Natur- oder Kulturraum. Die bisherige nationalchinesische Definition Taiwans als Zwischenstation bis zu einer Rückkehr aufs Festland hat die Übernutzung des taiwanesischen Entwicklungspotentials gefördert. Hier läßt sich ein klarer Zusammenhang zwischen den Rückeroberungszielen der GMD-Politiker und potentiell nachhaltigen Entwicklungsansätzen aufzeigen.

4.2 "Development by design" - das taiwanesische Wirtschaftswunder im Detail

Bei der Staatsgründung im Jahre 1949 zählte Taiwan zwar zu den ärmsten Ländern der Welt, es gab, neben vielen Gemeinsamkeiten, allerdings einige sehr spezielle Faktoren, die Taiwan ganz erheblich von anderen unterentwickelten Ländern unterschieden. Da ist zunächst der massive Zustrom von zum Teil gut ausgebildeten und hochmotivierten Fachkräften vom Festland infolge des Sieges der kommunistischen Revolution im Jahr 1949.

Zum zweiten war die GMD entschlossen, die Fehler, die zum Machtverlust auf dem Kontinent geführt hatten, in Taiwan zu vermeiden (Ho, 1978, S.105). Das Fehlen einer politischen Legitimation wollten die Politiker der GMD durch ökonomische Erfolge ausgleichen (Tsai, George W., 1993, S.67). Nicht korrupte Politiker, sondern hochqualifizierte Technokraten bestimmen deshalb die Details der taiwanesischen Wirtschaftspolitik seit 1949 (Vogel, 1991, S.24). Diese Technokraten zählten zu den am besten ausgebildeten Fachkräften in ganz Taiwan. Radikale Gesellschaftsreformen, wie etwa die Landreform von 1953, wurden mit Hilfe der De-facto-Besatzungsmacht in ganz Taiwan durchgesetzt.

Der unbestrittene wirtschaftliche Erfolg des Entwicklungsmodells der Nationalchinesen war von den führenden Wirtschaftsnationen der Welt, allen voran den USA, gewollt und wurde entsprechend unterstützt (Hickey, 1986, S.60-66). Die USA hatten aus politischen, ökonomischen und strategischen Gründen großes Interesse am Fortbestand und am Erfolg der Republik China auf Taiwan. Politisch ist Taiwan das kapitalistische Gegenmodell zu kommunistischen Gesellschaftsreformen. Ökonomisch war Taiwan 1986 der sechstgrößte Handelspartner der USA. Strategisch verbindet Taiwan den Indischen mit dem Pazifischen Ozean. Taiwans Loyalität und die US-Stützpunkte auf der Insel waren insbesondere während des kalten Krieges von unschätzbarem Wert für die amerikanischen Interessen in Ost-

asien (Hickey, 1986, S.60 ff.). Diese ideologische Unterstützung Taiwans durch die westliche Welt nutzte die aus oben genannten Gründen sehr engagierte nationalchinesische Regierung geschickt für die Entwicklung des eigenen Landes. So war zum Beispiel der massive US-amerikanische Druck auf die GMD-Regierung[33] ein ausschlaggebender Faktor für die Durchführung der Landreform. Die Betrachtung einiger Eckpunkte der ökonomisch erfolgreichen Wirtschaftsplanung ist für die Erklärung der Umweltprobleme Taiwans wichtig. Tang (1990, S.287) beschreibt vier Hauptstrategien, die die Republik China für die Realisierung ihrer Entwicklungsziele nutzte:
1. eine gleiche Betonung von Wachstum und Stabilität,
2. die Förderung einer industriellen Entwicklung, ausgehend von einer soliden Grundlage in der Landwirtschaft [Exportförderung, Schaffung eines günstigen Investitionsklimas für ausländische Investitionen usw.],
3. die geordnete Entwicklung der Industrie sowie
4. große Infrastrukturprogramme der öffentlichen Hand.

Erst seit 1991 gehören zum letztgenannten Punkt auch großangelegte Umweltschutzprojekte und die Förderung einer Umwelttechnologieindustrie.

Wie der Ausdruck "Development by design" besagt, besitzt Entwicklungsplanung in Taiwan eine große Bedeutung. Seit 1949 versuchte die GMD-Regierung, ihre bereits auf dem Festland in groben Zügen formulierten Entwicklungsziele Schritt für Schritt auf Taiwan umzusetzen (Gälli, 1980, S.XXIX). Eine umfassende, jedoch unverbindliche indikative Wirtschaftsplanung (Vierjahrespläne [siehe Anhang 4], Sechs- und Zehnjahrespläne) lieferte die Zielvorgaben für die Wirtschaft. Der rasch wachsende Sektor der Privatwirtschaft wurde von der staatlichen Planung nur indirekt tangiert. Dadurch konnte Taiwan unter Beibehaltung privatwirtschaftlicher Kreativität grobe Fehler in der mittel- und langfristigen (ökonomischen) Entwicklung weitestgehend vermeiden bzw. flexibel und pragmatisch auf komplexe Problemstellungen reagieren (Li K.T., 1991, S.41). Vogel betont, daß hinter einigen ökonomischen Strategien klare militärische Absichten zu erkennen sind. Die staatlichen Investitionen in die Stahl- und Chemieindustrie seit 1972[34] dienten unter anderem dem Aufbau einer Verteidigungsindustrie (Vogel, 1991, S.31). Im folgenden werden die wichtigsten "Design"-Maßnahmen der GMD-Regierung erläutert.

4.2.1 Die Landreform

Die Landreform als Grundlage der taiwanesischen Wirtschafts- und Gesellschaftsentwicklung basierte auf bereits auf dem Festland entworfenen Konzepten. Die Erkenntnis, daß ländliche Armut und Hyperinflation Hauptelemente für die Niederlage im Bürgerkrieg gegen die Kommunisten waren, veranlaßte die GMD, dieses Mal eine konsequente Landreform durchzuführen. Zudem standen die GMD-Machthaber in Taiwan vor dem Problem, ein ganzes Besatzungsheer ernähren zu müssen, politische Stabilität durch eine Angleichung der ländlichen Besitzverhältnisse erreichen und gleichzeitig die taiwanesischen Grundherren als Keimzellen der Opposition ausschalten zu müssen (Tsai, George W., 1993, S.67). Die Landreform wurde in drei Stufen durchgeführt. Im Januar 1949 wurde der Pachtzins auf Ackerland auf ein Maximum von 37,5% des Ertrages der Hauptanbaufrucht festgesetzt (Li K.T., 1991, S.35). In der nächsten Phase (1951-1954) folgte die Verteilung von 110.000 ha Ackerland (ca. 14% der damals bewirtschafteten Anbaufläche) an 210.000 Bauernfamilien. Die neuen Landbesitzer mußten in einem Zeitraum von 10 Jahren ihre Schulden in Form von Naturalien (Reis) und Bargeld zurückbezahlen (Li K.T., 1991, S.35). In der dritten Phase schließlich mußten die Großgrundeigentümer 58% ihrer Flächen an den Staat verkaufen, der diese wiederum an landlose Bauern weiterverkaufte (Li K.T., 1991, S.35). Die Regierung verkaufte an die ehemaligen Pächter zu einem Preis, der bei etwa zweieinhalb Jahresernten lag. Die Bauern hatten zehn Jahre Zeit, um diese Schulden in Form von zwanzig Monatsraten zurückzuzahlen.

Resultat der sehr rigiden Umverteilung des Bodens war dessen gleichmäßige Verteilung unter den jetzt selbständig wirtschaftenden Eigentümerbauern. Das "Land-dem-Bebauer-Gesetz" beschränkte das Grundeigentum auf eine landwirtschaftliche Nutzfläche, "deren jährlicher Ertrag dem standardisierten Ertrag von 3 Chia (2,9 ha) bewässerten Landes mittlerer Qualität entspricht" (Chang Sai, 1984, S.101). Die Grundherren wurden mit Ertragsobligationen (70%) und Anteilen an vier provinzeigenen Aktiengesellschaften[35] (30%) entschädigt (Tsai, George W., 1993. S.68). So ist es nicht verwunderlich, daß die erste Generation der taiwanesischen Unternehmer zu einem Großteil aus ehemaligen Großgrundbesitzern bestand (Vogel, 1991, S.34). Insgesamt 486.000 Bauern kauften öffentliches Land, und 195.000 erwarben Höfe, die sie vorher gepachtet hatten (Kwang Hua, 1985, S.56/57). Begleitende Maßnahmen wie die Gründung von Zwangsgenossenschaften zur Vermarktung, Wasserbewirtschaftung usw., der Aufbau eines landwirtschaftlichen Beratungswesens, die Förderung der Agrarforschung, die Errichtung einer agrarnahen Industrie für Kunstdünger und Veredelung landwirtschaftlicher Produkte sowie der Import von Futtermitteln aus den USA forcierten den Ausbau der landwirtschaftlichen Produktion (Nohlen, 1989, S.641). Taiwanesische Statistiken weisen einen Anstieg der Agrarproduktion und damit des Einkommens der Landbevölkerung infolge der erfolgreichen Agrarreformen aus (Chen Cheng, 1961). Bereits 1963 lag das Nettoeinkommen der Bauern dreimal höher als vor der Landreform. Die landwirtschaftliche Produktion wuchs im Zeitraum von 1951 bis 1962 jährlich um durchschnittlich 5,1% (Li K.T., 1991, S.36; Yu Tzong-shian, 1993, S.23). Zusammen mit einer Reihe von Handelserleichterungen führte so die bessere Ausgangssituation in der Landwirtschaft zu einem jährlichen Wachstum des Pro-Kopf-Einkommens aller Taiwanesen von 3%. Die wachsenden Produktionsmengen aus der Landwirtschaft versorgten die Wirtschaft mit den nötigen Rohstoffen für eine nahrungsmittelverarbeitende Industrie und gleichzeitig mit Devisen für den Einkauf dringend benötigter Industrietechnologie.

4.2.2 Kontrolle des Bevölkerungswachstums, Aufbau eines effizienten Bildungssystems und Steuerung bzw. Verlangsamung der Bevölkerungskonzentration in den Ballungsgebieten

Die Erfolge im Bereich der Kontrolle des Bevölkerungswachstums wurden bereits in Kapitel 2.1.2 ausführlich dargestellt. Gleichzeitig nutzten die GMD-Politiker das Potential an Humanressourcen. Durch einen Ausbau des Erziehungs- und Bildungssystems gelang es, jeweils genügend qualifizierte Fachkräfte für die Entwicklung des Landes zur Verfügung zu stellen. Die Zahl der Schulen stieg von 2.000 im Jahre 1954 auf 4.766 im Jahre 1978 an. Das Erziehungssystem erreicht mittlerweile 99% der schulpflichtigen Kinder. 88% der Schulpflichtigen besuchen eine weiterbildende Schule (Gälli, 1980, S.12/13). Die Ausgaben der Regierung für Bildung und Erziehung stiegen von 9,9% im Jahre 1953 auf 17,8% des Gesamthaushaltes von 1990 (Gee San, 1993, S.5). Das heißt, daß 1990 5,9% des BSP für Maßnahmen im Bereich der Bildung und Ausbildung ausgegeben wurden (Gee San, 1993, S.5). Somit standen potentiellen Investoren in innovativen Industriebranchen genügend qualifizierte Arbeitskräfte zu relativ niedrigen Lohnkosten gegenüber.

Das größte Problem im Bereich der Bevölkerungspolitik stellte die Kontrolle der Landflucht dar. Eine bewußte Politik zur besseren Verteilung der Bevölkerung ist erst seit der Entwicklung eines Raumordnungsplanentwurfes für ganz Taiwan im Jahre 1971 zu verzeichnen. Offiziell verabschiedet wurde dieser jedoch erst 1979. Die erfolgreich durchgeführte Landreform, die Stärkung der lokalen politischen Autonomie, der Ausbau der Verkehrsinfrastruktur, die Versorgung ländlicher Gebiete mit Strom, Telefon und Wasser und die dezentrale Industrialisierung führten bereits vorher zu einer stärkeren Bindung der Bevölkerung an die ländlichen Regionen bzw. an die Mittelzentren (Tsai Hung-hsiung, 1990, S.4-7). Der seit 1950 erfolgte kontinuierliche Ausbau von Straßen und Eisenbahnen sowie von Häfen und Flughäfen war eine Voraussetzung für die erfolgreiche Dezentralisierung der Industrie.

Der Ausbau von Gewerbe- und Industrieflächen geschah in drei Phasen. 1950-71 wurden vornehmlich Flächen in der Nähe von Taipei und Kaohsiung bereitgestellt, was die hohe Bevölkerungskonzentration in diesen beiden Ballungszentren noch verstärkte. Deshalb lag der Schwerpunkt der beiden nächsten Phasen (72-73 und 73 bis heute) auf der Verteilung von Industrieansiedlungen in ländlichen Regionen (Tsai Hung-hsiung, 1990, S.7).

Anhand der Vorgaben des Raumordnungsplanentwurfes von 1971 entwickelte die Regierung weitere Maßnahmen im Bereich der Verkehrsinfrastruktur, der Gewerbe- und Industriegebietsplanung, der dezentralen Versorgung mit kulturellen Einrichtungen und der Entwicklung der Landwirtschaft (Tsai Hung-hsiung, 1990, S.10/11).[36]

4.2.3 Flexible Wirtschaftsplanung mit einer Kombination von Liberalisierung und Protektionismus[37]

In den fünfziger Jahren mangelte es Taiwan an einer harten Währung, an Devisen und an Technologie, um ein industrielles Modernisierungsprogramm durchzuführen. In dieser Situation entschieden sich die Politiker und Technokraten für eine Politik der Importsubstitution als dem, wie Tsai (1993) es formuliert, "only rational course for the government ... in an effort to conserve foreign exchange and absorb the growing labor force while meeting domestic consumer demand". Die Importsubstitionsphase mit hohen Zöllen, einer Lizenzierung des Importhandels, einer Festlegung von Importquoten bzw. Importverboten, der Einrichtung von Import-Bardepots, einem System multipler Wechselkurse, einer Devisenrationierung usw., die Taiwan bis etwa 1960/61 durchlaufen hat, unterscheidet sich hinsichtlich der Ziele und Mittel wenig von der entsprechenden Politik anderer Entwicklungsländer. Während der Phase der Importsubstitution entwickelte sich vor allem der Bereich der Konsumgüterindustrie z.B. für Textilien, Holz- und Lederprodukte, Fahrräder usw. sehr schnell. Die anfänglich hohen Wachstumsraten des BSP von 9% sanken gegen Mitte der fünfziger Jahre auf 6,5% ab (World Bank, 1993, S.131).

Die Bedeutung der Importsubstitution für das "Wirtschaftswunder" wird kontrovers eingeschätzt (Mechthold, 1994, S.32). Während einige Autoren die kurze Zeit der Importsubstitution eher als Hemmschuh für die ökonomische Entwicklung ansehen (vgl. Sautter, 1990), ist sie für andere eine zwar nicht optimale aber in der damaligen Phase absolut notwendige wirtschaftspolitische Strategie (vgl. Tsai George W., 1993). Gegen Ende der fünfziger Jahre, nach der "leichten Phase" der Importsubstitution, ging die taiwanesische Regierung gegen teilweise erhebliche Widerstände innerhalb der Regierungspartei, des Staatsapparates und der Unternehmerschaft zu einer Politik der Förderung der Exportwirtschaft und von ausländischen Direktinvestitionen über (Sautter, 1990, S.63; Tsai, George W., 1993, S.70). Neben der Aufhebung der massiven Beschränkungen und Regulierungen im Bereich des Außenhandels schuf die Regierung zahlreiche spezielle Anreize für den Export. So wurde die Neugründung von Unternehmen steuerlich gefördert, wenn wenigstens 50% der Produkte für den Export bestimmt waren, und die staatlich kontrollierten Banken offerierten zinsgünstige Kredite für die Exportproduktion. Exportversicherungen wurden besser und billiger, ausländische Handelsvertretungen eröffneten in Taiwan. Der Staat zahlte Prämien für besonders erfolgreiche Exporteure und unterstützte die Gründung von Exportkartellen (Sautter, 1990, S.66).

Eine besondere Rolle in der Wirtschaftsentwicklung Taiwans nehmen die Wirtschaftssonderzonen ein. Seit Mitte der sechziger Jahre begann die Regierung mit der Einrichtung von sogenannten Exportverarbeitungszonen (EVZ) in Nantze, Kaohsiung, Taipei und Taichung. Zuvor, Anfang der sechziger Jahre, waren ca. 20 Industriegebiete in verschiedenen Teilen Taiwans eingerichtet worden. Bis Oktober 1980 entstanden in den vier Exportverarbeitungszonen 293 Firmen, die bis 1985 einen Devisenüberschuß von ca. 7 Mrd.US-$ erwirtschafteten. Die zweite Generation der taiwanesischen EVZ, die Wissenschaftsparks, stellen erheblich höhere Anforderungen an potentielle Investoren. Interessierte Unternehmen müssen sich verpflichten, nur F&E Technologien zu verwenden sowie umweltfreundlich und energiesparend zu produzieren (Wu Yuan-li, 1989, S.123). 1991 existierten insgesamt 70 Exportverarbeitungs- und Industriezonen. 60 davon, mit einer Gesamtfläche von 11.450 ha, gehören der öffentlichen Hand, während 10, mit einer Gesamtfläche von 700 ha, von privaten Investoren errichtet wurden. In Planung befinden sich eine Küstenindustriezone, je eine Sonderzone für die Zement- und die Chemieindustrie sowie vier Technologieparks mit einem Gesamtareal von 15.000 ha (*Yearbook R.O.C.*, 1991, S.218). Trotz der Abkehr von der Importsubstitution und einer Liberalisierung und Förderung des Exportmarktes kann in Taiwan von einer allgemeinen Marktöffnung nicht die Rede sein. Vielmehr entstand ein "Dualismus zwischen liberalisierten Exporten und protektionierten Inlandsmärkten" (Sautter, 1990, S.70).

4.2.4 Die Rolle des Staates und ökonomische Grundrechte

In den Anfangsjahren der ökonomischen Entwicklung spielte der Staat eine entscheidende Rolle. Staatsbetriebe fungierten als Beschäftigungsalternative für viele Festländer, als Produzenten von einfachen Gebrauchsgütern, als Finanzdienstleister und als indirekte Steuereinnahmequellen (Yu Tzong-shian, 1993, S.23/24). Ihren Mitarbeitern garantierten die Staatsbetriebe zum Teil kostenlose Gesundheitsfürsorge, soziale Sonderleistungen, kostenloser Transport zum Arbeitsplatz usw. In den fünfziger Jahren entstanden in einigen Schlüsselsektoren, zum Beispiel in der Stromversorgung, der Stahlerzeugung, dem Schiffbau und der Atomindustrie, zusätzliche Staatsfirmen (Vogel, 1991, S.29). Die Staatsbetriebe lieferten zu extrem günstigen Preisen Grundstoffe wie Kunstfasern und Rohstahl an weiterverarbeitende private Firmen, die dadurch in die Lage versetzt wurden, kostengünstig Produkte für den Weltmarkt herzustellen (Vogel, 1991, S.30). Im Laufe der Zeit ist die Bedeutung der Staatsbetriebe permanent zugunsten des privaten Sektors zurückgegangen und soll in Zukunft im Zuge weiterer Privatisierungsmaßnahmen weiter sinken.

Der Staat spielt in Taiwan eine herausragende Rolle bei der Schaffung von sozialen und infrastrukturellen Rahmenbedingungen für das Wirtschaftswachstum. Große staatliche Infrastrukturprogramme haben seit Beginn der siebziger Jahre wesentlich zum Wirtschaftswunder beigetragen. In den fünfziger und sechziger Jahren standen vor allem Hochwassersicherungsmaßnahmen, Straßen- und Brückenbau sowie Stromerzeugung auf dem Programm. 1973 startete die Regierung die "zehn großen Entwicklungsprojekte" mit Investitionen in die Stahlindustrie, den Schiffbau, die chemische Industrie, die Atomenergie sowie Flughäfen, Autobahnen, Eisenbahn und Häfen. Sofort nach der Fertigstellung veröffentlichten die Planer zwölf neue und 1985 folgten vierzehn weitere Großprojekte. Der Schwerpunkt der Projekte verlagerte sich immer mehr in Richtung Investitionserleichterung, Technologietransfer, Exportförderung und Unterstützung des privaten Sektors (Vogel, 1991, S.32).

Trotz der starken staatlichen Einflußnahme auf das Wirtschaftsleben sind ökonomische Grundrechte wie zum Beispiel das Eigentum an beweglichen Gütern sowie an Grund und Boden garantiert. Die Grundlage der Eigentumsrechte bildet das Zivilgesetzbuch, das in den zwanziger Jahren nach deutschem und schweizerischem Vorbild ausgearbeitet worden war und im Oktober 1929 in Kraft trat (Sautter, 1990, S.56). Grundsätzlich existiert ein Recht auf Privateigentum und ein Recht auf Vertragsfreiheit.[38]

Auf der anderen Seite greift der Staat durch Subventionen für Energie, Reis oder Düngemittel (Chen Hsi-huang, 1992, S.37), durch die Preisgestaltung der Staatsbetriebe sowie durch Produktionsanreize vornehmlich in der Landwirtschaft und durch die Rahmenplanung für die Industrie nicht unerheblich in den Wirtschaftsablauf ein. Staatliche Förderprogramme für Bauern, Ansiedlungshilfen für Industriebranchen, infrastrukturelle Vorleistungen usw. steuern die Wirtschaftsentwicklung in bestimmten, für den Staat und die GMD wichtigen Wirtschaftsbereichen. 1958, zu Beginn der Exportindustrialisierungspolitik, führte die Regierung eine Reihe von Reformen durch, die die Öffnung Taiwans für den Weltmarkt beschleunigten. Dazu zählte neben der Einführung eines einheitlichen Wechselkurses für den Taiwan-Dollar die Abwertung der eigenen Währung. Eine eigens eingesetzte Kommission erarbeitete Strategien zur Verbesserung des Investitionsklimas. Insbesondere drei Vorschläge dieser Kommission fanden den Weg in ein offizielles Statut zur Investitionsförderung: 1. ein fünfjähriges Steuermoratorium für ausgewählte Industriebranchen, 2. die erleichterte Umwandlung von Ackerland in Industrie- und Gewerbeflächen sowie 3. die Erlaubnis für die Regierung, Privatland für die Entwicklung von Industriezonen bzw. für die Ansiedlung von Privatbetrieben zu erwerben (Li K.T., 1991, S.36). Mit dem Statut zur Investitionsförderung (IEA) wurde, wie Sautter (1990) es formuliert, "ein anstelle zeitaufwendiger Revisionen bestehender Gesetze vereinfachter Weg der Gesetzgebung beschritten".

4.2.5 Preisstabilität und Liberalisierung des Finanzsektors

Aufgrund ihrer schlechten Erfahrungen aus der Zeit des Bürgerkrieges, die Yu Tzong-shian (1987, S.5) als "Alptraum der meisten Chinesen" beschreibt, verfolgten die Nationalchinesen eine sehr restriktive Finanzpolitik. Die Bekämpfung von Inflation war stets eines der Hauptziele der Wirtschaftspolitik. Hohe Zinssätze, strikte Geldmengenkontrolle und eine gute Versorgung mit Gütern des täglichen Bedarf verhinderten eine Destabilisierung der taiwanesischen Währung und schufen einen vertrauenswürdigen makroökonomischen Rahmen (Vogel, 1991, S.18). Seit Mitte der achtziger Jahre erfolgt eine schrittweise Liberalisierung des Bankensystems. 1988 wurden ausländische Banken ebenso zugelassen wie Privatbanken (Liang Kuo-shu, 1992, S.25). Devisenkontrollen werden sukzessive abgeschafft und Auslandsinvestitionen toleriert; die taiwanesische Zentralbank erhielt mehr

Autonomie. Seit 1991 erfolgt eine systematische Lockerung der Kontrolle des Staates über den Finanzsektor. Fünfzehn Privatbanken wurden neu zugelassen, die Bedingungen für die Niederlassung von Banken allgemein vereinfacht; schon 1989 reduziert der Staat seinen Einfluß auf die Zinssätze (Liang Kuo-shu, 1992, S.25).

4.2.6 Außenwirtschaftspolitik

Yu Tzong-shian (1993b, S.23) sieht die Entscheidung zur völligen Integration in den Weltmarkt als eine der entscheidenden Strategien zur erfolgreichen Entwicklung der taiwanesischen Wirtschaft. Sicherlich stellt die geschickte Abfolge von Landreform, Importsubstitution, Exportindustrialisierung, der zweiten Phase der eingeschränkten Importsubstitution, der Förderung von Auslandsinvestitionen usw. zusammen mit einer vorausschauenden Sektorenförderung, die ausländische Direktinvestitionen anzog, einen elementaren Baustein des ökonomischen Erfolges der Republik China auf Taiwan dar. Möglich war diese Flexibilität nur bei einem gleichzeitig sehr behutsamen außenpolitischen Verhalten. Die Ausdehnung der quasi diplomatischen Kontakte, die Pflege des (illegalen) Handels mit dem großen Bruder auf dem Festland und die Erhaltung guter Beziehungen zu den USA und Japan waren politische Meisterleistungen, die den wirtschaftlichen Erfolg auf internationaler Bühne begleiteten.

Taiwanesische Unternehmer zählen zu den größten Investoren in den neuen "Tigerstaaten" Thailand, Malaysia, Indonesien, Vietnam, Philippinen und der VR China. 1992 hatten nach taiwanesischen Angaben bereits 7.500 taiwanesische Industrieunternehmen über Hongkong in der VR China investiert. Seit 1987 flossen allein ca. 7,7 Mrd. US-$ Investitionskapital von Taiwan in die Volksrepublik China (Kwang Hua, 1993, S.109). Sektorale Schwerpunkte der taiwanesischen Direktinvestitionen im asiatischen Raum waren u.a. Banken, Versicherungen, Elektronik- und chemische Industrie sowie Metallprodukte und Textilien (Kwang Hwa, 1994, S.108). Wichtig in diesem Zusammenhang ist die bedeutende Rolle Hongkongs als Durchgangsstation des gesamten Handels zwischen Taiwan und der Volksrepublik China.

Mit viel Geld unterhält Taiwan eine sehr effektive Lobbyarbeit in Washington, die für das anhaltende Wohlwollen der USA gegenüber Taiwan sorgt.

> The old China lobby, on behalf of Taiwan, was highly effective, helping to keep Beijing out of Washington for decades. The Taiwan lobby today remains among the most sophisticated and effective in Washington, "on par with Israels", according to one former U.S. intelligence officer. (FEER, 2.6.1994)

Maßnahmen gegen Taiwan z.B. wegen Mißachtung des Urheberrechts, des anhaltenden Handelsbilanzdefizites oder des Verstoßes gegen das Washingtoner Artenschutzabkommen konnten auf diese Weise lange Zeit vermieden werden. Im Frühjahr 1994 allerdings verhängte die Clinton-Administration Sanktionen gegen Taiwan wegen des weiterhin boomenden illegalen Handels mit geschützten Tierarten. Dieser Fall verdeutlicht, daß mit der Veränderung internationaler Normen und Werte die Lobbyarbeit für die Taiwanesen zunehmend schwieriger wird.

4.2.7 Effizienter Einsatz der US-amerikanischen Hilfe

An mehreren Stellen wurden Umfang und Wichtigkeit der US-Hilfe für die Entwicklung Taiwans bereits angesprochen. Es muß jedoch noch ergänzt werden, wie die taiwanesischen Planer und Politiker die Hilfe einsetzten. Anstatt bestimmte Branchen schwerpunktmäßig zu fördern, nutzten die Technokraten die US-Hilfe zur allgemeinen Verbesserung der Grundlagen für ein dauerhaftes industrielles Wachstum. Etwa 37,3% der Hilfe flossen in allgemeine Entwicklungsmaßnahmen im Bereich der Infrastruktur, 21,5% gelangten in Form von zinsgünstigen Darlehen, verbesserten Bewässerungssystemen sowie neuen Getreidesorten und Anbautechniken in die Landwirtschaft, und 29,5% standen für das Erziehungs- und Bildungswesen zur Verfügung. Lediglich 15,3% der Gelder fanden ihren Weg in den produzierenden Sektor der Industrie (Gee San, 1993, S.6).

4.3 Daten, Struktur und Chronologie des taiwanesischen Wirtschaftswunders

4.3.1 Daten zur ökonomischen und sozialen Entwicklung

Der ökonomische und soziale Erfolg des taiwanesischen Entwicklungsweges läßt sich anhand der in Tabelle 7 aufgelisteten Indikatoren erkennen.

Tabelle 7: Daten zur ökonomischen und sozialen Entwicklung

Ökonomische Indikatoren	1950-53	1991-93
Bruttosozialprodukt (BSP) (Mrd. US-$)	0,69	210,89
BSP pro Kopf (US-$)	196	10.215
durchschnittl. BSP-Wachstum (%)	9,3	6,6
jährliche Devisenreserven (Mrd. US-$))	k.A.	83,9
durchschnittl, jährliche Inflationsrate (%)	23,0	4,5
Heimische Sparquote (% BSP)	9,2	26,7
Soziale Indikatoren	**Jahr**	**Angaben**
Lebenserwartung bei Geburt	53 (M**), 57 (F*)	72 (M**), 77 (F*)
GINI Koeffizient (Einkommensverteilung)	0,56	0,308
Analphabetenquote (%)	55	6,4**
Arbeitslosenquote (%)	6,29	1,51
Bevölkerungswachstum (%)	3,67	0,95

* F = Frauen, ** M = Männer
Quelle: Rhode, 1993, S.80; Nieh Yu-hsi, 1993, S.527/21; Yu Tzong-shian, 1987 und 1993; Tsai George W., 1993; CEPD, 1993; Sautter, 1990, S.93.

4.3.2 Strukturelle Aspekte der taiwanesischen Wirtschaftsentwicklung

Taiwans Wirtschaft wird von einigen Autoren als "gemischtes" ökonomisches System bezeichnet (Hickey, 1986, S.61). Darunter ist die strukturelle Trennung zwischen der mehrheitlich in Staatsbesitz befindlichen Schwerindustrie und der hauptsächlich in Privateigentum befindlichen Leichtindustrie zu verstehen (Hickey, 1986, S.61). Im folgenden wird diese Struktur und ihre Entstehung näher erläutert.

Am 25.10.1945 ging Taiwan nach 50 Jahren japanischer Kolonialzeit formal wieder in den Besitz der Republik China über.[39] Unter japanischer Herrschaft von 1894 bis 1945 lieferte Taiwan landwirtschaftliche Produkte, vor allem Zucker und Reis, nach Japan. Die Kolonisierung brachte der Insel einige grundlegende Änderungen mit weitreichenden ökonomischen Auswirkungen. Der Übergang von einer de facto vergessenen chinesischen Provinz zu einem Teil des großen japanischen Marktes bedeutete Wachstum und Zugang zu Information und Ausbildung. Häfen und Straßen wurden gebaut, nahrungsmittelverarbeitende Industrien errichtet und eine technikfreundliche Bauernschaft herangezogen. Die taiwanesische Bevölkerung verfügte infolge der japanischen Kolonialherrschaft über ein relativ hohes Bildungsniveau und das Land über eine sehr gute Infrastruktur. Taiwan am Ende der japanischen Kolonialzeit wird von Ho (1978, S.104) bezeichnet als "probably a better organized society with fewer signs of social disintegration than any other of the political units then governed by the Chinese Nationalist government". Ein Teil der infrastrukturellen Leistungen wurde jedoch durch die Folgen des Zweiten Weltkrieges wieder zunichte gemacht.

In den ersten Jahren nach dem Krieg, 1946-1949, war die nationalistische Regierung unter Chiang Kai-shek zu sehr mit dem Bürgerkrieg gegen Maos kommunistische Volksbefreiungsarmee beschäftigt, um sich um die ökonomische Entwicklung der Provinz Taiwan zu kümmern. Die landwirtschaftliche Produktion lag im Jahre 1946 bei 45% des Vorkriegsrekords, der Industrieoutput lag sogar bei weniger als einem Drittel desselben Vorkriegsjahres (Tang, 1990, S.287). Bis zum Sieg der Kommunisten und der Flucht der Nationalchinesen nach Taiwan litt die taiwanesische Bevölkerung unter den indirekten Folgen des Bürgerkrieges: Vernachlässigung und Mangel. Als die GMD-Regierung ihre politische, technische und ökonomische Elite nach Taiwan brachte, sah die Zukunft sehr düster aus. Die Eroberung der Insel durch die Truppen der kommunistischen Revolution schien nur eine Frage der Zeit (Huebner, 1985, S.197). Die GMD sah sich leeren Staatskassen, einer galoppierenden Inflation, einer von den Folgen des Krieges gezeichneten Wirtschaft[40] und einer feindseligen Bevölkerung (Gold, 1989, S.182) gegenüber. Erschwert wurde die Lage überdies durch die Übersiedelung von 1,2 Millionen Festlandchinesen nach Taiwan. Eine Gesamtbevölkerung von 7 Millionen mußte 1,2 Millionen Flüchtlinge integrieren! Erst 1951 erreichte der Warentransport mit der Bahn wieder den Stand der Vorkriegszeit, zumal aufgrund der anhaltenden Gefahr einer militärischen Invasion vom Festland die militärische Bereitschaft allererste Priorität hatte. Mit massiver US-amerikanischer Hilfe gelang es, die Inflationsrate von 3.400% im Jahr 1949 auf 23% im Jahr 1952 zu drücken und die weitere Entwertung des Taiwan-Dollar zu beenden. Sichtbare Zeichen der ökonomischen Besserung prägten dann die Dekade von 1953 bis 1962. Durch eine rigorose Importsubstitution konnten wichtige Elemente für den Aufbau einer Wirtschaftsgrundlage, zum Beispiel Zement, chemischer Dünger und Textilien, kostengünstig im eigenen Land produziert werden. Die Zeit von 1963 bis 1973 war geprägt von weiterem Wachstum auf einer sich stabilisierenden Basis. Mit Schutzzöllen bewahrte die Regierung die eigenen Produzenten vor externer Konkurrenz und förderte zugleich den Export heimischer Waren. Über die Ausfuhr veredelter Agrarerzeugnisse (z.b. Gemüsekonserven) und Textilien bis zu arbeitsintensiven Montageprodukten und anspruchsvollen kapital- und technologieintensiven Gütern (Fahrzeugbau, Maschinenbau, Elektrotechnik) Gütern entwickelte Taiwan unter der Anleitung von US-amerikanischen Beratern einen kompletten industriellen Sektor. Der Ausbau des Straßen- und Schienennetzes, die Gründung von Exportverarbeitungszonen ("export processing zones") (Shoesmith, 1986, S.241-267) und Industrieparks[41] sowie die Bildung von Exportkartellen für landwirtschaftliche Produkte führten zu einer weiteren Diversifizierung und Umstrukturierung der taiwanesischen Wirtschaft. Die Elektronikindustrie, ein Sektor, der für ausländische Investoren sehr interessant ist, verzeichnete mit einem Anstieg der Produktion von 300 Mio.US-$ im Jahr 1970 über 4,1 Mrd.US-$ im Jahr 1980 auf 17,2 Mrd.US-$ im Jahr 1990 das größte Wachstum aller Industriebranchen (Hobday, 1994, S.349). Begleitet wurde der Ausbau der Exportindustrie dank des mittlerweile gewachsenen Binnenmarktes von der Errichtung schwerindustrieller Branchen im Bereich der Grundstoff- und Zwischengüterindustrien. Die reibungslose Umsetzung der ökonomischen Entwicklungspläne geschah mit Unterstützung durch eine flexible staatliche Intervention. Hauptsächlich mit Hilfe von Vierjahresplänen steuert eine zentrale Planungsbehörde (1963-1973 CIECD=Council for International Economic Cooperation and Development; seit 1973 CEPD = Council of Economic Planning and Development) die wirtschaftliche Entwicklung Taiwans (Gälli, 1980, S.126). Allerdings werden in den Plänen keine verbindlichen Vorgaben für Ressourcenallokationen formuliert sondern sie besitzen eher den Charakter von Prognosen (Mechthold, 1994, S.30). Mit Hilfe dieser Entwicklungspläne und einer Liste strategischer Industrien führt die taiwanesische Regierung eine gezielte Sektorenförderung durch (Mechthold, 1994, S.30). Aus der rein staatlichen Entwicklungdoktrin hatte sich bis in die achtziger Jahre eine Art Arbeitsteilung zwischen Staat und privatem Unternehmertum herausgebildet, "wobei der Staat eher die größeres Risiko erfordernden binnenmarktorientierten Basisindustrien unterhält, während private, einheimische, taiwanesische Unternehmer sich auf die kleineren Exportgeschäfte konzentrieren" (Nohlen, 1989, S.642). Die gegenwärtig wichtigsten öffentlichen Unternehmen in Taiwan arbeiten im Bereich der Energieerzeugung (Taiwan Power Co.), der Erdölverarbeitung (China Petroleum Co.), der Zuckerverarbeitung (Taiwan Sugar Corp.) und der chemischen Düngemittelproduktion (Taiwan Fertilizer Co.). Diese vier Staatsunternehmen besitzen in ihrem Tätigkeitsbereich eine Monopolstellung (Chang Sai, 1984, S.15).

4.3.2.1 Hohe Unternehmenskonzentration, Bedeutung ausländischer Investitionen und Vermeidung struktureller Heterogenität

92,5% des Gesamtvermögens der ersten 50 Finanzinstitutionen in Taiwan sind im Besitz von 12 staatlichen Institutionen (Bello und Rosenthal, 1992, S.232). Geschätzte 79% der Landesfläche gehören dem Staat oder sind unter seiner direkten Kontrolle. Von insgesamt 101 staatlichen Unternehmen (1993) sind 58 in der verarbeitenden Industrie und 43 im Dienstleistungsbereich tätig (Kwang Hwa, 1993, S.76). Im Bereich der verarbeitenden Industrie liegt infolge der Privatisierungsbemühungen der taiwanesischen Regierung der Staatsanteil bei "nur" noch 10%. Die fehlende Trennung zwischen herrschender Partei und Staat führt zu einer unverhohlenen Vetternwirtschaft zur Bereicherung eigener Parteimitglieder (Weggel, 1990, S.469). Nur wenige taiwanesische Geschäftsleute erhielten Zugang zu den Geldtöpfen der GMD. Diese "Kompradoren" hatten ihre guten Kontakte zur GMD bereits direkt nach dem 2. Weltkrieg geknüpft. Bei der Verteilung von Anteilen an den großen Firmen als Kompensation für Land im Rahmen der Landreform konnten diese Taiwanesen die Kontrolle über vier der fünf größten Unternehmen erringen (Bello und Rosenthal, 1992, S.239). Heute sind sieben der zehn größten Wirtschaftsunternehmen in den Händen von Taiwanesen.

Leidtragende der Günstlingswirtschaft sind die ca. 98% kleinen und mittleren (taiwanesischen) Unternehmen[42] (Wang Jiann-chyuan, 1991, S.72). Ihnen fehlt das Kapital für Forschung und Investition, die Information über Marktchancen und das Marketingwissen, um in einem härter werdenden Weltmarkt bestehen zu können. Die kleinen Firmen bilden das Hauptkundenpotential für das boomende Untergrundbankensystem, das den Worten des taiwanesischen Finanzministers zufolge ein ähnliches Geschäftsvolumen besitzt wie die legale, staatlich gelenkte Finanzwirtschaft. Andere Autoren gehen von einem Anteil der Untergrundwirtschaft am BSP zwischen 14 und über 39% aus (Wang Jiann-chyuan, 1991, S.70). Die illegalen Banken verleihen zu horrenden Zinsen (bis 40%) Geld an Kunden, die in der legalen Finanzwelt nicht kreditwürdig sind oder über weniger Beziehungen verfügen (Wang Jiann-chyuan, 1991, S.72). Um die hohen Zinsen bezahlen zu können, fälschen viele Firmen die Geschäftsbücher und hinterziehen Steuern. Abgesehen davon existiert eine sehr hohe Dunkelziffer von überhaupt nicht angemeldeten Betrieben. Schätzungen geben die Zahl nicht lizenzierter Betriebe für das Jahr 1986 mit 25.000 an (Wang Jiann-chyuan, 1991, S.74). Der trotz zahlreicher Diskriminierungen erzielte Erfolg der kleinen und mittleren Betriebe Taiwans ist nur vor dem Hintergrund der kulturellen Tradition des Landes zu verstehen (vgl. Sautter, 1990, S.72). Strukturelle Mängel der kleinen Firmen werden bisher durch enorme Flexibilität sowie durch die Klanstrukturen der chinesischen Großfamilie aufgefangen. Mit Aufweichung des traditionellen Familien- und Klansystems wird diesen Familienbetrieben langsam aber sicher die Flexibilität und Stabilität und damit letztlich die Existenzgrundlage entzogen.

Von herausragender Bedeutung ist die Rolle multinationaler Konzerne in Taiwan. Ausländisches Kapital dominiert im chemischen, pharmazeutischen und elektrotechnischen Sektor. Von 800 taiwanesischen Firmen mit einem Exportvolumen von über einer Million US-$ waren 210 entweder Joint ventures oder gehörten ausländischen Investoren. Aufgrund der extremen Abhängigkeit von Auslandsinvestitionen und externem Know-how versucht die Regierung ein optimales Umfeld für ausländische Investoren zu erhalten. Deshalb blieb sie bisher sehr zurückhaltend mit der Formulierung und Umsetzung von Arbeits- und Umweltschutzvorschriften. Mit Konsolidierung des wirtschaftlichen Erfolges seit Anfang der achtziger Jahre beginnt sich die Abhängigkeit von "Verschmutzerindustrien" etwas zu lockern. Der zum Teil staatlich geförderte Strukturwandel zu kapital- und technologieintensiven High-Tech-Produkten bringt automatisch eine Verbesserung der Lohn-, Arbeits- und - zumindest partiell - Umweltbedingungen[43] mit sich.

Die aus anderen Entwicklungs- und Schwellenländern vertrauten Bilder von unmittelbar nebeneinander existierenden Sektoren von "erster" und "dritter Welt" sind in Taiwan nicht zu finden. Zwar existiert ein Wohlstandsgefälle zwischen Stadt und Land, die Unterschiede sind jedoch nicht mit den aus anderen Schwellenländern wie Brasilien oder Indien bekannten Verelendungserscheinungen auf dem Land sowie in den Slums der Vorstädte zu vergleichen.

Die erfolgreiche industrielle Entwicklung bewirkte in Taiwan einen sehr schnellen Wandel von einer agrarisch geprägten zu einer Industriegesellschaft. Wie Tabelle 8 zeigt, nimmt die Industrie spätestens seit Anfang der siebziger Jahre eine führende Rolle in der ökonomischen Struktur Taiwans ein.

Tabelle 8: Anteile von Landwirtschaft, Industrie und Dienstleistung am Bruttosozialprodukt 1950-1990 (in %)

Sektor/Jahr	1950*	1960*	1970*	1980	1983	1985	1988	1990
Landwirtschaft	28,2	23,1	11,8	7,7	7,3	5,8	5,0	4,1
Industrie	24,1	30,7	41,9	45,8	45,5	46,3	45,7	42,5
Dienstleistungen	47,7	46,2	46,3	46,6	47,2	47,9	49,3	53,3
Total	100,0	100,0	100,0	100,0	100,0	100,0	100,0	100,0

* Die Werte für 1950, 1960 und 1970 sind Mittelwerte für die jeweilige Dekade
Quelle: Tsai, George W., 1993, S.90.

Bevor im folgenden die beiden großen Wirtschaftsbereiche von Landwirtschaft und Industrie näher betrachtet werden, muß auf die enge räumliche und entwicklungspolitische Verbindung zwischen diesen beiden Sektoren in Taiwan hingewiesen werden. Das Fehlen der engen Verknüpfung von Landwirtschaft und Industrie ist eines der wichtigsten Entwicklungshemmnisse vieler Entwicklungs- und Schwellenländer.[44]

Bereits in der japanischen Kolonialzeit entwickelte sich die enge Beziehung zwischen Landwirtschaft und Industrie auf Taiwan. Zwei der drei bedeutendsten Wachstumssektoren der jungen taiwanesischen Industrie waren sehr eng an die Entwicklung in der Landwirtschaft gebunden: die nahrungsmittelverarbeitende und die chemische Industrie. Die zwei wichtigsten Produkte der damaligen Chemieindustrie waren Düngemittel für die Landwirtschaft sowie Alkohol als Nebenerzeugnis aus der Zuckerproduktion (Melasse) (Ho, 1978, S.73). Nach der Staatsgründung im Jahre 1949 und vor allem ab 1971 wurde bewußt die Ansiedlung von Industrie in ländlich strukturierten Gebieten gefördert (Tsai Hung-hsiung, 1990, S.9). Die Strukturen und Auswirkungen dieser dezentralen Industrialisierung werden in Abschnitt 4.3.2.4 und in Kapitel 5 näher erläutert.

4.3.2.2 Entwicklung der Landwirtschaft

Taiwans wichtigste natürliche Ressource ist seine landwirtschaftliche Nutzfläche. Abbildung 19 zeigt die wichtigsten Landwirtschaftsregionen Taiwans. Das subtropische Klima ermöglicht teilweise mehrere Ernten pro Jahr. Aber nur ein Viertel des gesamten Areals ist landwirtschaftlich nutzbar.

1952 wurde die taiwanesische Wirtschaft noch von der Landwirtschaft dominiert, die 36% des Bruttoinlandsproduktes erzeugte und mehr als die Hälfte aller Arbeitnehmer beschäftigte. Über 90% der Exporte lieferte der landwirtschaftliche Sektor, in dem wiederum von Zucker und Reis vorherrschten. Tabelle 9 zeigt die Details des Wandels, der sich seitdem vollzogen hat. Während der fünfziger und sechziger Jahre war die Landwirtschaft in der Lage, steigende Einkommen der Landbevölkerung ebenso wie einen Nettokapitaltransfer zu anderen Sektoren der Wirtschaft zu gewährleisten. Mit jährlichen Wachstumsraten der Produktion von 19,2% (1946-50) bzw. 4,2% (1950-1989) und einer steigenden Diversifikation konnte bis in die sechziger Jahre hinein eine Selbstversorgungsrate für landwirtschaftliche Produkte von über 98% erzielt werden (Lu Alan-yun, 1988, S.406; Mao Yu-kang, 1991b, S.3).

Seitdem ist die Bedeutung der Landwirtschaft für die wirtschaftliche Entwicklung Taiwans stetig zurückgegangen. 1990 machte der Agrarsektor nur noch 4,9% des Bruttoinlandproduktes, 12,9% aller Beschäftigten und 4,6% des Gesamtexportes aus (Mao Yu-kang, 1991 a, S.1).

Folgende Aspekte kennzeichnen die Entwicklung in der taiwanesischen Landwirtschaft seit 1953:
- ein Nettoverlust von Anbaufläche in der Küstenebene durch "Entwicklungsmaßnahmen" und Umweltbelastung,
- die Abwanderung von Arbeitskräften in die Industrie,
- zu kleine Parzellengrößen,
- eine im Verhältnis zur übrigen Bevölkerung schlechtere Einkommensentwicklung,

- großer Einsatz von Düngemitteln und Pestiziden,
- die Entwicklung zu einer "Agroindustrie" auf der Basis nichttraditioneller, hochspezialisierter und technisierter Sparten;
- eine sinkende Selbsversorgungsquote,
- ein selektiver Rückgang des Anteils agrarischen Outputs und landwirtschaftlicher Beschäftigung am Gesamtoutput und der Gesamtbeschäftigung,
- steigender staatlicher Subventionsbedarf.

Tabelle 9: Der Wandel in Taiwans Landwirtschaft (1952-1989)

Indikatoren der Landwirtschaft	1952	1965	1975	1984	1989
Anbaufläche (ha)	875.000	890.000	917.111	892.000	894.601
bebaute Fläche (ha)	1.521.000	1.680.000	1.659.000	1.285.000	1.184.000
durchschnittliche Betriebsgröße (ha)	1,29	1,05	1,02	1,12	1,24
MCI (%)	174	189	154	144	132
Naßreisanbauflächen (ha)	533.600	536.800	515.852	496.900	479.954
Anzahl von Familien in der LW	679.000	847.000	897.739	792.000	723.191
landw. Bevölkerung (Mio.)	4,26	5,74	5,56	4,25	3,63
Anteil der Landwirtschaft am BIP (%)	36,0	27,4	14,9	7,5	5,9
landwirtschaftliche Exporte insgesamt *(US-$)	114,2	121,0	310,2	1.876,5	3.544,6
unverarbeitete Produkte* (US-$)	33,7	21,4	89,1	695,3	2.120,7
verarbeitete Produkte* (US-$)	80,5	99,6	221,2	1.181,2	1.423,8
Anteil der Landwirtschaft am Gesamtexport (%)	91,9	54,0	16,4	6,0	4,6
landwirtschaftliche Prod. (1952=100)	100,0	194,5	277,5	388,7	435,9
Prod. von Nahrungsmitteln (1952=100)	100,0	172,1	k.A.	200,8	k.A.
Zusammensetzung der landwirtschaftlichen Produktion (%)					
Feldfrüchte/Getreide	68,6	64,6	57,9	46,6	41,9
Tierhaltung	15,8	21,2	24,9	29,3	30,3
Fischereiprodukte/Aquakulturen	9,1	8,7	14,2	22,9	27,0
Forstwirtschaft	6,4	5,4	3,0	1,3	0,8
Selbstversorgungsrate gesamt **	k.A.	99	62	52	k.A.
Selbstversorgungsrate (Nahrungsmittel) (%)*	105	99	97	92	93

* Angaben für die Jahre 1952, 1960, 1970, 1980 und 1989;
** Jahre 1960, 1970, 1980;
MCI = multiple cropping index (Erläuterung s.u. im Text, S.104)
Quelle: Williams, 1988b, S.27; Mao Yu-kang, 1991a; Lu Alan-yun, 1988, S.406, CEPD 1990 (eigene Darstellung).

Abb. 19: Die Landwirtschaftsregionen Taiwans

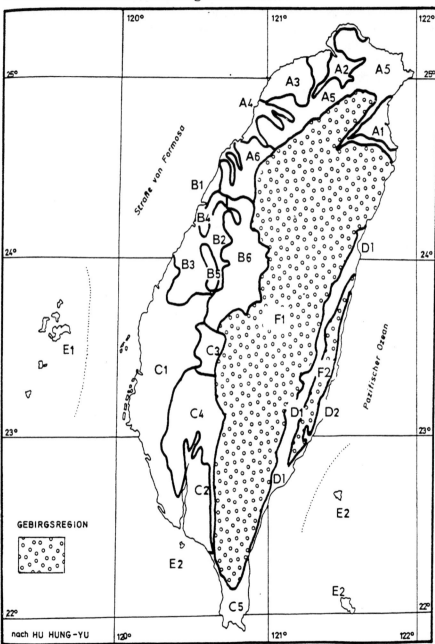

Quelle: Senftleben, 1985, S.68/69.

Legende zu Abbildung 19:

A: *Die Landwirtschaftsregionen von Nordtaiwan*: A1 Ilan-Dreieck mit Reis-Doppelernten und Winterbrache; A2 Taipei-Becken mit Reis-Doppelernten und Wintergemüse; A3 Schwemmfächerebene von Taoyuan mit Reis-Doppelernten und Wintergemüse; A4 Ebene von Hsinchu mit Reis-Doppelernten und Wintergemüse; A5 nördliches Hügelland mit Teeanbau und Zitrusfrüchten; A6 Bergland von Miaoli mit Tee- und Zitrusanbau.

B: *Die Landwirtschaftsregionen von Mitteltaiwan*: B1 Ebene von Tachia mit Reis-Doppelernten und Winterkartoffeln; B2 Becken von Taichung mit Reis-Doppelernten, Wintergemüse und Tabak; B3 Ebene von Changhua mit Reis, Gemüse und Tabak; B4 Tatushan-Region mit Zuckerrohr und Kartoffeln; B5 Ananas-Region von Pakuashan mit Terrassenfeldbau; B6 Bergland von Tungshih-Chichih mit Bananen, Kassawa und subtropischem Obst.

C: *Die Landwirtschaftsregionen von Südtaiwan*: C1 Südwest-Ebene mit Reis, Zuckerrohr, Kartoffeln, Erdnüssen; C2 Ebene von Pingtung mit Reis, Bananen, Zuckerrohr und im Winter Sojabohnen; C3 Hügelland von Chuchi mit Zitrusanbau und tropischem Obst; C4 südliches Hügelland mit Kassave und tropischem Obst; C5 Halbinsel von Hengchun mit Sisalanbau.

D: *Die Landwirtschaftsregionen von Osttaiwan*: D1 Längstal von Taitung mit gemischtem Anbau; D2 Gebirgsland der Ostküste mit Zitruskulturen.

E: *Die Landwirtschaftsregionen der vorgelagerten Inseln*: E1 Pescadoren mit Kartoffeln, Erdnüssen und Sorghum; E2 Lanyu, Lütao und Liuchiuyu mit Süßkartoffeln und Taro.

F: *Zentrales Bergland mit Holzwirtschaft*: F1 innertaiwanesische Bergregion mit Holz und Obst; F2 osttaiwanesische Bergregion mit Holzwirtschaft.

Die wirtschaftliche Entwicklung Taiwans blieb nicht ohne Folgen für die Landwirtschaft. Der große Flächenbedarf für Infrastruktur, Siedlungs-, Gewerbe- und Industriegebiete mußte auf Grund der topographischen Gegebenheiten größtenteils aus hochwertigem Ackerland gedeckt werden (vgl. Kapitel 5). Während die landwirtschaftliche Nutzfläche von 1945 bis 1975 noch um durchschnittlich 337 ha pro Jahr von 816.000 ha auf 917.000 ha zunahm, nimmt die Gesamtfläche an (guten) Böden seit Mitte der siebziger Jahre kontinuierlich ab (Mao Yu-kang, 1991a, S.9). Der durchschnittliche jährliche Verlust von 1.230 ha seit 1975 kann durch Neuerschließung sogenannter "Marginalflächen" nur quantitativ, nicht aber qualitativ ausgeglichen werden. Zwischen 1975 und 1989 schrumpften die Reisfelder um 35.900 ha, während Trockenanbauflächen vor allem im Bereich des Hügellandes einen Zuwachs von 13.400 ha verzeichneten (Mao Yu-kang, 1991a, S.9). Viele Böden, die früher u.a. mit Hilfe künstlicher Bewässerung mehrere Ernten im Jahr erbrachten, werden heute nichtlandwirtschaftlich genutzt. Als Ersatz reklamierte Flächen im Hügelland oder entlang der Flußläufe bringen weit geringere Erträge, können nicht bewässert werden oder lassen nur eine Ernte pro Jahr zu.

Aufgrund des großen Bedarfs für landwirtschaftliche Produkte und des Überhangs an landwirtschaftlichen Arbeitskräften erlebte die taiwanesische Landwirtschaft in den fünfziger und sechziger Jahren ihre intensivste Phase. Seitdem verliert sie an Bedeutung. Der beständig sinkende "multiple cropping index" (MCI)[45] ist der Indikator für den Rückgang der Intensität der Landnutzung seit einem absoluten Hoch im Jahre 1964 (vgl. Tabelle 9). Die Landwirte bestellen ihre Flächen nur noch teilweise oder überlassen sie vollständig der Bodenspekulation. Vielen mittlerweile nicht mehr in der Landwirtschaft tätigen Taiwanesen dienen die landwirtschaftlichen Flächen nur noch als soziale Absicherung für schlechtere Zeiten (Williams, 1988b).

Eine im Verhältnis zur übrigen Bevölkerung schlechtere Einkommensentwicklung

Die Abwanderung junger Leute in die aufstrebende junge Industrie führte zu einer Überalterung, Verknappung und Verteuerung landwirtschaftlicher Arbeitskräfte. Von 1,81 Mio. Arbeitskräften in der Landwirtschaft im Jahre 1964 ging die Zahl stetig zurück bis zu 1,07 Mio. 1989 (Mao Yu-kang, 1991a, S.11). Arbeiteten 1952 noch 56,1% der taiwanesischen Arbeitnehmer in der Landwirtschaft, waren es 1989 nur noch 12,9% (Mao Yu-kang, 1991a, S.12). Die Löhne der Landarbeiter stiegen entsprechend schnell an. In der Periode von 1965 bis 1975 betrug die durchschnittliche jährliche Wachstumsrate der Löhne 10,4%, im Zeitraum von 1975 bis 1985 5,1% (Mao Yu-kang, 1991a, S.12). Die steigenden Löhne erhöhen

Abb. 20: **Wandel der Betriebsform in der taiwanesischen Landwirtschaft 1960-1985** (in %)

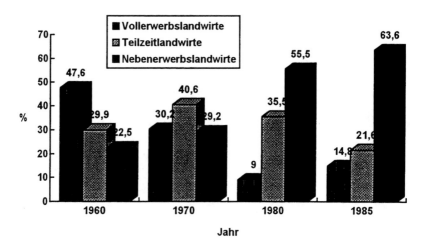

Quelle: Mao Yu-kang, 1991a, S.20 (eigene Darstellung).

Daten, Struktur und Chronologie 105

den Druck auf die Farmbesitzer zu mechanisieren. Der Rückgang der Lohnzuwachsrate seit 1975 ist auf den gestiegenen Mechanisierungsgrad der Landwirtschaft zurückzuführen. Die kleinen Betriebe werden mit steigenden Lohn- und Machinenkosten zunehmend unrentabler. Selbst staatliche Subventionen können nicht verhindern, daß die Landwirte als Teilzeit- oder Vollzeitbeschäftigte in andere Wirtschaftszweige abwandern. Die meisten sind bereits, wie Abbildung 20 zeigt, von Vollerwerbsbauern zu (Industrie-)Arbeitern mit einer landwirtschaftlichen Nebenbeschäftigung geworden.

Rückgang der Parzellengrößen

Da die taiwanesischen Bauern in der Regel eine nebenberufliche Tätigkeit als Landwirt der völligen Aufgabe ihrer bäuerlichen Tätigkeit vorziehen, können die Vollerwerbslandwirte ihre Flächen nicht durch Zukauf oder Zupacht vergrößern. Aus Angst vor einer staatlichen Zwangsenteignung in Form einer Rücknahme der "Land dem Bebauer"-Bestimmungen der Landreform bei langfristiger Verpachtung von Ackerflächen überlassen die taiwanesischen Bauern Ackerland, das sie nicht selbst bebauen, lieber einem Aufseher, der es für sie bewirtschaftet (Mao Yu-kang, 1991a, S.13). Mit durchschnittlichen Betriebsgrößen von 1,24 ha im Jahre 1989 konnte zwar eine geringe Steigerung im Vergleich zu 1,02 ha im Jahre 1975 erreicht werden (vgl. Tabelle 9), insgesamt ist die pro Betrieb zur Verfügung stehende LNF jedoch immer noch zu gering. 1985 waren rund 72% aller landwirtschaftlichen Betriebe kleiner als 1 ha, 41,93% sogar kleiner als 0,5 ha (Mao Yu-

Abb. 21: Entwicklung der Hektarerträge, der Anbaufläche* und des Gesamtertrages beim Reisanbau (1952-1989)

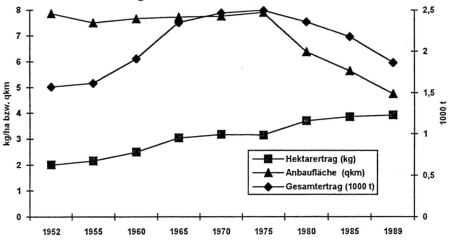

* ab 1980 ist die Erntefläche dargestellt
Quelle: CEPD, 1990 (eigene Darstellung).

kang, 1991a, S.17). Die Zahl der Kleinstbetriebe bis 1 ha nahm gegenüber 1955 um 9% zu. Betriebswirtschaftlich notwendige Kostensenkungen und Produktionssteigerungen können somit nicht über eine Flurbereinigung und/oder eine effizientere Anwendung von Groß bzw. Massentechnologie erreicht werden ("economies of scale") sondern nur durch eine Intensivierung von Dünger- und Pestizidgaben auf derselben Fläche. Mit Hilfe von neuen Anbausorten, Einsatz von Agrochemie und verbesserter Technik gelang es, wie Abbildung 21 zeigt, die Hektarerträge der Hauptanbaufrucht Reis stetig zu steigern. Ähnliches gilt für andere wichtige Anbauprodukte wie Zuckerrohr, Tee, Weizen, Süßkartoffeln und Sojabohnen (CEPD, 1990). Aufgrund der historischen Voraussetzungen (Landreform) und der Begrenztheit von kultivierbarem Land wird sich auch in Zukunft nicht viel am System der Kleinbauern in Taiwans Landwirtschaft ändern.

Sinkende Selbstversorgungsquote

Lag Ende der sechziger Jahre die Selbstversorgungsquote Taiwans bei landwirtschaftlichen Produkten (Landwirtschaft und Forsten) noch bei 98,7%, so sank sie bis Mitte der achtziger Jahre bereits auf 52,13%. Die Gründe für den Rückgang der Selbstversorgungsquote bei Nahrungsmitteln von 100% bis Anfang der sechziger Jahre auf 70% Mitte der achtziger Jahre liegen in den veränderten Konsumge-

Tabelle 10: Veränderung der Zusammensetzung des jährlichen Nahrungsmittelverbrauchs pro Kopf der taiwanesischen Bevölkerung (in kg) und der Selbstversorgungsquote (in %) im Zeitraum 1952-1989

Nahrungsmittel (kg)	1952	1960	1970	1980	1989	Selbstversorgungsquote 1950 (%)	Selbstversorgungsquote 1989 (%)
Reis	126,1	137,7	134,5	100,8	69,7	110	104
Weizenmehl	11,3	20,0	25,4	23,6	30,1	27	8
Süßkartoffeln	59,9	65,4	18,4	4,1	1,2	k.A.	k.A.
Zucker	9,4	9,4	15,0	24,0	25,1	826	119
Gemüse	61,7	61,6	84,8	129,6	122,5	100	115
Früchte	16,8	22,1	45,8	70,2	113,8	106	99
Fleisch	16,8	16,2	25,3	39,6	60,3	100	105
Eier	1,6	1,6	4,1	8,0	11,9	100	100
Fisch	15,1	21,7	34,2	38,7	48,4	84	132
Milch	1,2	3,2	11,0	27,6	35,4	4	21
Öle und Fette	3,5	4,7	7,7	10,8	19,5	k.A.	k.A.

Quelle: Mao Yu-kang, 1991a, S.25 (eigene Darstellung).

wohnheiten der taiwanesischen Bevölkerung (vgl. Tabelle 10 für den Bereich der Nahrungsmittel), im landwirtschaftlichen Strukturwandel und im handelspolitischen Druck der USA (Williams, 1988b, S.31). Bei einigen Agrarprodukten wie Weizen, Sojabohnen und Rindfleisch ist Taiwan heute völlig abhängig von Importen vor allem aus den USA (Bello und Rosenthal, 1992, S.191). Negativ bemerkbar macht sich darüber hinaus die hohe Holzimportquote.

Steigender Einsatz von Düngemitteln und Pestiziden

Ein Nebeneffekt der langen Tradition der Selbstversorgung und der damit verbundenen Abhängigkeit von Düngemitteln und Pestiziden ist die Tatsache, daß Taiwans Bauern sich an den intensiven Gebrauch von Chemikalien gewöhnt haben (Lu Alan-yun, 1988, S.417). Der wachsende Druck durch die nationale und internationale Konkurrenz verleitet zu einem immer größeren Einsatz von Agrarchemikalien. Die Regierung fördert diesen Trend durch die günstige Abgabe von Düngemitteln. Dimension und Problematik des Einsatzes von Agrarchemikalien werden in Abschnitt 5.1.2 ausführlich diskutiert.

Entwicklung agroindustrieller Strukturen

Die Anpassung der landwirtschaftlichen Produktion an die ständig wechselnden Trends des Binnen- und des Weltmarktes führte weg von einer traditionellen, an Reis, Zucker, Tee, Bananen usw. orientierten Landwirtschaft und hin zu einer Agroindustrie, die vornehmlich auf Aquakulturen, Masttierhaltung, Sonderkulturen und intensiv bebauten Obst- und Gemüseplantagen basiert. Die Exporterfolge mit Erzeugnissen der Aquakultur, mit Mastschweinen, Spargel und Pilzen können hierfür als Beispiel dienen.

Steigender Subventionsbedarf

Bereits 1951 begann die staatliche Subventionspolitik für die taiwanesische Landwirtschaft mit einem Garantiepreis für Zucker; 1960 folgte ein Zuschußprogramm für Treibstoff von Fischerbooten. Infolge der wachsenden Probleme seit Mitte der siebziger Jahre hat sich das Subventionsnetz immer weiter verdichtet. Die Subventionspolitik führte zwischen 1973 und 1988 zu einem deutlichen Anstieg des Pro-Kopf-Einkommens in der Landwirtschaft von 8.533 NT-$ auf 78.484 NT-$ (Chen Chia-lin, 1990, S.13). Die Regierung unterstützt ihre Landwirte und Fischer entweder durch direkte Subventionen oder indirekt durch strukturelle Verbesserungen. Direkte Subventionen bestehen in Garantiepreisen und Abnahmegarantien für Zucker (seit 1951), für Reis und einige Hauptgetreidesorten (seit 1974 für Mais und Sojabohnen; seit 1984 für Sorghum), ferner für Obst (garantierte Mindestpreise 1984-1988) und Gemüse (garantierte Mindestpreise seit 1976); Schweinemäster erhalten seit 1966 Produktions- und Vermarktungshilfen. Ferner werden den Bauern Zuschüsse zu den Bewässerungs- und Stromkosten sowie reduzierte Düngerpreise gewährt, 1987 wurde die Grundsteuer für sie abgeschafft, ebenfalls befreit sind sie von der Kfz-Steuer, und der landwirtschaftliche Maschinenpark wird staatlich gefördert (Chen Chia-lin, 1990, S.19 f.) Reisbauern erhielten von 1974 bis 1984 zinsfreie Darlehen. Zusätzlich bezuschußte die Regierung eine Lebens- und Unfallversicherung für Landwirte und gewährte Bauern mit niedrigem Einkommen Beihilfen zum Wohnungsbau (Chen Chia-lin, 1990, S.20). In den Bereich der strukturellen Verbesserungen fallen Maßnahmen zur Erosionsbekämpfung[46] und zur Bewässerung sowie im Straßenbau, im Erziehungs- und Gesundheitswesen usw. Seit 1984 versucht die Regierung, Überproduktionen in bestimmten Sparten abzubauen. Für Reisbauern, die ihre Reisfelder in Anbauflächen für Gemüse, Sorghum, Obst, Blumen usw. umwandeln, werden Entschädigungen gezahlt.

Fazit

Der Aufbau und die Entwicklung einer effizienten Landwirtschaft auf Taiwan fungierten als gezielt eingesetzte Vorstufen für die Entstehung einer leistungsfähigen Industrie. Einige Autoren gehen sogar soweit, von einer Ausbeutung der Bauern für die industriell-ökonomische Entwicklung Taiwans ("squeeze-the-agriculture"-Politik)[47] zu sprechen (Bello und Rosenthal, 1992, S.185/186; Sautter, 1990, S.61). Angesichts der großen Bedeutung, die den Bauern zu Beginn des "Wirtschaftswunders" beigemessen wurde, und des schleichenden, offiziell geduldeten bzw. geförderten Niedergangs der taiwanesischen Landwirtschaft seit der verstärkten industriellen Entwicklung erscheint diese These durchaus plausibel. Die im folgenden aufgezeigte Chronologie der industriellen Entwicklung hat ihren Ursprung vor allem in den Erfolgen der Landreform (vgl. Tsai, George W., 1993, S.77).

4.3.2.3 Chronologie der industriellen Entwicklung

1949-1952: Landreform und Wiederaufbau

Wiederaufbau der durch den Krieg geschädigten Industrien und Umverteilung der von den Japanern übernommenen Anlagen, die erst in Staatsbesitz übergingen und später privatisiert wurden (Gälli, 1980, S.39; World Bank, 1993, S.131).

1953-1957: Importsubstitution

Steigende landwirtschaftliche Erträge lieferte Rohmaterialien für den Export, dessen Erlöse wiederum zur teilweisen Finanzierung von Maschinen, Ausrüstungsteilen und Rohmaterialien dienten. Importierte Leichtindustrieprodukte wurden durch im eigenen Land hergestellte Erzeugnisse ersetzt, mit den Schwerpunkten auf Nahrungsmittelverarbeitung und Textilien (Gälli, 1980, S.40). Zum Schutz der heimischen Industrie wurden Import- bzw. Exportbeschränkungen eingeführt; demselben Zweck dienten hohe Einfuhrzölle: Ein Drittel aller Waren wurde mit Zöllen über 45% belegt, 41 Warenarten sogar mit Tarifen von 151 bis 165% (Chen und Hou, 1991, S.50). Im Finanzbereich sorgte ein überbewerteter Taiwan-Dollar mit unterschiedlichen Wechselkursen für zusätzliche Beschränkungen (Tsai

George W., 1993, S.69). Es existierten staatliche Programme zur Unterstützung von privaten Firmengründungen. Bis 1961 entstanden eigenständige Sektoren (zum Beispiel Glas-, Zement- und Plastikproduktion), die in der Lage waren, den Binnenmarkt zu versorgen. Starkes Wachstum verzeichneten darüber hinaus die nahrungsmittelverarbeitende, die Textil- und die Lederindustrie (Tsai, George W., 1993, S.69).

1958-1972: Exportorientierte Entwicklung (exportinduzierter Aufschwung) (Gälli, 1980, S.40)

Mit Beginn der sechziger Jahre zeichnete sich eine Sättigung des Inlandsmarktes für die im Rahmen der Importsubstitution hergestellten Produkte ab (Vogel, 1991, S.22). Die Regierung unterstützte die darauffolgende Phase der Exportindustrialisierung durch eine Lockerung der Importkontrollen, durch Steueranreize, Einführung eines einheitlichen Wechselkurses, Förderung von Direktinvestitionen in Taiwan und durch die Einrichtung von Industrieparks und Exportproduktionszonen (Shoesmith, 1986, S.245).

1973-1980: Konsolidierung der industriellen Entwicklung und neues Exportwachstum (zweite - eingeschränkte - Phase der Importsubstitution)

Die Regierung förderte die Substitution von importierten Grundstoffen und Zwischengütern durch den Aufbau einer taiwanesischen kapitalintensiven Schwerindustrie ("zweite Phase der Importsubstitution"). Erste große, öffentlich finanzierte Maßnahmen zur Verbesserung der Infrastruktur erfolgten durch Realisierung der "zehn großen Entwicklungsprojekte". Gälli (1980, S.40) bezeichnet diese Phase als eine "Konsolidierungphase auf hohem Niveau".

1981-1990: Förderung kapitalintensiver Industrien - "High-Tech" und Modernisierung

Neue Phase der Wirtschaftsentwicklung, ausgelöst durch Ölpreisschocks, steigende industrielle Konkurrenz innerhalb der Schwellen- und Entwicklungsländer und durch zunehmenden Protektionismus der Industrieländer. Entwicklung von kapitalintensiven Industrien Maschinenbau, Kommunikationsanlagen- und High-Tech-Produktion. Die Regierung verbesserte die nationale Transport- und Versorgungslogistik durch große Infrastrukturprojekte (Hafenbau, Flughafenneubau, Atomkraftwerke, Nord-Süd-Autobahn).

1991-1996: Auslandsinvestitionen, Ausbau des Dienstleistungssektors, Exportdiversifizierung, Umwelttechnologie und Verbesserung der Infrastruktur

Förderung kapitalintensiver High-Tech-Produktion zum Beispiel von Umwelttechnik, Kommunikationstechnik oder von neuen Materialien sowie Förderung der Computerindustrie; weiterer Ausbau des Dienstleistungssektors; Entwicklung eines neuen, großen Infrastrukturprogrammes (U-Bahn-Bau in Taipei und Kaohsiung, viertes Atomkraftwerk, Erschließungsprojekte an der Westküste usw.). Der 10. Vierjahresplan (1990-1993) und der neue Sechsjahresplan (1991-1996) setzten klare Akzente in den Bereichen Infrastruktur (Verkehr) und Umweltschutz (Kuo, 1993, S.43). Taiwans Premierminister Lien Chan ergänzte Anfang 1994 weitere Entwicklungsziele: Bau von Müllverbrennungsanlagen und Deponien, Bau von Industrie- und Gewerbeparks, Entwicklung und Management der Wasserressourcen, Ost-West-Schnellstraßenverbindung, U-Bahn-Projekte für Taichung und Tainan, Erweiterung des Parkflächen- und Straßennetzes und allgemein die Verbesserung öffentlicher Transportsysteme (Chiu, 1994, S.1).

Hinter diesen Daten und Vorhaben steht ein stetig steigender Bedarf an Flächen für Wohnen, Verkehr, Industrie und Gewerbe. In Abschnitt 4.3.2.4 wird erläutert, wie die benötigten Flächen bisher bereitgestellt wurden und wo der räumliche Schwerpunkt der industriellen Entwicklung liegt.

4.3.2.4 Räumliche Aspekte des Wirtschaftswachstums - industrielle Landnahme und dezentrale Industrialisierung

Anfangs förderte die taiwanesische Regierung aus militärstrategischen Gründen, nämlich zwecks Streuung der potentiellen Angriffsziele im Falle eines kommunistischen Angriffs, eine möglichst dezentrale Entwicklung von industriellen Kernen. Erst 1960 begann sie mit umfassenden Planungen der industriellen Standortbedingungen. Eine in diesem Jahr verfaßte Studie ergab sehr ungünstige Investitionsvoraussetzungen für Unternehmer. Daraufhin wurde ein Investitionsförderprogramm (The Investment Encouragement Act - IEA) beschlossen, um die Neuschaffung von Industrie- und Gewerbeflächen zu ermöglichen und potentiellen Investoren den Zugang zu Taiwan zu erleichtern (*Taiwan 2000*, 1989, S.283). Die wichtigsten Regelungen des "Investment Encouragement Act" besagen:

- Die Regierung kann öffentliches und privates Land als Gewerbeflächen ausweisen (Artikel 25);

- neu gegründete und/oder expandierende Firmen können bei der Regierung die Umwandlung von landwirtschaftlich genutztem Land in Gewerbeflächen beantragen (Artikel 29);

- die Regierung kann öffentlichen oder privaten Unternehmen erlauben, brachliegende Flächen gewerblich-industriell zu nutzen (Artikel 30);

- die Regierung kann zwangsweise Land zur Errichtung von Industrieparks erwerben (Artikel 68, IEA, "by laws").

Trotz mehrerer Modifikationen blieben die Hauptbestandteile des IEA bis 1981 unverändert. Von 1968 bis 1981 wurden 62 Industrie- und Gewerbegebiete auf einer Gesamtfläche von 8.891 ha neu entwickelt. Von diesen 62 Flächen lagen nur zehn in den fünf großen Städten. Alle anderen entstanden in ländlichen Kreisen bzw. in Kreisen in der Nähe der Agglomerationszentren (Tsai Hong-chin, 1984, S.17). Die große Mehrheit der Fabriken in ländlichen Kreisen sind kleine und mittelständische Betriebe, die vor allem aus folgenden Branchen stammen: Nahrungsmittelverarbeitung, Chemie, Metallverarbeitung, Holzverarbeitung, Maschinenbau, Verarbeitung von Nichteisenmetallen und Textilindustrie (Tsai Hong-chin, 1984, S.21). Die Ansiedlung von Industriebetrieben auf dem Lande hat jedoch, wie Mao Yu-kang bereits 1987 ausführte, nicht zur Befriedigung der Nachfrage nach Industrieflächen geführt.

Zu den offiziell erfaßten, in den Industrie- und Gewerbegebieten angesiedelten Firmen kommt eine unbekannte Anzahl von Betrieben, die bereits vor der Einrichtung von speziellen Gewerbegebieten und Industriegebieten angesiedelt wurden (Tsai Hong-chin, 1984, S.18). Tabelle 11 und Abbildung 22 zeigen die Verteilung von Industrie- und Gewerbegebieten auf Taiwan im Jahre 1981. Es läßt sich eine eindeutige Konzentration der industriellen Aktivitäten im westlichen Küstenbereich feststellen. In den großen Städten wurden bereits 1980 keine weiteren Industrie- und Gewerbegebiete mehr geplant. Der Schwerpunkt zukünftiger Entwicklung lag bis 1980 eindeutig auf einer Vertiefung der dezentralen Industriestruktur. Erst Mitte der siebziger Jahre begann die taiwanesische Regierung allmählich zu realisieren, welche Folgen ihre freizügige Ansiedlungspolitik hatte. Proteste über die fehlende Entsorgungsinfrastruktur für Abfälle und Abwasser, Beschwerden über Lärm und Luftverschmutzung, Unfälle mit Chemikalien, Vergiftungen usw. häuften sich. Mit zwei neuen Gesetzen versuchte man das Problem einzudämmen: 1974 entstand ein "Gesetz zur Regionalplanung" (Regional Planning Act), und 1979 wurde der "Generalentwicklungsplan für die Region Taiwan" (Overall Development Plan of the Taiwan Region - ODPTR) eingeführt (*Taiwan 2000*, S.286). Beide Planwerke sollten bis 1990 den IEA ablösen.

1990 lag die Zahl aller Industriebetriebe in Taiwan bei 92.978. Davon befanden sich nur 5031 in den beiden größten Städten, Taipei und Kaohsiung (EPA, 1991b, S.260). Das heißt, der Trend zur Verlagerung bzw. Neuansiedlung von Betrieben außerhalb der beiden Metropolen hat auch nach 1981 angehalten. Seit 1980 regelt, zumindest formal, der ODPTR den industriellen Flächengebrauch und -verbrauch. Danach soll die regionale Verteilung von Industriebetrieben mit Rücksicht auf Bevölkerung, Umwelt und Ressourcen erfolgen. Insbesondere stark verschmutzende Industrien sollen in besonderen Gebieten zusammengefaßt werden. 1983 wurden diese Vorgaben durch neue Richtlinien des Councils on Economic Planning and Development (CEPD) weiter verbessert. Unter anderem sollen in bereits stark belasteten Gebieten keine Neuansiedlungen von umweltverschmutzenden Industrien mehr möglich sein. Der Regional Planning Act (RPA) legte zum erstenmal eindeutig Wohn-, Geschäfts-, Gewerbe-, Naturschutz- und Landwirtschaftszonen fest.

Die Gesetzwerke ODPTR und RPA eröffneten demnach bereits Anfang der achtziger Jahre theoretische Möglichkeiten, gegen den flächenintensiven, industriellen Wildwuchs vorzugehen. Allerdings werden beide Pläne nicht oder kaum beachtet! 1983 befanden sich 34.764 Unternehmen, d.h. 71% aller (legaler) taiwanesischen Unternehmen, in Wohngebieten. Nur die Hälfte davon stand in dafür

Tabelle 11: Verteilung von Industrie- und Gewerbeflächen in Taiwan 1981 (vgl. Abb. 22)

	Anzahl der Industrie- und Gewerbegebiete			Anzahl Fabriken	Fläche (ha)
	vorhanden	im Bau	geplant		
Taiwan	62	18	58	58.465	21.742
12 ländl. Kreise	30	12	46	20.996	13.958
Ilan	1	1	4	1.195	-
Hsinchu	4	2	3	2.210	-
Miaoli	4	1	4	1.664	-
Changhua	2	2	5	6.355	-
Nantou	2	1	2	883	-
Yunlin	3	1	5	1.216	-
Chiayi	5	0	4	2.048	-
Tainan	5	1	7	3.318	-
Pingtong	1	2	8	1.084	-
Taitung	1	1	2	197	-
Hualien	2	0	2	770	-
Penghu	0	0	0	56	-
4 urbanisierte Kreise	22	6	12	23.921	4.936
Taipei	3	2	2	9.858	-
Taoyuan	9	4	4	4.390	-
Taichung	4	0	3	6.721	-
Kaohsiung	7	0	3	2.952	-
5 große Städte	10	0	0	13.548	2.848
Taipei	0	0	0	3.548	-
Keelung	2	0	0	511	-
Taichung	2	0	0	3.644	-
Tainan	1	0	0	3.511	-
Kaohsiung	5	0	0	2.254	-

Quelle: Tsai Hong-chin, 1984, S.18-20.

vorgesehenen Gewerbegebieten. Selbst in ausgewiesenen landwirtschaftlichen Flächen sowie in Schutzgebieten fanden sich Industriegebiete (*Taiwan 2000*, S.298). Von 4.259 im Jahre 1984 neu gegründeten Unternehmen lagen nur 2.568

Abb. 22: Räumliche Verteilung der Industriezonen

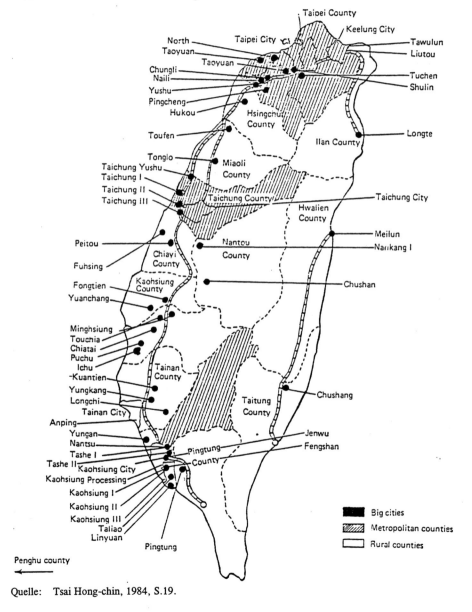

Quelle: Tsai Hong-chin, 1984, S.19.

in den dafür vorgesehenen Gewerbegebieten (*Taiwan 2000*, S.298). 1991 lag die Strafgebühr für die Nichtbeachtung der Zonierung pro Firma bei 3.000 NT-$ (Wang Jiann-chyuan, 1991, S.75). Diese Daten belegen die Unfähigkeit oder den Unwillen der Regierung, neue Gesetze und Richtlinien wirklich umzusetzen.

4.4 Fazit

Anhand der Ausgangsdaten aus den fünfziger Jahren sowie aktueller Daten wurde ein bemerkenswerter ökonomischer und sozialer Erfolg des taiwanesischen Entwicklungsweges aufgezeigt. Die auf das Verdienst der taiwanesischen Regierung zurückzuführenden Ursachen des Erfolges liegen in einer staatlichen Wirtschaftspolitik, die eine hohe Spar- und Investitionsquote ermöglichte, in der Liberalisierung des Außenhandels, in der Garantie und Neuordnung der Eigentums- und Nutzungsrechte in der Landwirtschaft sowie von Privateigentum, in einer flexiblen Industriepolitik mit der Schaffung neuer Gesetze zur Stimulierung privatwirtschaftlicher Tätigkeit und einem qualitativ hochwertigen Bildungssystem. Entwicklungsziele konnten mit Hilfe eines professionellen Bürokratenapparates und durch enge Abstimmungsprozesse zwischen Regierungspartei und ökonomischer Elite effizient umgesetzt werden. Externe und historische Einflüsse, wie zum Beispiel US-amerikanische Hilfe und Infrastrukturleistungen aus der japanischen Kolonialzeit, die den Aufschwung erst ermöglichten bzw. förderten, sind ebenso untrennbar mit dem Begriff des taiwanesischen "Wirtschaftswunders" verbunden, wie die autoritäre Form der Einparteienherrschaft der GMD und die modellhaft durchgeführte Landreform zu Beginn der Wirtschaftsentwicklung.

Die vorwiegend am Ziel des Wirtschaftswachstums orientierten Maßnahmen der Regierung schufen andererseits aber auch defizitäre Regelsysteme bei der Internalisierung externer Effekte (Sautter, 1990, S.73). Diese Defizite führten zum Beispiel im Bereich des Umwelt- und Ressourcenschutzes zu negativen Begleiterscheinungen des "Wirtschaftswunders". Zusammen mit der Betrachtung der ökonomischen und sozialen Ergebnisse der Wirtschafts- und Entwicklungspolitik muß entsprechend dem in Abbildung 3 entwickelten zyklischen Entscheidungsmodell nun die Analyse und Bewertung dieser ökologischen Wirkungen vorgenommen werden. Kapitel 5 liefert eine Beschreibung des Zustandes der Umweltmedien und versucht eine ökologische und monetäre Bewertung der aktuellen Umweltsituation.

5 Aspekte der ökologischen Krise: die Auswirkungen des Wirtschaftswunders auf die Umwelt

> Mechanisms to protect the population and its biological life-support systems from the more complicated and dangerous by-products of advanced industries are virtually non-existent. In many cases where hazardous inputs, wastes, and products are used, transported, or disposed of, the authorities have no knowledge of their location, no capability of ensuring they are safely handled and disposed of, and no plans for management in the case of accidental spills. Our activities have already seriously eroded the physical and biological resources of the island. In many cases, the damage of past action has not yet become clear. In other cases, the damage is clear - and irreversible. (*Taiwan 2000*, S.16-17)

Taiwans schnelle wirtschaftliche Entwicklung hat in vielen Sektoren sehr hohe Belastungspotentiale für die Umwelt aufgebaut. In Tabelle 1 wurde die Entwicklung einiger Belastungsfaktoren, die besonders offensichtlich negative Auswirkungen auf die Umwelt haben, im Zeitraum von 1951 bis 1992 bereits angedeutet. Die Auswirkungen des wirtschaftlichen Wachstums im Bereich der natürlichen Systeme (einschließlich anthropogene Ökosysteme) sind auf Grund der teilweise unbefriedigenden Datenlage schwierig zu analysieren. Viele Daten sind überaltert, unpräzise, gefälscht, nicht standardisiert oder nicht aussagekräftig genug (Interview mit Jay Fang). Landnutzungsstatistiken zum Beispiel werden durch viele illegal bewirtschaftete Flächen, illegalen Holzeinschlag, nicht-angemeldete Unternehmen usw. in ihrer Aussagekraft stark eingeschränkt. Stationen zur Erfassung von Luftverschmutzung oder Lärmbelastung messen teilweise marginal interessante, von Station zu Station wechselnde Parameter, wobei die Lage der Meßstationen oft nicht das Produkt von sorgfältiger wissenschaftlicher Planung, sondern das Ergebnis von Ad-Hoc-Entscheidungen ist (*Taiwan 2000*, S.15; Tang, 1990, S.328). Lokal vorhandene, qualitativ gute Daten finden häufig nicht den Weg in regionale und nationale Statistiken. Die Standardisierung und die nationale Zusammenschau lokaler Umweltbelastungen werden dadurch beträchtlich erschwert. Ein Mangel an aussagekräftigen Analysen liegt sicherlich in dem unterentwickelten Bereich der wissenschaftlichen und unternehmerischen Umweltforschung begründet. Problematisch muß in diesem Zusammenhang die einseitige Dominanz von technischer Umweltforschung gegenüber noch unzureichenden Ansätzen zur Ökosystemforschung gesehen werden. Trotzdem soll im folgenden eine Darstellung der Umweltsituation versucht werden.

5.1 Flächennutzung und Raumplanung

1930 hatte nur die heutige Hauptstadt Taipei eine Bevölkerung von über 100.000 Menschen. 1988 lebten bereits in 27 Städten 100.000 und mehr Menschen (Spearce, 1992, S.213). Das heißt, daß heute ca. 70% der Taiwanesen zur Stadtbevölkerung zählen (*Yearbook R.O.C.*, 1990); im Jahr 2000 werden es voraussichtlich 85% sein (Li Jiu-lin, 1993, S.67). Die dezentrale Industrialisierung auf Taiwan hat erheblich zur Verbesserung der Lebensbedingungen der Landbevölkerung beigetragen. Dadurch konnten trotz der rasanten ökonomischen Entwicklung und der hohen Attraktivität der Ballungsräume massive räumliche Entwicklungsprobleme wie etwa Slumbildungen und massenhafte Land-Stadt-Wanderungen vermindert werden. Durch die Verbesserung der Lebens- und Einkommensverhältnisse auf dem Land infolge der Landreform und die Schaffung von nichtagrarischen Arbeitsplätzen infolge einer dezentralen Entwicklung der Industriestrukturen wurde einer massiven Landflucht von Beginn an entgegengearbeitet. Voraussetzung für eine dezentrale Urbanisierung und Industrialisierung war der Ausbau einer funktionierenden Infrastruktur in den Bereichen Verkehr und Wohnungsbau. Abbildung 23 verdeutlicht den Zuwachs an Flächen für Bebauung und Infrastruktur seit 1971.

Abb. 23: Zunahme von Flächenbedarf für Baumaßnahmen, Straßen und Bewässerungseinrichtungen im Zeitraum 1979-1990

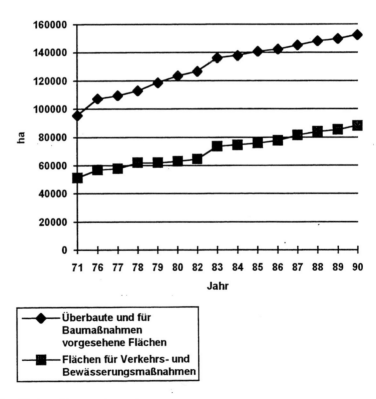

Quelle: EPA, 1991a, S.253 (eigene Darstellung).

Flächennutzung und Raumplanung

Abb. 24: Fabrikdichte pro km² (1990)

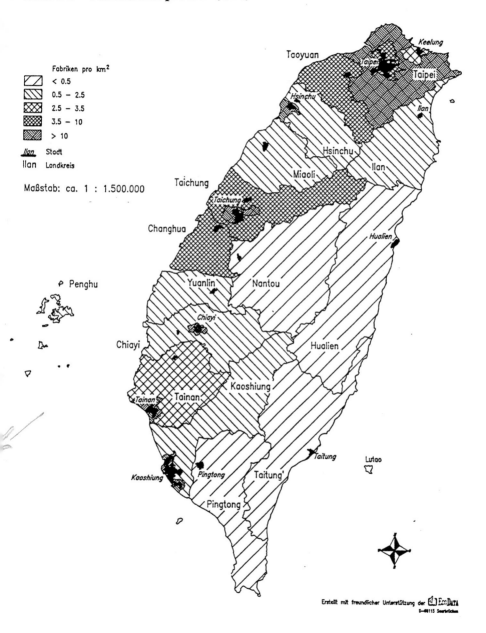

Entwurf Heck (Daten: EPA, 1991b).

Die immer weiter zunehmende Ballung der wirtschaftlichen Aktivitäten in den Ebenen der Westküste führt zu erheblichen Nutzungskonkurrenzen. Wie Abbildung 24 zeigt, liegt der weitaus größte Teil der taiwanesischen Fabriken in der schmalen Küstenzone im Westen der Insel. Die im Osten der Insel gelegenen Kreise Nantou, Ilan, Taitung, Hualien, Pingtong sind mit durchschnittlich 0,3 Fabriken pro km^2 extrem gering industrialisiert (EPA, 1991b, S.260). Hingegen liegt die durchschnittliche Fabrikdichte in den Kreisen an der Westküste und im Norden (Taipei, Taoyuan, Changhua, Taichung, Tainan) bei ca. 7,2 Werken pro km^2. In den städtischen Verdichtungsgebieten an der Westküste ist die Fabrikdichte sogar noch höher. Hier erreichen Hsinchu (20,5), Taichung (27,2), Tainan (19,6), Chiayi (12,4), Kaohsiung (15,2) und Taipei (9,9) Ansiedlungsdichten, die weit über dem statistischen Durchschnittswert für ganz Taiwan liegen (EPA, 1991b, S.260).

Diese Zahlen verdeutlichen die große raumordnerische Problematik, die durch die Topographie und die Bevölkerungsdichte Taiwans entsteht. Seit 1945, dem Zeitpunkt der ersten Erhebung, hat sich die Landnutzungsverteilung stark verändert (vgl. Abbildung 25).

Abb. 25: Veränderung der Landnutzungsverteilung von 1971 bis 1990

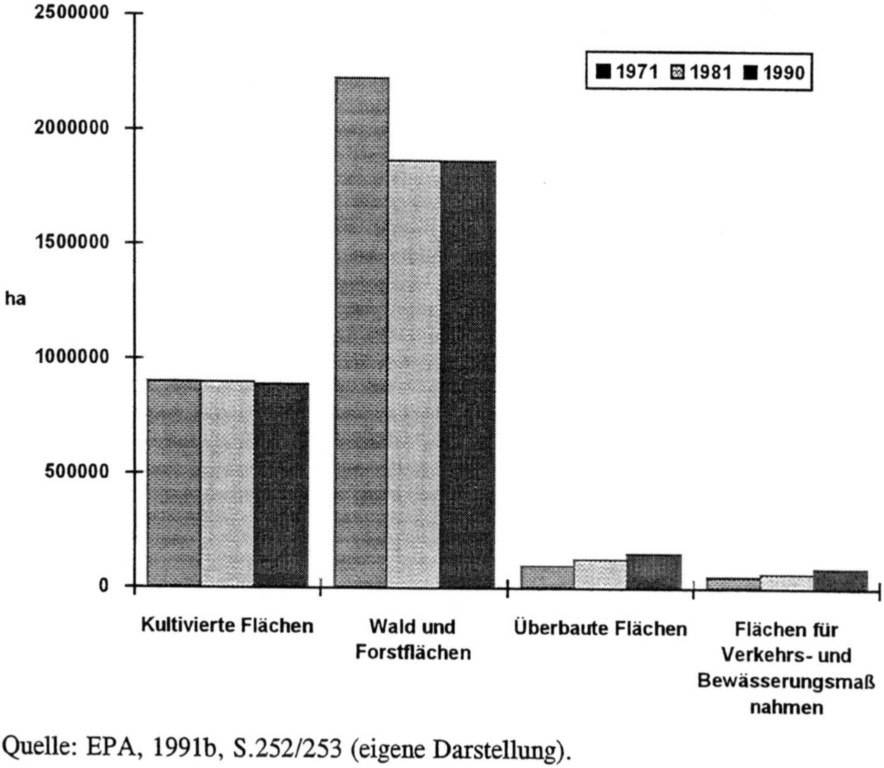

Quelle: EPA, 1991b, S.252/253 (eigene Darstellung).

Flächennutzung und Raumplanung 119

In den achtziger Jahren schrumpfte die landwirtschaftliche Nutzfläche deutlich. Insbesondere die Verlagerung bzw. Neugründung von sogenannten "no-pollution-firms" in agrarisch geprägte Gebiete im Zuge der Schaffung von Arbeitsplätzen auf dem Lande trug zu einer schleichenden Bodenvergiftung bei. Große Flächen in der Küstenebene sind mittlerweile industriell genutzt bzw. versiegelt. Allein im Zeitraum von 1962 bis 1976 wurden etwa 148.000 ha landwirtschaftlicher Fläche überbaut oder zumindest urban oder industriell genutzt. Das Ausmaß der Umwandlung von Ackerflächen in Industrie- und Gewerbeflächen ist Abbildung 26 zu entnehmen.

Abb. 26: In Gewerbegebiete umgewandelte landwirtschaftliche Nutzfläche

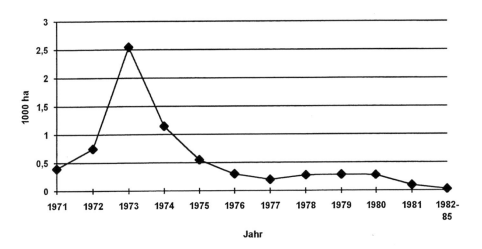

Quelle: *Taiwan 2000*, S.297; Chen John-ren, 1978, S.18 (eigene Darstellung).

Bis 1980 gingen 190.000 ha vormals nichtlandwirtschaftlicher Fläche in agrarische Nutzung über (Fuchs und Street, 1980, S.316/317). Von 36.000 km^2 Gesamtfläche waren 1990 über 890.000 ha landwirtschaftlich genutzt (*Yearbook R.O.C.*, 1991, S.203). 1975 und 1977 während des Höhepunktes der landwirtschaftlichen Expansion waren es noch 917.111 ha bzw. 923.000 ha (Mao Yu-kang, 1991a, S.10; *Taiwan 2000*, S.303; Williams, 1992, S.192).

Die im Westen der Insel gelegenen Städte und Kreise sind weit mehr von Verschmutzung und Versiegelung betroffen, während die Kreise im Osten der Insel aufgrund ihres hohen Anteils an Naturflächen mehr unter den indirekten Folgen der Entwicklung (steigender Tourismus, Zerschneidungseffekte, illegale Jagd usw.) zu leiden haben. Abbildung 27 gibt einen Überblick über die Unterschiede in der Landnutzung in den verschiedenen Kreisen und kreisfreien Städten Taiwans.

Aspekte der ökologischen Krise

Abb. 27: Landnutzung auf der Ebene der Kreise und kreisfreien Städte

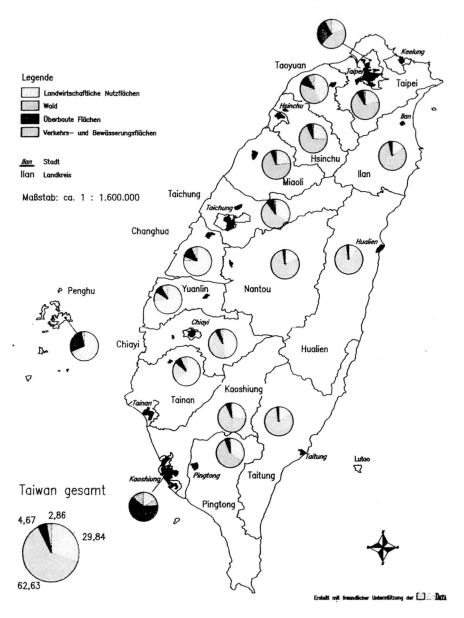

Entwurf Heck (Daten: EPA Yearbook of Environmental Statistics).

Die Zurückdrängung, Verschmutzung und Überbauung landwirtschaftlicher Nutzfläche mündet in einer Intensivierung der Nutzung auf den Restflächen sowie in der Nutzung sogenannter Marginalflächen (Chang und Chen, 1978, S.16). Marginalflächen jedoch sind ökologisch so wichtige Landschaftstypen wie Küstenmarschen, Mangrovensäume, Sümpfe, Feuchtgebiete usw. Diese Biotope werden sukzessive eingeengt und vernichtet. Weit wichtiger, weil ökonomisch unmittelbar relevant, sind die Wanderungsbewegungen von Landwirten in die Steilhänge der Berge. Die Nutzung der Steilhänge für Intensivkulturen führt zu erheblichen Erosions-, Sedimentations- und Eutrophierungsproblemen. Teure Millionenprojekte wie der Staudamm von Techi drohen durch die Folgen einer unzureichend geplanten und ungezügelten Entwicklung ihren volkswirtschaftlichen und betriebswirtschaflichen Nutzen zu verlieren. Eine ausführlichere Beschreibung der Problematik findet sich unten in Abschnitt 5.7.1. Chang und Chen (1978, S.18) wiesen bereits 1978 auf die erheblichen Probleme hin, die die zu schnelle und einseitige Entwicklung Taiwans damals schon erzeugt hatte: einen wachsenden Urbanisierungsgrad, den Mißbrauch von Land (zum Beispiel Nutzung sehr guter Ackerböden für Gewerbegebiete), unzureichende öffentliche Infrastruktur - Eisenbahnen und öffentlicher Personennahverkehr wurden zugunsten des Individualverkehrs vernachlässigt - ebenso wie eine Konzentration von Umweltschadstoffen mit erheblichen Verschmutzungsfolgen.

Der zunehmende Bevölkerungs-, Siedlungs- und Industrialisierungsdruck drängt die Landwirtschaft immer mehr in die mittleren und hohen Gebirgslagen. 1977 waren sämtliche Flächen der Ebene kultiviert oder besiedelt. Drei Viertel der geeigneten Flächen im Gebirge waren bereits agrarisch genutzt. Fast die Hälfte (ca. 44%) der Gebirgslandschaft ist wegen der hohen Erosionsanfälligkeit und der geringen Fruchtbarkeit der Böden völlig ungeeignet für die Landwirtschaft. Trotzdem wurden im Jahre 1977 12% dieser Flächen intensiv landwirtschaftlich genutzt.

Zunehmender Nutzungsdruck infolge von Müll, Chemikalien, Lärm, Versiegelung von Flächen, Bautätigkeit usw. stellt eine erhebliche Belastung der Flora und Fauna dar. An den Unterläufen der großen Flüsse zum Beispiel zerstört legaler wie illegaler Kiesabbau die Flußlandschaften (Balbach, 1993). Die Gesamtlänge des Straßennetzes hat sich seit 1970 um ein Viertel auf 19.998 km ausgedehnt, wovon 86% asphaltiert sind (Statistisches Bundesamt, 1991, S.92). Gleichzeitig gingen im Bereich der Eisenbahnen die Länge der Gleisstrecken, die Anzahl der Haltebahnhöfe und die Zahl der beförderten Personen kontinuierlich zurück (Statistisches Bundesamt, 1991, S.91).

Die Forstwirtschaft zeichnete sich jahrelang durch rücksichtsloses Roden der Wälder aus. Die wertvollen Hölzer der taiwanesischen Hochgebirge waren eine willkommene Devisenquelle. Die Löhne der Angestellten der verantwortlichen Forstbehörde waren direkt an die Menge des eingeschlagenen Holzes gekoppelt. 1970 kamen erste Bedenken an der Kahlschlagsphilosophie auf, aber erst Ende 1980 wurde in der Forstbehörde die Bindung der Angestelltengehälter an die Menge des eingeschlagenen Holzes durch eine direkte Lohnzahlung ersetzt. Zwar deckt Taiwan mit ca. 400.000 m³ (0,3 m³/ha im Vergleich zu einem weltweiten Durchschnitt von 0,77 m³/ha) nur 10% seines Bedarfes aus den eigenen Forsten, taiwanesische Naturschützer mahnen allerdings, daß in Anbetracht der starken Erosionsanfälligkeit und der sehr sensiblen Ökosysteme selbst dies noch zu viel ist (Williams, 1992, S.193). Die Waldfläche verringerte sich um 7,6% im Zeitraum von 1956 bis 1977. Naturnahe Monsunregenwälder sind in großem Umfang durch importierte Nadelwald- und Laubwaldarten ersetzt worden. Schnellwachsende Nadelhölzer erbringen kurzfristig höheren Profit als zum Beispiel die standortangepaßten Harthölzer ("hardwoods").

Diese Forstpolitik, zusammen mit illegalem Holzeinschlag und anderen Beeinträchtigungen, zum Beispiel steigendem Tourismus, führte zu einer radikalen Veränderung der Waldökosysteme. Mittlerweile werden die ökonomischen Folgen dieser Form von Forstpolitik und Waldwirtschaft sichtbar: Windbruch durch Taifuneinwirkung, Erosion und Erdrutsche sowie Schädlingsbefall schmälern den ökonomischen Profit des Waldeigners. In Hsinchu zum Beispiel hat die intensive Verbreitung von Monokulturen (Bambus und Nadelhölzer) auf Kosten der artenreichen, natürlichen Monsunregenwälder zu einem Nahrungsmangel für Eichhörnchen geführt. Diese wiederum halten sich an den frischen Trieben der Nadelbaummonokulturen schadlos und vernichten so große Waldbestände. Die Forstverwaltung versucht dem Problem mit Eichhörnchengift zu begegnen![48] Der starke Rückgang von naturnahen Waldflächen ist um so gravierender, als die Waldfläche sowohl als Filter und Wasserspeicher wie auch als Erosionsschutz für Taiwans Entwicklung unentbehrlich ist.

Nicht berücksichtigt ist dabei der Wald als Touristenziel und Refugium seltener Pflanzen und Tiere. Bedingt durch das steigende Pro-Kopf-Einkommen nimmt parallel das Bedürfnis der Bevölkerung nach Urlaub, Reisen und Erholung zu. Taiwans Insellage führt hierbei zu einem sehr starken Binnentourismus mit den entsprechenden Ansprüchen und Folgen an und für den Naturschutz. Immer mehr Taiwanesen, insbesondere aus den Ballungs- und Verstädterungsgebieten, suchen an Wochenenden und Feiertagen die Ruhe und Ästhetik der faszinierenden Bergwelt. Die hohe Bevölkerungsdichte und eine schnell ansteigende Motorisierungsquote bedeuten daher eine immer extremere Belastung der Umwelt im allgemeinen und der bisher relativ unberührten Bergökosysteme im besonderen. Abbildung 28 verdeutlicht, daß bereits heute kaum mehr Gebiete existieren, die nicht durch bequeme Straßen erschlossen wären. Das bedeutet, daß zu dem Zerschneidungseffekt durch die Infrastrukturtrassen in zunehmendem Maße eine Belastung durch Touristen, Bauern und Jäger kommt. Nicht berücksichtigt in Abbildung 28 sind die ca 2.300 km nichtasphaltierten Wirtschaftswege, die für den Transport von Holz, Früchten, Gemüse usw. angelegt wurden (Chu Yun-peng, 1989, S.325).

Chang Shih-chao (1990) hat für den Norden Taiwans eine Untersuchung der Erdrutsche und ihrer Folgen für die Umwelt durchgeführt. Bemerkenswert an seiner Studie ist die Tatsache, daß die Häufigkeit der Erdrutsche im Zeitraum von

Flächennutzung und Raumplanung 123

Abb. 28: Zerschneidungseffekte durch Verkehrsinfrastruktur

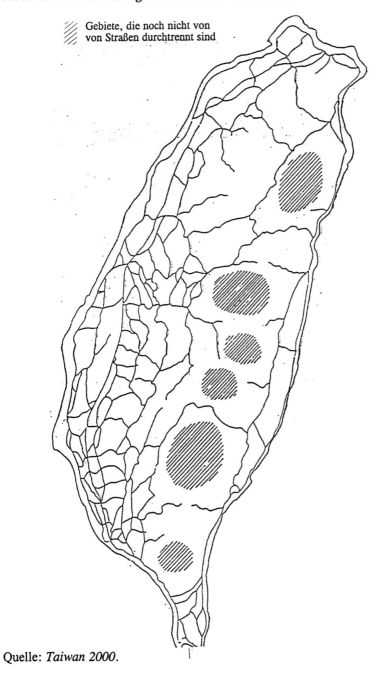

Gebiete, die noch nicht von von Straßen durchtrennt sind

Quelle: *Taiwan 2000.*

1978 bis 1986 mit 87 wesentlich höher war als für den Zeitraum von 1968 bis 1977 mit 13. Des weiteren stellt Chang Shih-chao fest, daß mit der Verbauung von Hanglagen bzw. Steilhängen die Anzahl von Erdrutschen rapide gestiegen ist (Abbildung 29). 62% der tiefen Hangrutsche sind auf Fehlplanungen zurückzuführen (Chang Shih-chao, 1990, S.19). Chang Shih-chao sieht sowohl wegen der individuellen Opfer wie auch wegen der volkswirtschaftlichen Verluste einen großen Handlungsbedarf. Mit entsprechender Planung könnten etwa 60% der Erdrutsche vermieden werden. Es steht jedoch zu befürchten, daß genau das Gegenteil passieren wird, denn der Druck auf die Fläche wird eher wachsen, als nachlassen. Ein weiterer Anstieg der "man-made-desasters" ist vorprogrammiert.

Abb. 29: Verstädterungstendenzen und Erdrutsche 1956-1984

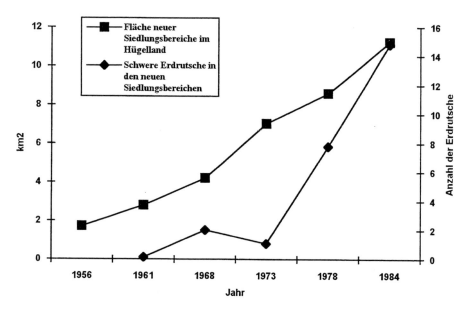

Quelle: Chang Shih-chao, 1990, S.18.

Die Landnutzungsprobleme Taiwans verdeutlichen, welche Restriktionen der begrenzte Raum in Taiwan für eine dauerhafte Gesellschaftsentwicklung beinhaltet. Eine mobilere, bewußtere Freizeitgesellschaft beginnt diese Beschränkungen immer mehr zu spüren. Ob es der mehrstündige Stau auf der Wochenendfahrt in die Berge, die vergebliche Suche nach einer Wohnung, die ganztägige Rush-hour in den Ballungszentren oder die Verschmutzung der Natur ist: die mühsam erarbeitete Freizeit und Mobilität stößt auf immer mehr natürliche Grenzen. Ting und Jou (1988, S.91) beschreiben die unterschiedliche Wahrnehmung von räumlicher Veränderung anhand der steigenden Anzahl von Fabriken in Taiwan mit folgenden

Worten:

> Both government and business perceive the growing number of factories across the island as evidence of prosperity and modernization. Few, if any, realize that this growth ethic and the result of this growth ethic favored by the political and economic leaders in Taiwan will inevitably throw the fragile ecological system of Taiwan out of balance.

5.1.1 Landwirtschaft und Umweltbelastung

Das Verhältnis zwischen Landwirtschaft und Umwelt wird von den Autoren der Studie *Taiwan 2000* folgendermaßen dargestellt:

> ... the farms are both victims and the source of pollution. Vegetable and fruitgrowings [sic] are booming businesses, but these farms usually apply fertilizers and pesticides improperly, posing potential threats to the lives and health of consumers. Hog, chicken, and duckraisings too, are booming businesses, but the manure these animals generate is often improperly disposed of, causing water pollution. Aquaculture, another billion-dollar booming business, is victimized by water pollution, and in turn is damaging the environment by groundwater extraction. (Chu Yun-peng et al., 1989, S.340)

Neben den Problemen des Strukturwandels und des Arbeitskräftemangels stehen mit steigender Tendenz die Zerstörung und Vergiftung von landwirtschaftlichen Ressourcen durch die industrielle und urbane Entwicklung als Ursache für den Produktionsrückgang in der Diskussion. Oberflächengewässer, Grundwasser und Böden wurden seit Beginn der Landreform rücksichtslos einem einseitigen Produktionsdiktat unterworfen. Dabei ist die Landwirtschaft Verursacher und Opfer von Umweltzerstörung zugleich. Die Steigerung der Selbstversorgungsquote auf 98,7% in den sechziger Jahren und die darauffolgenden welt- und binnenmarktorientierten Produktionsweisen haben die landwirtschaftlichen Ressourcen Taiwans extrem strapaziert. Vor allem die massiven Dünger- und Pestizidgaben sowie die Intensivtierhaltung (Schweine- und Geflügelzucht) tragen zur Bodenvergiftung und Wasserbelastung bei (Mao Yu-kang, 1991 a, S.27). Ein besonderes Problem stellt die massive Anwendung von Chemikalien dar (Bello und Rosenthal, 1992, S.199/200). 1992 fand die taiwanesische Verbraucherschutzorganisation in 70 Obstproben elf Fälle von gesundheitsgefährdenden Pestizidkonzentrationen (Underwood, 1992, S.42). Insgesamt verbrauchten Taiwans Landwirte 1986 39.000 t Pestizide mit einem Wert von 173 Mio. US-$ (Underwood, 1992, S.43).

Der Vergleich mit westlichen Verbrauchszahlen ist etwas problematisch. Zum einen ist der Bedarf an Agrochemikalien in tropischen Regionen aufgrund des höheren Schädlingsbefalls und der schnelleren Abbauraten größer, zum anderen trägt die extrem kleine Parzellenstruktur der taiwanesischen Landwirtschaft zu einem höheren Verbrauch pro Hektar bei. Je schwieriger es für die Landwirte wird, Gewinne zu erzielen, um so eher sind sie geneigt, Sicherheitsvorschriften wie Höchstmengenverordnungen und Applikationsanweisungen zu übergehen. Da die taiwanesischen Landwirte zur Zeit in einer sehr bedrängten Lage sind, werden gesetzliche Regelungen immer häufiger ignoriert (Underwood, 1992, S.45). Tabelle 12 gibt einen Überblick über den absoluten Verbrauch von Pestiziden in der Landwirtschaft, während Tabelle 13 Düngemittel und Pestizidverbrauch im Vergleich mit den USA zeigt.

Tabelle 12: **Pestizidverbrauch in der taiwanesischen Landwirtschaft von 1980 bis 1986**[49]

	1980	1981	1982	1983	1984	1985	1986
Insektizide (t)	11.771	18.014	16.321	22.669	21.166	16.978	13.845
Fungizide (t)	11.818	2.383	2.117	2.947	3.766	3.476	6.870
Herbizide (t)	15.746	17.150	15.453	17.433	16.597	14.733	17.705
Andere (t)	1.955	1.120	503	433	484	140	1.220

Quelle: Tang, 1990, S.280.

Seit 1983 ist der Gebrauch von Insektiziden rückläufig. Die Gründe liegen zum einen in der allgemein nachlassenden Bedeutung der Landwirtschaft und zum anderen in Entwicklung von neuen Mitteln, die in kleineren Mengen gleiche oder bessere Wirkung erzielen. Die Anwendung von Herbiziden stagniert auf hohem Niveau. Der Einsatz von Fungiziden sowie anderen, neuen Wirkstoffen hingegen steigt wieder an.

Tabelle 13: **Dünger und Pestizidanwendung: Vergleich Taiwan - USA (kg/ha)**

	Jahr	N	P	Kali	Insektizide	Herbizide
ROC	1977-79	246	66	105	- /13/14,1	- /14/15,9
	1983-85	259	62	102	25,3/23,7/19,2	19,4/18,6/16,7
USA	1977-79	130	68	82	-	-
	1976	-	-	-	2,4	2,3

N = Stickstoff, P = Phosphor, für N, P und Kali werden Durchschnittswerte der Jahre 1977-79 angegeben
Quelle: Lu Alan-yun, 1988 (eigene Darstellung).

Tabelle 13 verdeutlicht die Konzentration der Applikation insbesondere von Herbiziden und Insektiziden. Während in den USA im Schnitt 2,4 bzw. 2,3 kg/ha landwirtschaftlicher Nutzfläche aufgebracht wurden, lag das Mittel bei Taiwan im Bereich von 13 bis 25 kg/ha.[50] Zweifellos wird diese Entwicklung durch die aggressiven Verkaufsstrategien der Pestizidhersteller gefördert. Im Rahmen des Reis-für-Dünger-Abkommens zwischen der Regierung und den Bauern förderte jene bis Ende der siebziger Jahre indirekt den unkontrollierten Gebrauch von

Düngemitteln (Bello und Rosenthal, 1992, S.198).

Die landwirtschaftlich bedingte Gewässerbelastung mit organischen Stoffen geht größtenteils auf die intensive Schweinezucht zurück. Auf jeden zweiten Einwohner kommt in Taiwan ein Mastschwein. Ein Teil der ungefähr 10 Mio. Mastschweine wird jedes Jahr für etwa 70 Mio. US-$ exportiert (*new taipei*, 1992). 35.000 t Schweinegülle ergießen sich Tag für Tag in Taiwans Flüsse und Seen. Ein Teil der Probleme könnte sich durch den Verfall der Schweinepreise von selbst lösen. Doch hat die Verringerung der Gewinnspannen bisher nur dazu geführt, viele Kleinstfarmer zu ruinieren und die Konzentration und Zunahme der großen Mastbetriebe zu forcieren (*new taipei*, 1992).

Der Boom im Bereich der Aquakulturen führt zu einer Entnahme von Grundwasser, die weit über dem natürlichen Regenerationsvermögen liegt. Die Folgen sind regionale Versorgungsengpässe im Trink- und Brauchwasserbereich, Landsenkungen und Eindringen von Meerwasser in die Grundwasserreservoirs. Betroffen sind vor allem die Kreise, in denen intensive Aquakulturen und industrielle Ballung zusammen vorkommen. In Südtaiwan (Kaohsiung, Tainan, Pingtung) ist eine Versalzung des Oberbodens durch Leckagen in den Teichen und in den Pipelines zur Befüllung der Teiche mit Meerwasser zu beobachten (Hwang, 1991, S.18). Die meisten Fischteiche wurden illegal angelegt. Heute sind, informellen Statistiken zufolge, 70-80% immer noch nicht offiziell registriert (Hwang, 1991, S.18). Das macht es für die zuständige Fischereiabteilung beim Landwirtschaftsministerium schwierig, wenn nicht unmöglich, die Umweltschäden zu kontrollieren bzw. einzudämmen. Die Folgen dieser "Entwicklung" sind enorme Investitionen der Kreisregierungen in die Reparatur von Straßen und Deichen. In Changhua, Yunlin, Chiayi, Kaohsiung und Pingtong wurden bereits 150 Mio.US-$ hierfür aufgebracht (Hwang, 1991, S.18). Schätzungen besagen, daß im Jahre 1997 weitere 270 Mio.US-$ gebraucht werden (Hwang, 1991, S.18). Die Versalzungsschäden im Grundwasserbereich sind hingegen irreversibel und auch mit Geld nicht mehr zu beheben. Das bedeutet, daß Taiwans Farmer ihre eigene ökonomische Zukunft langsam erodieren!

> The quick spread of ponds and the rapid development of aquaculture technology have resulted in the industry undermining its own long-term interests by focusing primarily on immediate profits. (Hwang, 1991, S.18)

Ein weiteres Problem ist die Abwanderung vieler Landwirte in die Berge Taiwans. Die agrarische Nutzung der fragilen Berghänge stellt den Staat vor immer größere Probleme. Legale und illegale Nutzungsformen führen regional zu starken Erosions-, Sedimentations- und Eutrophierungserscheinungen. Die Landwirte aus den Ebenen sind oftmals unerfahren in Bodenkonservierungstechniken für Hanglagen. Als Düngemittel benutzen sie neben Produkten der heimischen Chemieindustrie auch große Mengen von Schweine- und Hühnergülle aus den Massentierhaltungen der Küstenebenen. Die Landwirte lassen sich nur sehr schwer zu einer Nutzungsänderung überreden. Oftmals geben sie unter dem Druck der sich schnell verändernden Marktbedingungen ganz auf und überlassen die anfälligen Berghänge ungeschützt der Erosion. Die Fallstudie über das Gebiet um den Li-Berg in Abschnitt 5.7.1 gibt einen detaillierteren Einblick in diese Problematik.

5.1.2 Ökologische Folgen der Industriepolitik

Fellenberg (1992, S.124) stellt in Tabelle 14 Industriezweige dar, die Schwermetalle emittieren. In Taiwan sind alle von Fellenberg (1992) als schwermetallemittierend gekennzeichneten Industriezweige vertreten.

Tabelle 14:   Industriezweige mit Schwermetallemissionen

	Cd	Cr	Cu	Hg	Pb	Ni	Sn	Zn
Papierindustrie		♦	♦	♦	♦	♦		♦
Petrochemie	♦	♦		♦	♦		♦	♦
Chlorkaliproduktion	♦	♦		♦	♦		♦	♦
Düngemittelindustrie	♦	♦	♦	♦	♦	♦		♦
Erdölraffinerie	♦	♦	♦		♦	♦		♦
Stahlwerke	♦	♦	♦	♦	♦	♦	♦	♦
Nichteisenmetallindustrie		♦	♦	♦	♦			♦
Kraftfahrzeug- und Flugzeugindustrie	♦	♦	♦	♦	♦		♦	♦
Glas, Zement, Keramik		♦						
Textilindustrie		♦						
Lederindustrie		♦						
Dampfkraftwerke		♦						♦

Cd = Cadmium, Cr = Chrom, Cu = Kupfer, Hg = Quecksilber, Pb = Blei, Ni = Nickel, Sn = Zinn, Zn = Zink
Quelle: Fellenberg, 1992, S.124.

Im Rahmen der schnellen Industrialisierung nahm die Produktion von problematischen Produkten und Schadstoffen rapide zu. Da erst von wenigen Branchen genauere Emissionsanalysen vorliegen, muß anhand allgemeiner Kenntnisse über Emissionen spezifischer Branchen die potentielle Bandbreite der Belastung geschätzt werden. Im folgenden wird zu untersuchen sein, ob und wo die vermutlich emittierten Schwermetalle abgelagert bzw. angereichert wurden. Abbildung 30 zeigt, daß neben den Schwermetallen auch andere umweltbelastende Stoffe wie Chlorchemikalien, Farbstoffe, Düngemittel usw. während der achtziger Jahre hohe Zuwachsraten erreichten oder sich zumindest auf einem hohem Niveau stabilisierten.

Abb. 30: Produktion ausgewählter chemischer Stoffe (in Tonnen)

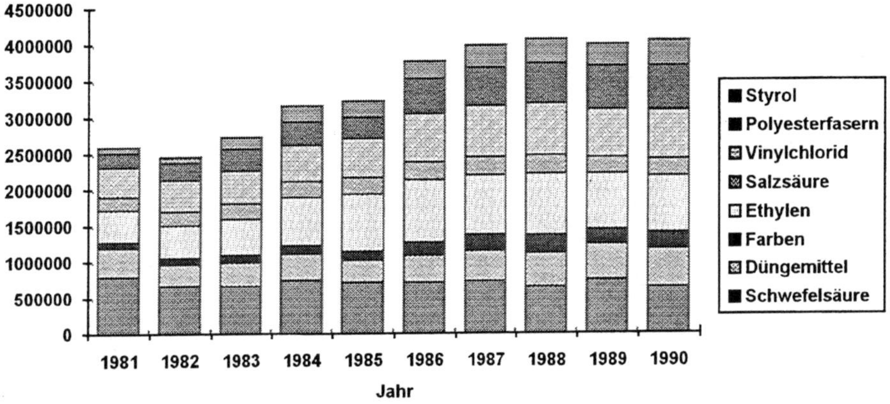

[Balkendiagramm: Jahre 1981-1990, Stoffe: Styrol, Polyesterfasern, Vinylchlorid, Salzsäure, Ethylen, Farben, Düngemittel, Schwefelsäure; Skala 0 bis 4500000]

Quelle: EPA, 1991b, S.266-269 (eigene Darstellung).

Räumlich lassen sich zwei Schwerpunkte industriebedingter Umweltbelastung feststellen. Zum einen die hauptsächlich unter Luft- und Lärmbelastung leidenden städtischen Zentren und zum anderen die landwirtschaftlichen Gebiete, die durch die Ansiedelung kleiner Industriebetriebe flächenhaft erhebliche Schadstoffeinträge in Boden, Wasser und Luft erfahren haben. Ting et al. (1988, S.95/96) schreiben in einer Studie über regional differierende Lebenserwartungen in Abhängigkeit von industrieller Belastung:

> It seems accurate to say that the increasing number of factories is negatively associated with the level of life expectancy at birth. As expected, the net effect of total number of factories indicates the possible damage of industrial pollutants produced by these factories.

Einer Untersuchung von Shoesmith (1986, S.179) zufolge beklagte sich ein Drittel der befragten Arbeiter über die Arbeitsbedingungen in den EVZ. Augenleiden, Atemprobleme, Müdigkeit, Magen- und Verdauungsprobleme wurden als häufigste Beschwerden genannt. Trotzdem bescheinigten die Arbeiter mit Erfahrung in Betrieben außerhalb der EVZ den EVZ-Betrieben eine bessere Arbeitsumwelt.

Bello und Rosenthal (1992, S.179) beschreiben die allgemeinen Folgen der Industrialisierung für die Umwelt noch etwas drastischer:

> A burgeoning environmental movement underlined the reality that unregulated industrialization had created an environmental nightmare, with most of the island's rivers suffering from serious pollution, agricultural produce manifesting high levels of contamination by heavy metals, and air that was considered unfit to breathe for nearly 62 days out of one year.

Edgar Lin (Lin Jun-yi) geht davon aus, daß etwa 30% des in Taiwan produzierten Reises mit hohen Schwermetallgehalten belastet sind (Bello und Rosenthal, 1992,

S.201). In Nordtaiwan wurden in Reispflanzen bis zu 59,27 mg pro kg Blei und bis zu 7,94 mg Cadmium gemessen (Chen Zueng-sang, 1989, S.39). Der empfohlene taiwanesische Grenzwert liegt bei 0,5 mg/kg (Chen Zueng-sang, 1989, S.39). Verursacher war eine Produktionsstätte für chemische Plastikstabilisatoren, die mehrere Jahre ihre Abwässer ungeklärt auf die Reisfelder geleitet hatte. Weitere Angaben zur Schwermetallbelastung von Bewässerungskanälen finden sich in der Umweltstudie *Taiwan 2000*. Neben der Belastung von Bewässerungskanälen mit Schadstoffen existierten eine Reihe weiterer Probleme im Trink- und Brauchwasserbereich, die in Abschnitt 5.5 näher analysiert werden.

Die im Rahmen der dezentralen Industrialisierung auf dem flachen Land errichteten Industriebetriebe stellen ein großes Verschmutzungspotential dar. 20% der landwirtschaftlichen Nutzfläche Taiwans sind, wie von Seiten der Regierung bestätigt wird, durch industrielle Abwässer verschmutzt (Bello und Rosenthal, 1992, S.201). Hsu und Chang (1987) haben die Qualität von Wasser aus Be- und Entwässerungssystemen an 350 über ganz Taiwan verteilten Meßstellen ermittelt. Bezogen auf den "Taiwan Irrigation Water Quality Standard" wurden in 51,42% aller Meßstellen zu hohe Ammoniumwerte (NH_3-N), in 20% aller Meßstellen zu hohe Werte für elektrische Leitfähigkeit und in 13,35% der Meßstellen zu hohe Werte für gelöste organische Stoffe gemessen. Insbesondere die Gebiete um Taoyuan, Changhua, Chianan, Yunlin und Kaohsiung werden als sehr schwer belastet dargestellt. Als Verursacher dieser Belastungen geben die Autoren Abwasser aus der Papier-, Nahrungsmittel-, Halbleiter-, Erdöl-, Textilindustrie und dem Bergbau an. Abgesehen von der Industrie tragen Haushaltsabwässer und Gülle zur Belastung der Be- und Entwässerungssysteme bei (Hsu und Chang, 1987).

Taiwans Gerbereien produzierten 1986/87 ca. 6,9 Mio.t Abwasser pro Jahr. Die dabei entstehenden 332 t Chrom werden ohne besondere Behandlung herkömmlichen Hausmülldeponien zugeführt bzw. mit dem Abwasser direkt in Bäche und Flüsse abgegeben. Chang spricht in diesem Zusammenhang von "tremendous water pollution problems" (Chang Cheng-nan, 1987).

Mao Yu-kang (1991a, S.27), der Direktor des Land Reform Training Institute, formuliert den Einfluß der Industrialisierung auf die Gewässersituation Taiwans so:

> All rivers and streams in the western Taiwan have been polluted by the industrial wastes to various degrees. Factories also took advantage of irrigation and drainage canals in the rural areas to discharge their industrial waste without any treatment. In a few cases the industrial wastes have resulted in soil contamination so much that the farmland in the surrounding had to be abandoned.

5.2 Luftverschmutzung und Lärmbelastung

> Although available data show no apparent trend toward increased air pollution this seems a reflection more of the quality of the data than the quality of the air. (*Taiwan 2000*)

Bereits 1965 hat die Abteilung 4 des Institutes für Umwelthygiene in Taipei mit der Messung und Überwachung von Staub- und Rauchkonzentrationen in der Luft begonnen (Selya, 1974, S.11). 1989 gab es etwas mehr als 132 Meßstationen für Luftschadstoffe in Taiwan. Die meisten davon messen Schwebstäube und gelöste Stoffe. Allgemein erschweren unterschiedliche Meßparameter und ungleiche Verteilung der Meßstationen verläßliche Aussagen. So werden zum Beispiel in Taipei nur Schwebstoffe erfaßt, die kleiner als 10 Millionstel Meter sind. Auf Luftgütekarten erscheint Taipei dadurch als weniger belastet als die Nachbarregionen (Bierma, 1984, S.20). Rechnet man die erfaßten Schwebstoffe < 10 Mikrometer allerdings hoch, ergeben sich Belastungswerte von 200-300 $\mu g/m^3$ (*Taiwan 2000*, S.158). Selbst auf der Grundlage der sehr großzügigen taiwanesischen Standards wird die Atemluft in der Hauptstadt Taipei an über 62 Tagen im Jahr als "schlecht" eingestuft.

Während US-Standards bereits bei einem Verschmutzungsindex (PSI = Pollution Standard Index)[51] von 140 bis 150 von einer Gesundheitsgefährdung ausgehen, liegt der taiwanesische Grenzwert bei 170 (Bello und Rosenthal, 1992, S.204/ 205). In einigen urbanen Industriegebieten wie etwa Sanchong wurde die Luftqualität an 226 Tagen (1989) als "schlecht" (PSI von 101 bis 199) und an 43 Tagen als "sehr schlecht" (PSI von 200 bis 299) dargestellt (EPA, 1991b, S.56/57; EPA, 1991c, S.69; FEER, 29.10.1992, S.38). 1989 lagen nach Darstellung der taiwanesischen Umweltbehörde 10,52% aller ermittelten PSI-Werte im gesundheitsgefährdenden Bereich. 1988 waren es noch 16,17% (EPA, 1991, S.34). 1990 wurden 4.259 Industriebetriebe, 3.627 legale und 632 illegale, wegen Luftverschmutzung bestraft (EPA, 1991b, S.62).

Ein großes Problem stellt, wie Abbildung 31 verdeutlicht, die Verschmutzung der Luft mit Schwebstoffen dar (EPA, 1991b, S.36 u. 69). Selbst in gering belasteten Gebieten Taiwans lag der Belastungswert 1983 immer noch über 100 $\mu g/m^3$. Bezogen auf amerikanische Standards (75 $\mu g/m^3$) bedeutet dies, daß selbst die saubereren Regionen (TSP Standard = 140 $\mu g/m^3$) in der Regel höhere Schwebstoffgehalte in der Luft aufweisen als die schmutzigeren Regionen in den USA (Bierma 1984, S.18; Tang, 1990, S.516). In Deutschland lag die Konzentration von Schwebstaub bei durchschnittlich 50 $\mu g/m^3$ Ende der siebziger Jahre bzw. bei 30 $\mu g/m^3$ Ende der achtziger Jahre (UBA, 1992).

Der US-amerikanische Grenzwert für Ozonbelastung (50 ppb) wurde in Nordtaiwan 1992 an 25 Tagen, in Zentraltaiwan an 90 Tagen und in Südtaiwan an 80 Tagen überschritten (Sun und Tsai, 1993, S.1-89). Sun und Tsai (1993, S.1-89) sprechen im Zusammenhang mit den Grenzwertüberschreitungen von einer zunehmenden Gefahr für das Wachstum landwirtschaftlicher Nutzpflanzen.

Der Anteil von Schwefelpartikeln an der Luftbelastung bildet ein weiteres Problem. Während in den USA normalerweise Schwefelkonzentrationen von 5-10 $\mu g/m^3$ gemessen werden, liegen die niedrigsten Belastungswerte in Taiwan bei 8. Im durchschnittlichen Jahresmittel werden Werte bis 49 $\mu g/m^3$ erreicht (Bierma, 1984, S.21-23, EPA, 1991b, S.40). In Leipzig wurden 1988-1990 durchschnittlich 200 µg/m³ Schwefeldioxid gemessen, in Gelsenkirchen waren es Mitte der achtziger Jahre 100 µg/m³.

Abb. 31: Vergleich der Schwebstaubbelastung in Taiwan und in den USA

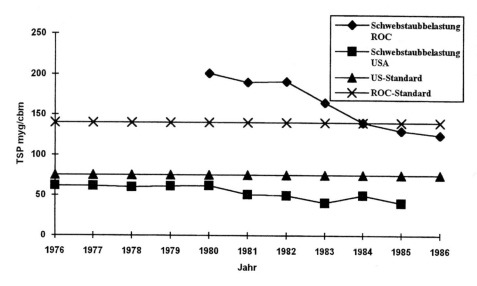

Quelle: Tang, 1990, S.516.

Tabelle 15: Art und Ausmaß von Emissionen - Taiwan mit Hauptstadt Taipei im Vergleich mit BRD und ehemaliger DDR (1988)

Art der Emission (Mill. t/Jahr)	Taiwan gesamt	davon nur Taipei	Bundesrepublik Deutschland	ehemalige DDR
Schwefeldioxid (SO₂)	0,87 (1,37)	0,21	1,25	5,25
Schwebstäube	1,27 (5,90)	0,30	0,46	2,25
Stickoxide (NOx)	0,64 (0,64)	0,13	2,85	0,67
Kohlenmonoxid (CO)	1,89 (3,15)	0,33	8,65	3,80
organische Bestandteile	0,87 (0,92)	0,44	2,60	1,09

Quelle: TÜV Essen, 1991, S.3.1-1; UBA, 1992, S.246/247 (in Klammern Angaben von Chien, 1991, S.5).

In Südtaiwan in der Umgebung von Kaohsiung (Hsichia und Hsiaogun) werden bei 80% der Niederschläge pH-Werte[52] unter 5 gemessen (Hung Jia-jang et al., 1987). Für die Gebirgsseen im Süden Taiwans besteht, wie Hung Jia-jang 1987 feststellte, die Gefahr einer Übersäuerung.

Der Vergleich taiwanesischer Emissionswerte mit Werten der Bundesrepublik von 1988 zeigt, daß der Einsatz effizienter Filtertechnik den SO_2 Ausstoß erheblich verringern kann (Tabelle 15). Den negativen Beweis liefern die ebenfalls in Tabelle 15 aufgeführten Emissionswerte der ehemaligen DDR. Insgesamt produzierte die bundesdeutsche Industrie, trotz höheren Outputs und eines insgesamt höheren Energieverbrauchs, verhältnismäßig wenig Schadstoffemissionen. Diese Zahlen verdeutlichen das große Sanierungspotential, das Taiwan zum Beispiel im Bereich der Luftreinhaltung hat.

Die Quellen der Luftverschmutzung liegen vor allem in industriellen Verbrennungsvorgängen (Schwefeldioxid), Verkehr (Schwebstoffe, Stickoxide, Kohlenmonoxid, organische Bestandteile) und Baumaßnahmen (Schwebstoffe, Feinstäube). Als Emittenten kommen stationäre und mobile Quellen in Frage. Erheblich Probleme bereitet der wachsende Individualverkehr. Vor allem alte Pkw- und Omnibusmotoren sowie Zweitaktmotoren machen insbesondere den Städten das Atmen schwer. Jeden Monat erscheinen 6.000 zusätzliche Pkws auf Taiwans ohnehin überlasteten Straßen. Die Ballungs- und Industriezentren führen in der Liste der Luftverschmutzung, wobei Taipei aufgrund seiner Kessellage zusätzlich be-

Abb. 32: Veränderung des PSI über drei Jahre (1988-1990)

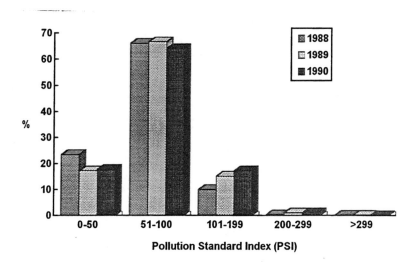

Quelle: EPA, 1991b, S.16; eigene Darstellung.

134   *Aspekte der ökologischen Krise*

nachteiligt ist. Stationäre Emittenten von Schwebstoffen (TSP), Schwefeloxiden (SO$_X$), Stickoxiden (NO$_X$) usw., zum Beispiel die Zementindustrie, die staatlichen Kraftwerke, die Erdölraffinerien und Kokereien, sind größtenteils in staatlicher Hand. Hier zeigt sich, daß die taiwanesische Regierung bisher in ihren eigenen Betrieben keinen effizienten Emissionsschutz durchsetzen konnte. Daran ändert auch die Existenz eines Gesetzes gegen Luftverschmutzung (The Air Pollution Control Act 1975 und 1982) nur wenig (Tang, 1990, S.333).

Staatlichen taiwanesischen Statistiken zufolge ist der Gesamtausstoß an Schwefel- und Stickoxiden seit 1988 gesunken (EPA, 1991b, S.60). Abbildung 32 stellt die Veränderung der Luftbelastung in den Jahren 1988 bis 1990 dar. Obwohl offiziellen Angaben zufolge einzelne Parameter wie zum Beispiel Schwefel- und Stickoxide abgenommen haben, ist insgesamt die Anzahl der Meßtage mit "ungesunden" Luftqualitäten (PSI > 100) leicht gestiegen. Offiziell verfügbare Daten zeigen demnach keinen Trend zu einer extremen Verschlechterung der Luftqualität! Die Wahrnehmung der Bevölkerung indes läßt, wie Abbildung 33 verdeutlicht, auf das Gegenteil schließen.

Abb. 33:   Einschätzung der Veränderung der Luftqualität

Antwort auf die Frage: "Glauben Sie, daß die Luftqualität sich verbessert hat?"

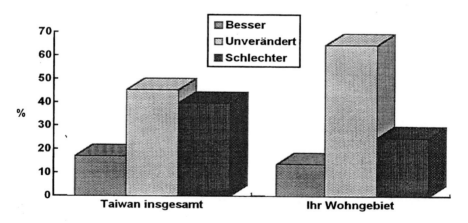

Quelle: Tang, 1990, S.502 (Befragung aus den achtziger Jahren); eigene Darstellung.

Betrachtet man die rapide Zunahme des Verkehrsaufkommens, der Energieproduktion und der industriellen Aktivitäten, so drängt sich der Eindruck auf, daß der offiziell festgestellte, relativ gute Trend der Luftqualität lediglich auf nichtaussagefähige Daten zurückzuführen ist (Tang, 1990, S.328). Ähnlich sieht es die Studie *Taiwan 2000* (1989, S.20):

The apparent contradiction probably arises from the fact that the parameters thus far monitored, and the nature of the air pollution monitoring network, are inadequate, almost to the point of being irrelevant for tracing the sorts of air pollution that would be expected, given Taiwan's pattern of industrial development.

Wenn auch die Ursachen von Krebserkrankungen in der Regel nicht monokausaler Natur sind, so können taiwanesische Mortalitätsstatistiken nach Auffassung des Gesundheitsministeriums wenigstens zum Teil als Indiz für die zunehmende Belastung der Atemluft herangezogen werden (LW, 7.7.1994). Zum Beispiel stieg die Krebstodesrate von 57 auf 75 Tote pro 100.000 Einwohner in der Zeit von 1961 bis 1984. Das macht Krebs zur häufigsten Todesursache. Die Sterblichkeit infolge angeborener Mißbildungen nahm ebenfalls zu (*Taiwan 2000*, S.18). Aus der Landwirtschaft werden Ernteschäden durch Luftverschmutzung gemeldet. Offizielle taiwanesische Statistiken geben die infolge von Luftverschmutzung beschädigten Anbauflächen in der Landwirtschaft mit 2.800 ha an (Lu Alan-yun, 1988, S.416).

Eine besondere Art von Luftverschmutzung stellt die Lärmbelastung dar. In Taiwan gehört sie mit Sicherheit zu den offenkundigsten Umweltproblemen. Verglichen mit bundesdeutschen Verhältnissen ist die Anzahl der Verkehrslärmbeschwerden jedoch extrem niedrig. In Deutschland stehen Verkehrs- und Fluglärm an erster Stelle der Beschwerden. Die Erklärung für diese Unterschiede in der Reihenfolge der Beschwerden liegt zum einen in der unterschiedlichen Perzeption von Lärm und zum anderen in dem unterschiedlichen Beschwerdeverhalten. Nur wenn eine erhebliche Lärmbelästigung neu entsteht und die Aussichten eines Protestes auf Erfolg relativ groß sind, wendet sich der taiwanesische Bürger an die entsprechenden staatlichen Stellen. In Deutschland liegt diese Aktionsschwelle aufgrund des höheren Umweltvorsorgebewußtseins deutlich niedriger. Die Bevölkerungsdichte, die enge Wohn- und Produktionsbebauung und der lange Aktivitätszeitraum der Taiwanesen führen zu einer erheblich höheren objektiven und subjektiven Lärmbelastung der Bevölkerung. 1988 bezogen sich über ein Drittel aller Bürgerbeschwerden (insgesamt 7.779) bei der staatlichen Umweltbehörde auf Lärmbelastung (Chien, 1990, S.5); 1990 war die Zahl bereits auf 11.837 angewachsen (EPA, 1991, S.76). Wie Abbildung 34 zeigt, gehören Fabriken, Freizeiteinrichtungen, Bautätigkeit, Lautsprecher und Nachbarschaftslärm zu den am meisten wahrgenommenen Lärmquellen.

Bisher liegen nur wenige detaillierte Untersuchungsergebnisse über Lärmbelastung vor. Diese Ergebnisse stammen fast ausschließlich aus dem Ballungszentrum Taipei. Nach TEPA-Angaben werden in 14,5% aller Wohngebiete in Taiwan Lärmimmissionen von über 65 dB gemessen (EPA, 1994, S10). Der Lärmpegel in Wohngebieten, Gewerbegebieten und in der Umgebung von Schulen überschreitet tagsüber vielerorts sogar 70 dB (*Taiwan 2000*, S.225). 1982 wurde an zwölf Schulen in Taipei ein Lärmpegel von 102 dB(A) gemessen (Chien, 1991, S.6). In Gewerbegebieten bleibt der Lärmpegel auch nachts bei etwa 55 dB. Messungen an

Hauptstraßen in Taipei zeigen einen Lärmpegel von über 70 dB während des Tages und ein Absinken auf lediglich 60 dB während der Nacht. In Deutschland schreibt die Verkehrslärmschutzverordnung für Mischgebiete maximale Belastungsgrenzen von 64 dB(A) am Tage und 54 dB(A) in der Nacht vor. Von insgesamt 3.003 Lärmmessungen, die 1991 in ganz Taiwan vorgenommen wurden, lagen 718 über 65 dB(A) (EPA, 1991, S.71). Warnke geht bereits bei Werten ab 30 dB(A) von negativen psychischen Wirkungen auf den Menschen aus. Ab 65 dB(A) treten psychische und vegetative Störungen auf, und bei Lärmwerten über 90 dB(A) konnten organschädigende Wirkungen festgestellt werden (Warnke, 1991).

Abb. 34: **Lärmbeschwerden bei der TEPA aus dem Jahre 1990 in Anzahl der Meldungen, gegliedert nach Lärmquellen**

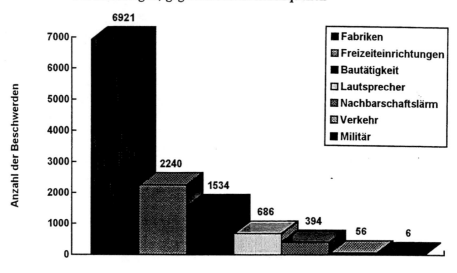

Quelle: EPA, 1991b, S.76/77 (eigene Darstellung).

Die in Tabelle 16 aufgeführten Meßwerte der TEPA für die Städte und Kreise in Taiwan unterstreichen die Schwere des Lärmproblems. Sie machen aber zugleich die teilweise geringe Aussagekraft der Daten deutlich. Relativ kleine, ruhige Siedlungsbereiche im Osten der Insel erreichen ähnliche Lärmimmissionswerte wie stark verdichtete, verkehrsreiche und hoch industrialisierte Siedlungskerne im Westen. Die relativ geringe Anzahl von Messungen in Städten der Ostküste ist eine Ursache für dieses seltsame Ergebnis. Während in Taitung (Ostküste) zum Beispiel sechs von nur 32 Messungen (= 18,75%) über 70 dB(A) lagen, wurde in Taoyuan (Westküste) bei acht von 192 Messungen (= 4,16%) ein Wert von über 70 dB(A) registriert. Zu den am stärksten belasteten Gebieten zählen neben dem Kreis Kaohsiung (31,25% > 70 dB(A)), dem Kreis Hsinchu (33,33% > 70 dB(A)), dem Kreis Tainan (37,50% > 70 dB(A)) und der Stadt Tainan (33,13% > 70 dB(A)) erstaunlicherweise auch der Kreis Penghu mit 28,57% der gemessenen Werte über 70 dB(A). Die hohen Belastungswerte nahezu aller Kreise spiegeln die Folgen der dezentralen Industrialisierung wider. Betrachtet man die Ursachen der Lärmbeschwerden in den einzelnen Kreisen, so dominiert mit weitem Abstand Fabriklärm als Ursache der Petitionen. In den Städten ist die Anzahl der Beschwerden wegen Fabriklärm relativ gering. Hier beschweren sich die Bewohner zusätzlich wegen Bau-, Freizeit- sowie Lautsprecherlärm (EPA, 1991b, S.76/77).

Tabelle 16: Lärmbelastung verschiedener Städte und Kreise nach Messungen von 1990

Region	Anzahl der Messungen	<55 dB(A) (%)	55-56 dB(A) (%)	61-65 dB(A) (%)	66-70 dB(A) (%)	>70 dB(A) (%)	Anzahl der Lärmbeschwerden*
Taipei Stadt	320	26,56	31,56	28,75	10,94	2,19	3955 (1073)
Kaohsiung St.	275	38,55	14,55	31,64	13,82	1,45	1744 (1035)
Keelung St.	96	64,58	29,17	5,21	0	1,04	145 (78)
Hsinchu St.	140	10,71	16,43	27,14	27,14	18,58	387 (232)
Taichung St.	80	22,50	22,50	21,25	17,50	16,25	510 (250)
Chiayi St.	124	70,16	16,13	8,06	4,03	1,61	67 (34)
Tainan St.	160	8,75	8,13	25,00	25,00	33,13	591 (325)
Taipei Kreis	128	18,75	18,75	26,69	21,09	11,72	2238 (2151)
Ilan	96	7,29	36,46	36,46	16,67	3,13	34 (15)
Taoyuan	192	33,33	23,44	28,13	10,94	4,16	134 (119)
Hsinchu	48	0,00	14,58	29,17	22,92	33,33	56 (53)
Miaoli	84	33,33	30.95	20,24	8,33	7,14	41 (32)
Taichung	468	50,00	25,43	14,74	8,76	1,07	880 (718)
Changhua	64	20,31	26,56	18,75	18,75	15,63	55 (52)
Nantou	176	19,89	13,64	20,45	21,02	25,00	36 (25)
Yunlin	68	27,94	29,41	26,47	8,82	7,35	38 (34)
Chiayi	60	38,33	30,00	23,33	8,33	0,00	42 (32)
Tainan	40	25,00	10,00	17,50	10,00	37,50	80 (78)
Kaohsiung	96	9,38	13,45	15,63	30,21	31,25	562 (431)
Pingtung	100	59,00	17,00	16,00	7,00	1,00	98 (63)
Taitung	32	6,25	21,88	40,63	12,50	18,75	3 (1)
Hualien	128	28,91	19,53	23,44	19,53	8,59	138 (88)
Penghu	28	10,71	10,71	25,00	25,00	28,57	3 (2)
Total	**3003**	**31,77**	**21,55**	**22,78**	**14,29**	**9,62**	**11837**

* in Klammern sind die Beschwerden aufgrund von Fabriklärm aufgeführt
Quelle: EPA, 1991b, S.70,71 und 76,77 (eigene Darstellung).

5.3 Natürliche Systeme, Flora und Fauna

Es ist in diesem Rahmen nicht möglich, die große Vielfalt der Flora und Fauna Taiwans ausführlich zu beschreiben. Tabelle 17 gibt einen Überblick über die großen Lebensräume Taiwans und deren Gefährdungsgrad.

Tabelle 17: Höhenzonierung, Flora, Fauna und Gefährdungsstatus von Lebensräumen auf Taiwan

Pflanzenformation	Physiognomie	Höhenstufe	Tierwelt (Anzahl der Spezies)	Gefährdungsstatus
alpine Tundra	Zwergsträucher, Gräser, Krautzone	3500m	weitgehend unbekannt, GS >3; Vögel >6; Am 1; Re 1	noch relativ ungestört, allerdings sehr störanfällig
subalpine Waldzone	Nadelwald	3000-3500m	GS >7; Vögel +/- 25; Am 1; Ei 1	Forschungsbedarf
kalt-temperierter Bergwald	Nadelwald	2500-3000m	GS >8; Vögel +/- 50; Am >5; Re >1	Forschungsbedarf
warm-temperierter Bergwald	Mischwald	1400-2500m	GS >11; Vögel >120; Am 6?; Re 53?	70% zerstört oder beeinträchtigt
warm-temperierter Regenwald	immergrüner Laubwald	900-2100m	GS 13+; Vögel 120+; Am 18; Re 53?	wenig ursprüngliche Bereiche übrig
tropischer Regenwald	immergrüner Laubwald	900m	GS 5; Vögel +/- 110; Am 20; Re viele	fast vollständig verschwunden
Küstenregenwald	immergrüner Regenwald	Küstenzone	GS ?; Vögel 200+; Am viele; Re ?	eng begrenzte Areale, sehr stark reduziert

Tabellenschlüssel: GS = große Säuger, Am = Amphibien, Re = Reptilien, Ei = Eidechsen, +/- = Schätzwerte, die in beide Richtungen variieren können; >3 = mehr als, ? = kein wissenschaftlicher Nachweis, 6? = kein wissenschaftlicher Nachweis, aber sechs Spezies vermutet
Quelle: Severinghaus 1989, S.99 (eigene Darstellung).

Allein die Gefäßpflanzen sind mit ca. 4.000 Arten, davon 1.000 endemisch, vertreten. Die meisten Arten sind durch die Zerstörung ihrer Lebensräume bereits auf wenige Refugien zurückgedrängt worden. Die immergrünen Laub- und Mischwälder der unteren und mittleren Höhenstufen sind extrem geschädigt. Bis auf wenige Einzelvorkommen ist auch der tropische Küstenregenwald in Taiwan völlig zerstört. Einzelne Pflanzen wie die taiwanesische Kuhschwanzfichte, die *Cycadacea taiwana* (ein Baumfarn) oder die vier auf Taiwan vorkommenden Mangrovenarten sind auf minimale Rückzugsgebiete beschränkt und von Extinktion bedroht.

Von 62 Säugern sind 13 endemisch für Taiwan. Alle Säuger, mit Ausnahme der lokal noch relativ häufigen Affenart *Macaca cyclopsis*, sind extrem selten geworden oder bereits ausgestorben (Severinghaus, 1989, S.106).

Von 26 Kröten- und Froscharten sind 6 endemisch für Taiwan. Einige Salamanderarten (*Hynobis sonani* und *Hynobis formosana*) sind Glazialrelikte.[53] Die Amphibien leiden erheblich unter der extremen Verschmutzung der Oberflächengewässer in Taiwan. Ebenfalls negativ wirken sich die Absammlung für Nahrungszwecke und medizinische Anwendungen sowie die Praxis des Fischvergiftens auf die Bestände aus (Severinghaus, 1989, S.106).

Die Artenvielfalt der Reptilien ist weitaus größer als die der Amphibien. Von 23 Eidechsenarten, 9 Schildkrötenarten, 44 Landschlangenarten und 14 Wasserschlangenarten sind 11 Schlangen- und 9 Eidechsenarten endemisch. 7 Schlangen- und 5 Eidechsenarten sind sehr selten geworden. Schlangen werden überall gejagt und getötet. Zum einen gibt es unter den insgesamt 59 Arten einige sehr giftige, zum anderen spielen Schlangen in der traditionellen chinesischen Medizin eine große Rolle. Jeder Besucher Taipeis kennt wohl die berühmte "snake alley", den großen Schlangenmarkt in Taipei, wo Schlangen und Schildkröten vor den Augen staunender Touristen gequält, getötet und sofort verzehrt werden. Mittlerweile reichen die auf Taiwan gefangenen Tiere nicht mehr aus, um den lokalen Markt zu befriedigen. Die Folge ist ein steigender Import von Schlangen (Severinghaus, 1989, S.106). Durch die massive Entnahme von Schlangen aus den Ökosystemen wird eine Chance zur natürlichen Nagerkontrolle völlig verspielt. Zu den Hauptpredatoren zum Beispiel von Ratten zählen Landschlangen. Statt dessen müssen die Behörden landesweit große Mengen von Rattengift in der Umwelt verteilen, ohne jedoch das Problem wirklich lösen zu können. Ähnliches gilt für die Entnahme und Vergiftung von Amphibien, die eine nützliche Rolle beispielsweise bei der Schädlingsbekämpfung in den Reisfeldern spielen könnten.

400 Vogelarten sind für Taiwan kartiert. 61% davon sind Zugvögel, die hier auf ihrer Wanderung vom asiatischen Festland nach Südostasien Zwischenstation machen oder überwintern. Von den Standvögeln sind 10% endemisch (Severinghaus, 1989, S.108). Durch Habitatzerstörung, Überjagung und übermäßigen Eintrag von Pestiziden in die Umwelt sind über 30% der Standvögel selten geworden oder vom Aussterben bedroht. Für viele Zugvögel und Überwinterungsgäste bedeutet die rapide "Entwicklung" von Feuchtgebieten, Marschen und Wattenmeerteilen den unwiederbringlichen Verlust ihrer Quartiere. Dadurch werden auch Tierpopulationen vom asiatischen Festland in Mitleidenschaft gezogen!

Der kommerzielle Schmetterlingsfang hat erheblich zum Rückgang der mit über 400 Arten (50 davon Endemiten) einzigartigen Vielfalt der Schmetterlingsfauna beigetragen. Für viele Arten bedeutet die massive Bejagung zusätzlich zur Zerstörung ihrer Futterpflanzen und Lebensräume die Extinktion. Dies ist um so gravierender, als die Biologie und die Ökologie vieler Arten noch nicht einmal erforscht sind. Es existiert kein gesetzlicher Schutz für Schmetterlinge.

Im Jahre 1623 berichtete ein holländischer Geschichtsschreiber noch von ganzen Herden von Sika-Hirschen (*Cervus Nippon taiwanensis*). Diese Hirschart ist heute, 1992, nur noch in zoologischen Gärten und speziellen Hirschparks zu sehen (Chao Jung-tai, 1989, S.36).

Der Wildtierbestand in den noch verbliebenen, relativ unberührten Restflächen wird durch intensive Bejagung weiter reduziert. Die Jagd spielt vor allem in den Bergdörfern der Ureinwohner immer noch eine große Rolle. In vielen Dörfern gibt es mehrere professionelle Jäger neben einem Heer von Hobby- oder Freizeitjägern. Traditionell wurden bestimmte Tiere wie der Schneeleopard, die Leopardkatze und der Gelbhalsmarder nicht gejagt. Erst mit dem Verlust ihrer kulturellen Werte und der Verschlechterung ihrer Einkommensverhältnisse begannen die Ureinwohner alles zu jagen, was am Markt absetzbar war. Von alters her als Jagdwild gelten das Wildschein (*Sus scrofa*), der Sambahirsch (*Cervus unicolor*), Seral (*Capricornis crispus*) und Muntjak (*Muntjacus revesii*). Die Heranziehung der Ureinwohner zu Arbeiten im Forst eröffnet weitere Möglichkeiten der illegalen Jagd.

Eine Studie des für Naturschutz zuständigen Landwirtschaftsrates (COA) geht von einer erheblichen Beeinträchtigung des Wildtierbestandes durch illegale Jagd aus (Wang Ying, 1990, S.37/38). Das 1932 verkündete und 1960 und 1970 zweimal revidierte Jagdgesetz kann der Wilderei keinen Einhalt gebieten (Chao Jung-tai, 1989). Eine neue, für die Wildtierbestände sehr bedrohliche Entwicklung stellt das Anwachsen der unkontrollierten Rinder- und Ziegenzucht dar. Da die Ureinwohner in der Regel in nur sehr schwer zugänglichen Regionen der Zentralgebirge leben, ist eine effektive Kontrolle nahezu unmöglich. Der COA selbst besteht aus vier Sektionen, wovon nur eine mit Fragen des Naturschutzes beschäftigt ist.

Die extreme Belastung und Verschmutzung der Flüsse Taiwans (siehe Abschnitt 5.5) hat bereits lokal zum Verschwinden von Fischarten geführt (Severinghaus, 1989, S.109). Insbesondere die für Taiwan endemischen Fische besitzen eine geringere ökologische Valenz gegenüber Umwelteinflüssen und leiden daher um so mehr unter den anthropogen bedingten Veränderungen ihrer Lebensräume (Severinghaus, 1989, S.112).

Nationalparks, Schutzzonen und Erholungsgebiete

Von den 80.000 ha Wattenmeerfläche sind 11.000 ha bereits zwecks Landgewinnung verfüllt worden, und weitere 15.000 sind für eine Nutzung freigegeben (Underwood, 1992, S.60). Der neue Sechsjahresplan sieht einige große Infrastrukturprojekte vor, die darüber hinaus noch weitere Küstengebiete beeinträchtigen werden. Die zweite Nord-Süd-Autobahn sowie einige Kraftwerke (Kungliao, Sao) und ein Chemiewerk (Yunlin county) sind nur einige Beispiele für die Dimension der bevorstehenden Eingriffe. Lu Guang-yang, Ökologieprofessor an der National Taiwan Normal University, sieht keine Chance für die Wattengebiete und Marschen an der Westküste (Underwood, 1992, S.61).

Rechnet man die bestehenden und geplanten Schutzgebiete zusammen, werden in naher Zukunft ca. 12% der Fläche Taiwans unter irgendeiner Form von Schutz (Nationalparks, Naturschutzgebiete, Naturreservate usw.) stehen (Shen, 1994, S.7). Alle bestehenden und geplanten Schutzgebiete können entsprechend dem Schutzziel in drei Kategorien unterteilt werden:
1. komplexe Ökosystemschutzzonen (z.B. Nationalparks),
2. einzelne Ökosysteme mit spezieller Vegetation oder einzigartigen Tieren (z.B. die Tanshui-Mangrovenwälder),
3. Naturdenkmäler mit lokalen Besonderheiten (z.B. Taitung-Baumfarne [*Cycadaceen*]) (Severinghaus, 1989, S.119).

1982 verzeichnete der schleichende Extinktionsprozeß erstmals eine kleine Atempause. Der damalige Präsident der Republik China, Chiang Ching-kuo, verkündete das Gesetz zur Erhaltung kultureller Werte, das Wildtiere als zu beschützenden Bestandteil der Natur- und Kulturlandschaft beinhaltet. Seit 1985 werden die Wildtierimporte von Tieren wie Löwe, Tiger, Leopard und Nashorn sorgfältiger überwacht. Ein Dekret verbietet seit 1985 den Import von Rhinozeroshörnern, Tigerknochen und Leopardenfellen. Die Importe wildlebender Tiere werden in Anlehnung an die Beschlüsse der internationalen Artenschutzkonvention (CITES) überwacht, und dies, obwohl Taiwan nicht Unterzeichner dieses Abkommens ist. Darüber hinaus wurde in Taiwan eine TRAFFIC-Filiale eingerichtet (Sheng, 1993). Die steigenden Bemühungen der Regierung, den illegalen Handel mit geschützten Tieren zu unterbinden, lassen an Effizienz jedoch immer noch zu wünschen übrig. Im März 1994 forderten internationale Wildtierschutzorganisationen deshalb erneut Handelssanktionen gegen Taiwan (Sheng, 1994, S.2).

Seit 1989 existiert ein Naturschutzgesetz (Wildlife Conservation Law),[54] das aber - so kritisieren taiwanesische Naturschützer - nicht die Lebensräume der wildlebenden Pflanzen und Tiere schützt (Underwood, 1992, S.67). Darüber hinaus wird es sehr schwierig sein, Natur- oder Tierschutzgesetze effektiv umzusetzen. Zum einen sind die Bergregionen Taiwans nur schlecht zu kontrollieren, zum anderen ist das Bewußtsein für einen ausgeprägten Tierschutz in der Bevölkerung noch nicht vorhanden. Der Rat für Landwirtschaft (COA), der unter anderem auch für Fischerei, Natur- und Artenschutz zuständig ist, gibt nur ein Prozent seines Haushaltes für Naturschutz aus (Underwood, 1992, S.67). Die nationale Polizeibehörde veröffentlichte im Dezember 1993 Pläne zur Einrichtung einer speziellen, 342 Mitarbeiter starken Eingreiftruppe zur Durchsetzung der Gesetze zum Schutz wildlebender Tiere und Pflanzen (Yu Susan, 1993).

Allerdings existieren immer noch beachtliche Widerstände. Nach wie vor überwiegt das Tiernutz- gegenüber dem (Wild-)Tierschutzgedanken. Mit steigendem Lebensstandard wächst der Markt für Produkte der traditionellen chinesischen Medizin wie etwa Nashornpulver, Tigerknochen und Schlangeninnereien. Des weiteren herrscht in der chinesischen Vorstellung von Natur ein "Parkgedanke" vor, der sich sicherlich nicht mit den ökologischen Konzepten einer echten Naturlandschaft deckt (vgl. Abschnitt 2.1.2). So ist folgendes Resümee der Studie *Taiwan 2000* zum Arten- und Biotopschutz nicht verwunderlich:

> Other natural resource systems are also under heavy pressure and show many signs of depletion and deterioration. No undisturbed representatives of the islands most species-rich ecosystems can be found, for instance, and existing and planned park systems are seriously deficient in terms of providing protection for natural ecological systems. Meanwhile, the expanding network of roads continues to bring the pressure of hunting, fishing, collecting and other forms of exploitation to regions previously protected by their remoteness. Mining and logging have further scarred much of the landscape. *Taiwan 2000*, S.V)

Mehrere private Naturschutzorganisationen versuchen, sich gegen den negativen Trend im Naturschutz zu stemmen. Die Society for Wildlife and Nature (SWAN) und die Wild Bird Society of the ROC (WBSROC) kämpfen seit 1982 respektive seit 1988 für den Erhalt der Tierwelt und deren Lebensräume.

In der Republik China auf Taiwan existiert keine Vorschrift, die die Ausweisung von Schutzgebieten zentral und allgemeinverbindlich regelt. Mehrere Behörden und Institutionen auf unterschiedlichen Verwaltungsebenen zeichnen für die Ausweisung und den Schutz bestimmter Flächen verantwortlich. Infolge des "Gesetzes zum Schutz kultureller Werte" entstanden unter der Ägide des Innenministeriums (COA) neun Naturschutzgebiete. Für die Verwaltung dieser Naturschutzgebiete sind insgesamt fünf (!) verschiedene Regierungsstellen zuständig (COA, 1993, S.10). Dies kompliziert die Koordination und damit die Effizienz einer vernünftigen Naturschutzplanung (Wang, 1989, S.6).

1982 begann die Zentralregierung bzw. das Innenministerium mit der Einrichtung von vier Nationalparks auf einer Fläche von insgesamt 226.677 ha (Severinghaus, 1989, S.116). In Yushan, Yangminshan, Kenting, der Taroko-Schlucht und in Shei-Pa (1992) entstanden seitdem Gebiete mit Vorrang für Naturschutz. Die Ausbeutung von natürlichen Ressourcen ist in diesen Gebieten strengstens verboten, und Störungen durch Menschen sollen auf ein Minimum reduziert werden. In der Planung sind weitere Nationalparks auf der Orchideeninsel (Lanyu) und auf den Quemoy-Inseln. Die Tatsache, daß eines der bisher drei Atomkraftwerke Taiwans mitten in einem dieser Nationalparks errichtet wurde, zeigt die "Ernsthaftigkeit", mit der diese ökologischen Vorrangzonen geschützt werden!

Das in die Zuständigkeit der Provinzverwaltung Taiwans fallende Forstwirtschaftsbüro hat sieben Schutzzonen mit einer Gesamtfläche von 6.600 ha eingerichtet (*Taiwan 2000*, S.116; COA, 1993, S.25). Nach Angaben des COA existierten 1993 insgesamt 15 Naturreservate, 20 Naturschutzgebiete und 2 Wildtierschutzzonen. Darüber hinaus hat die Bau- und Planungsabteilung des Innenministeriums 11 Küstenschutzzonen in Planung oder bereits deklariert. Die nationale Tourismusbehörde weist ebenfalls besondere Gebiete aus, die vor weiterer "Entwicklung" bewahrt werden sollen. Tabelle 18 gibt einen Überblick über die wich-

Tabelle 18: Bestehende und zum Schutz vorgeschlagene Nationalparks, Küstenschutzzonen und Naturreservate (Auswahl)

Zuständige Behörde	Status (Gesetz)	Schutzgebiet Gründungsjahr, Schutzobjekt	Fläche (ha)
Innenministerium/ Nationalparkverwaltung	Nationalpark (Nationalparkgesetz)	Kenting (seit 1984)	32.631
		Yushan (seit 1985)	105.490
		Yangmingshan (seit 1985)	11.456
		Taroko-Schlucht (seit 1986)	92.000
		Shei-Pa (seit 1992)	76.850
		Lanyu (vorgeschlagen) (?)	k.A.
		Quemoy-Inseln (vorgeschlagen) (?)	k.A.
Rat für Landwirtschaft (COA)		Naturreservate (Gesetz zum Schutz kultureller Werte)	
Forstwirtschaftsbüro		Tanshui (Mangrovenwälder)	76,41
Forstwirtschaftsbüro		Pinlin (*Keteleeria davidiana var. formosana*, endemische Tannen)	34,6
Abteilung für Wiederaufbau (Regierung von Taipei Stadt)		Kuantu (Wasservögel)	55,0
Abteilung für Forstentwicklung (VACRS)		Yuanyang-See (seltene Wasserpflanzen, einzigartiges Mikroklima)	374,0
Forstwirtschaftsbüro		Miaoli Sanyi Honyenshan (chines. rote Pinie)	219,04
Forstwirtschaftsbüro		Chuyunshan (Süßwasserfische, seltene Tier- und Pflanzenarten, Naturwald)	6.248,74
Forstwirtschaftsbüro		Taitung *Cycas* Nature Reserve (Taiwan *Cycadacee*)	290,46
Forstwirtschaftsbüro		Tawu-Berg (Tierwelt, z. B. Schneeleopard)	47.000,0
Forstwirtschaftsbüro		Chatienshan (Hartholzmischwald)	7.759,17
Forstwirtschaftsbüro		Nanao Hartholzwald (Wald der gemäßigten Breiten, seltene Tier- und Pflanzenarten)	200,00
Forstwirtschaftsbüro		Tawu-Berg (*Amentotaxus formosana*, endemische Tannen)	86,4
Taiwan Waldforschungsinstitut		Hahpen (immergrüner, breitblättriger Laubwald)	332,7
Penghu Kreisregierung		Penghu Säulenbasalt Schutzgebiet	19,3
Abteilung für Wiederaufbau (Regierung von Kaohsiung Stadt)		Wushanting "Mud Volcano"	4,89
Tourismusbehörde	"Scenic Areas"	Einrichtung mehrerer Gebiete (?), die vor weiterer Entwicklung bewahrt und für den Tourismus ausgebaut werden sollen	?
Innenministerium - Bau- und Planungsabteilung	Küstenschutzzonen	Lanyang, Suhua, Huatung, Chiupeng, Kenting, Chienshan, Peimen, Haomeiliao, Changyunchia, Tanshui, Nordküste	?

? = keine Daten
Quelle: EPA, 1991b, S.193-196; Severinghaus, 1989, S.117-118; Wang, 1989, S.6/7; Shen, 1994, S.7; COA, 1993, S.25 u. 32 (eigene Darstellung).

tigsten Schutzgebiete und die zuständigen Behörden. Infolge der Aufsplitterung der theoretischen und räumlichen Kompetenzen ist es nahezu unmöglich, ein schlüssiges, landesweites Naturschutzkonzept zu entwerfen und durchzusetzen. Selbst innerhalb einer Behörde teilen sich wieder mehrere Abteilungen Zuständigkeiten über ein und dieselbe Fläche (Wang, 1989, S.6). Einzelerfolge wie die Verhinderung einer vierten Ost-West-Straßenquerung mitten durch den Yushan-Nationalpark können nicht über die mangelnde Widerstandskraft gegen den von allen Seiten auf die Schutzgebiete einwirkenden Nutzungsdruck hinwegtäuschen - ganz zu schweigen von der dringend erforderlichen Unterschutzstellung weiterer Flächen.

Ein spezifisches Problem stellt die Experimentierfreude von Regierungsstellen in bezug auf den Import exotischer Tier- und Pflanzenarten dar. Die bisherige Praxis hat gezeigt, daß der unkontrollierte Import zu erheblichen Belastungen und Schädigungen der Ökosysteme in Taiwan führen kann.[55] Statt dessen sollten Möglichkeiten gesucht werden, einheimische Arten zu kultivieren und für den Menschen nutzbar zu machen.

Den Wettlauf mit der Zeit um die Erhaltung der letzten Biotope und Arten formuliert ein taiwanesischer Naturschützer anschaulich so: "Vor sieben Jahren nahmen wir 200 Leute mit, um 2.000 bis 3.000 Enten ... zu beobachten. Heute nehmen wir 3.000 Leute mit, um nur ca. 100 Enten zu sehen." (Underwood, 1992, S.71)

Zusammenfassend läßt sich sagen, daß der Naturschutz weiterhin das Stiefkind der taiwanesischen "Umwelteuphorie" bleibt. Zwar profitieren die wenigen Naturschützer von der allgemeinen "grünen Welle". Jedoch sind weder genügend Gelder noch ausreichend qualifizierte Fachkräfte vorhanden, um einen effizienten Schutz zu gewährleisten - von umfassender Planung, Erziehung und Aufklärung ganz zu schweigen. Severinghaus (1989, S.124) schließt seine Darstellung der ökologischen Probleme Taiwans mit folgenden Worten:

The cause for concern here is not that a few butterflies will disappear. Rather it is that all the problems just listed above ... have a negative impact upon Taiwan's natural resource base. It is that resource base upon which the people's welfare ... depend.

5.4 Probleme der Energieversorgung

Der ökonomische Erfolg Taiwans ist mit einem hohen Mehrbedarf an Energie verbunden. So stieg der Energieverbrauch in Öleinheiten (OE) von 9 Mrd.l (= 13,1 Mrd.kg SKE) 1969 auf 47 Mrd.l (68,3 Mrd.kg SKE) 1989. Der Pro-Kopf-Energieverbrauch erhöhte sich in demselben Zeitraum von 660 l OE (959,6 kg SKE) jährlich auf 2.346 l OE (3409,6 kg SKE). In der Zeit von 1954 bis 1987 stieg das Bruttosozialprodukt um das Fünfzehnfache, während sich der Energieverbrauch um das Sechzehnfache erhöhte.

Eine stabile und kostengünstige Energieversorgung ist die Voraussetzung für eine solide und kontinuierliche Wirtschaftsentwicklung. Diese alles überlagernde

Prämisse wird erst seit kurzem von einer immer heftigeren Diskussion über die Sozial- und Umweltverträglichkeit bestimmter Energieträger modifiziert.

Tabelle 19: Struktur der Energieversorgung in Taiwan

Einheimische Energieträger	1971 %	1981 %	1988 %	1990 %
Kohle	21,19	5,11	1,64	0,56
Erdöl	0,95	0,55	0,27	0,31
Erdgas	8,42	5,06	2,71	2,25
Wasserkraft	6,06	3,61	2,97	3,51
SUMME	36,61	14,34	7,60	6,64
Importierte Energieträger	1971	1981	1988	1990
Kohle	0,06	10,53	24,59	23,18
Ölprodukte	63,33	67,09	53,00	54,48
Uran	-	8,04	14,81	14,09
Flüssiggas	-	-	-	1,61
SUMME	100	100	100	100

Quelle: *Yearbook R.O.C.*, 1991/92, S.225.

Tabelle 19 gibt einen Überblick über die Struktur der Energieversorgung bis 1990. Schätzungen für das Jahr 2000 gehen von einem größeren Anteil (31%) der Kohle an der Energieversorgung bei einem Rückgang des Erdöls (41%) und einer gleichzeitigen Zunahme von Erdgas (11%) aus (*Yearbook R.O.C.*, 1991, S.228). Der Anteil der Kernkraft wird voraussichtlich auf 13% zurückgehen.

Die im eigenen Land verfügbaren Energiereserven in Form von Naturgas, Kohle und Wasserkraft sind gering oder nur unter sehr hohen ökologischen (Wasserkraft) und ökonomischen Kosten (Kohle) zu nutzen. Deshalb war und ist die rapide Entwicklung der taiwanesischen Wirtschaft zu 90% an die Einfuhr von fossilen Energieträgern, vor allem Erdöl gebunden. Das relativ große Potential an Wasserkraft wurde weitgehend ausgeschöpft, mit der Folge, daß nahezu alle größeren Flüsse durch Staudämme versperrt sind. Für die Gewässerökologie, für Temperatur und Schwebstoffgehalte, für flußbegleitende Auengebiete und Kieszonen sowie für die überfluteten Flußtäler ist die Nutzung der Wasserkraft negativ zu bewerten (vgl. Hauser, 1991, S.549/550). Erdwärmekraftwerke können die Umwelt durch schwermetallbelastete Abwässer, Emissionen von Schwefelwasserstoffen und Landsenkungen schädigen (Simmons, 1993, S.109/110; Hauser, 1991,

S.549). Das theoretische Potential der Erdwärme wird von Kang (1984, S.14) auf ca. 970 Megawatt (MW) geschätzt. Seit 1981 steht im Nordosten Taiwans, im Landkreis Ilan, ein 3-MW-Pilotprojekt zur Nutzung der Erdwärme (Kang Kuo-yu, 1984, S.13; *Yearbook R.O.C.*, 1991, S.227). Andere regenerative Energien wie Wind-, Meeres- und Solarenergie sowie Biogasnutzung werden seit den sechziger Jahren erforscht. Allerdings sind die Techniken nie über das Stadium von Pilotanlagen hinausgekommen. Auf Chimei steht eine Windenergieanlage von 200 Kilowatt (KW) Leistung, und auf ganz Taiwan sind 200.000 m^2 Sonnenkollektoren installiert (*Yearbook R.O.C.*, 1991, S.227). Kang gibt den möglichen Beitrag regenerativer Energieträger zum nationalen Energiemix für das Jahr 2000 mit 3,3% an; zur Zeit liegt ihr Anteil bei lediglich 0,2% (*Yearbook R.O.C.*, 1991, S.228).

Die Verbrennung fossiler Energieträger trägt maßgeblich zur Luftbelastung und zum weltweiten Treibhauseffekt bei. Im industriellen Bereich waren Kraftwerke im Jahre 1985 für insgesamt 24,6% (1981: 37,9%) des Gesamtausstoßes an Schwefeloxiden und für insgesamt 23,7% (1981: 27,6%) aller emittierten Stickoxide verantwortlich (Tang, 1990, S.476/477).

Zur Zeit werden Kohle, Erdöl, Erdgas, Erdwärme, Wasserkraft und Kernkraft zur Energieerzeugung eingesetzt. 1989 gab es insgesamt 56 Kraftwerke auf Taiwan (35 Wasser-, 18 thermische und drei Atomkraftwerke) mit einer installierten Gesamtleistung von 16.594 MW (Moea, 1990, S.17). 1978 startete Taiwans ehrgeiziges Atomprogramm mit der Inbetriebnahme des ersten Atomkraftwerkes in Chinshan. Die beiden nächsten folgten 1981 (ebenfalls dort) und 1984 in Kenting. Insbesondere das dritte Atomkraftwerk verursachte aufgrund seines Standortes mitten im Nationalpark Kenting erhebliches Aufsehen. Im Dezember 1984 verkündete die staatseigene taiwanesische Energiegesellschaft (Taipower) Pläne für die Konstruktion eines vierten Atomkraftwerkes in Kungliao an der Nordostküste Taiwans. Bis zum Jahr 2000 sollten 20 nukleare Anlagen den gesamten Strombedarf Taiwans decken (Rosenthal, 1989, S.1). Jedes dieser Kraftwerke besteht aus zwei Reaktoren mit einer Gesamtleistung von 5.144 MW. Dies sind 35% der von Taipower benötigten 13.000 MW bei einer Sicherheitsreserve von 50%. Zusammen mit Frankreich, Belgien, Südkorea und Schweden gehört Taiwan damit zu den am meisten von Kernenergie abhängigen Staaten der Erde. 1985 stammten 52,4% der produzierten Elektrizität aus Kernkraftwerken, 1989 waren es nur noch 35,2% (CEPD, 1990).

Im Juli 1985 ereignete sich im Kernkraftwerk Nummer 3 bei Kenting ein schwerer Unfall, der Schäden in Höhe von 300 Mio.US-$ und eine Zwangsstillegung von 15 Monaten verursachte. 1987 ereignete sich ein weiterer Störfall in diesem Werk. Nach Aussagen von Taipower handelte es sich um einen Brand im Turbinengehäuse, also im nichtradioaktiven Teil. Das Werk mußte die Stromerzeugung vorübergehend einstellen. 1986 wurden vier Mitarbeiter des dritten Atomkraftwerkes bei einem Unfall radioaktiv verseucht. 1987 fand die nationale Atombehörde bei einer überraschenden Inspektion bei den Atomkraftwerken 1 und 2 die Nachtschicht schlafend vor (Chang M. Mau-kuei, 1989, S.123).

Der Bau des vierten Atomkraftwerkes wurde bereits 1980 vom Wirtschaftsministerium in Erwägung gezogen, verzögerte sich jedoch aufgrund der ökonomischen Krise Anfang der achtziger Jahre. Im Sechsjahresplan 1991-96 hat die Regierung den Bau wieder fest eingeplant (Statistisches Bundesamt, 1991, S.64). Gegen die Errichtung weiterer Atomanlagen bestehen heute seitens der Bevölkerung erhebliche Bedenken, die sogar Formen des gewalttätigen Widerstandes angenommen haben (FEER, 17.10.91, S.16), und dies, obwohl der staatliche Energiemonopolist in Erwartung von Widerstand von April bis Juni 1989 für 460.000 US-$ eine Propagandakampagne für ein viertes Atomkraftwerk durchführte (Liu, 1990, S.2). Allerdings reagierten die Betroffenen anders als erwartet. Eine Befragung basierend auf 404 Haushalten ergab, daß die Kampagne von Taipower keineswegs zu einer Reduzierung der Bedenken beigetragen hatte. Information und Kompensationsversprechungen in Höhe von 10,6 Mio. US-$ hatten die Bevölkerung lediglich weiter sensibilisiert: 1988, vor der Informationsreihe von Taipower, hatten sich 42% für das vierte Atomkraftwerk ausgesprochen, 31% dagegen, und 27% keine Meinung geäußert. 1989, nach der Aufklärungsaktion, bekundeten 46% Zustimmung, 34% Ablehnung; der Prozentsatz der Befragten, die keine Meinung zur Kernenergie äußerten, ging auf 20% zurück (Liu, 1990, S.3). Im Mai 1994 stimmten 96% der erwachsenen Bevölkerung Kungliaos (geplanter Standort des vierten Atomkraftwerkes) gegen die Errichtung des Atomkraftwerkes in ihrem Ort (Hwang, 1994, S.57).[56]

Taiwans Energieversorgung steckt in einem schwierigen Zielkonflikt. Mit eigenen fossilen Energieträgern nur gering ausgerüstet, muß das Land nach kostengünstigen, ständig und problemlos verfügbaren Energiequellen Ausschau halten. Jedoch gehört Taiwan zu den dichtestbesiedelten Ländern der Erde, zudem liegt die Insel in einer tektonisch aktiven Region, und es gibt aufgrund ihrer Topographie wenige Alternativen bei der Standortwahl für Kraftwerke. Die bereits existierenden ersten drei Reaktoren und das geplante vierte Werk liegen im Bereich der aktiven Ta-Tun-Vulkangruppe. Die Entfernung zur größten Stadt mit 5 Millionen Einwohnern beträgt 12 km. Evakuierungen sind auf Grund der Insellage, der extremen Verkehrsverhältnisse und der Menschenmassen praktisch nicht durchführbar. Neben der Möglichkeit einer Katastrophe in Form eines größten anzunehmenden Unfalles (GAU) bewegt die Bürger Taiwans die Sorge um die Sicherheit der Nuklearanlagen im Normalbetrieb. Gelegentliche Berichte und Skandale über Leckagen und Brände in den Atomkraftwerken untergraben das Vertrauen in die technischen und logistischen Fähigkeiten von Taipower. Dem Verfasser liegen verläßliche Aussagen eines amerikanischen Umweltexperten vor, in denen dieser den zuständigen taiwanesischen Behörden unverantwortliche Mängel und Hilflosigkeit im Umgang mit radioaktivem Material bescheinigt. Die Zwischen- oder Endlagerung von radioaktivem Material ist ebenfalls sehr umstritten. Nachdem das Versenken im Meer in die Kritik geraten war, begann Taipower den "leicht strahlenden" Müll auf der Orchideeninsel, im Südosten Taiwans gelegen, abzulagern. Diese kleine Insel wird von einer der neun Minoritäten Taiwans, den Yami, bewohnt. Es besteht demnach Grund zur Annahme, daß hier gefährlicher Abfall auf Kosten einer nichtchinesischen Minorität und gegen deren Widerstand entsorgt wird. Auf das Argument, daß der radioaktive Abfall nur leicht strahlend und daher völlig ungefährlich sei, entgegnete der Anführer der lokalen Anti-Nuklear-Bürgerinitiative, Shy Nu-lai, mit der Frage, "warum sie es dann nicht im Norden Taipeis lagerten." (Interview mit Shy Nu-lai 1990).

Mit der politischen Annäherung an die Volksrepublik China werden seit Anfang der neunziger Jahre konkrete Möglichkeiten eines gemeinsamen "Endlagers" für radioaktiven Müll im Westen der VR China oder im Südchinesischen Meer diskutiert (FAZ, 14.4.1993). Die Standortfrage wie die Entsorgungsproblematik eines Atomkraftwerkes gestalten sich auf Grund der speziellen geographischen Verhältnisse in Taiwan noch schwieriger, als dies bei der friedlichen Nutzung der Kernenergie ohnehin bereits ist. Auch im Falle der Energieversorgung, ähnlich wie bei der Raumordnungsplanung, wurden und werden die taiwanesischen Wirtschaftsplaner von den Folgen des Wirtschaftsbooms quasi überrollt. Diese Feststellung kann angesichts der anderen Umweltprobleme und gesellschaftlichen Streßfaktoren nicht genügend betont werden. Lin Wu-nan (1988, S.38) beendet seinen Artikel "Managing Nuclear Wastes in Taiwan" mit der Feststellung:

> In other words small islands outside of Taiwan, no matter how small their present population, can not be considered "remote"... In addition, due to its extremely active tectonics, Taiwan has very complex geology. It is very difficult to find a basaltic or shale formation that is continuous, homogenous, stable and big enough to accommodate high-level wastes. Last, but not least, Taiwan's subtropical weather conditions calls for special attention on studying hydrological (both surface and underground) problems.

Zusätzliche Probleme bereitet die internationale Isolierung Taiwans. Eine Kontrolle der atomaren Einrichtungen Taiwans durch die Internationale Atomenergiebehörde ist nicht möglich. Ebenso fehlt der direkte Zugang zu neuen Sicherheitstechnologien (Rosenthal, 1989, S.4). Daß die taiwanesische Atomenergiebehörde kein sehr verläßlicher Kontrolleur der Atomindustrie ist, zeigt eine 1993 aufgedeckte Affäre mit radioaktivem Baustahl. Taiwanesische Werften hatten mit Kobalt 60 verstrahlten Schiffsschrott als Stahlträger für Neubauten verwendet. Obwohl die Belastung der Bewohner mit 13 rem pro Jahr weit über dem von der Internationalen Atomenergiebehörde zulässigen Wert von 0,2 rem liegt, sieht die taiwanesische Atomenergiebehörde keinen Handlungsbedarf. Dieser Behörde ist bereits seit 1982 bekannt, daß radioaktiver Baustahl im Handel ist. Insgesamt gelten ca. 110.000 Wohnungen in Taiwan als radioaktiv belastet (Greenpeace Magazin, 1/93, S.9).

In Anbetracht der in vielfacher Hinsicht besonderen Situation Taiwans stellt sich die Frage, ob nicht auf die Nutzung der Atomenergie verzichtet werden könne? Die Atomkraftgegner fordern massive Energieeinsparungen, also das sogenannte "Negawatt-Kraftwerk". Edgar Lin rechnet Taiwan zu den Ländern mit der höchsten Energieverschwendungsquote der Welt. Nach seinen Berechnungen könnte der Energieverbrauch allein durch Einsparmaßnahmen um 20% gesenkt werden (Bang, 1988, S.2). Professor Yu Yuan-huan, Umweltingenieur an der National Taiwan University, kritisiert die Verbrauchsprognosen von Taipower, die nicht erkennen lassen, auf Grundlage welcher Daten die Berechnungen gemacht wurden.

> They just said that a plant needs to be built. The energy requirement and environmental impact assessment should be done by a neutral agency. The academic institutions that do the research for Taiwan Power are funded by Taiwan power. (Bang, 1988, S.40)

Darüber hinaus existiert, wie oben bereits beschrieben, ein hohes Potential an erneuerbaren Energieträgern (Cohen, 1988, S.97). Erdwärme, Solar- und Windenergie könnten einen weitaus größeren Beitrag zur Energieversorgung leisten, wenn entsprechende Finanzmittel in die Forschung und Entwicklung fließen würden. Der Präsident des staatlichen Strommonopolisten Taipower sieht die Zukunft der Energieversorgung allerdings ganz anders:

> Nuclear power generation is the cleanest, cheapest, and simplest in fuel handling and storage type of thermal power generation. ... it's safety record is the most perfect one among all the modern technologies. ... The relative weight of nuclear power development ... is expected to gradually increase. (Chu, 1984, S.4)

Im neuen Sechsjahresplan 1991-96 sind unter anderem Investitionen in energiesparende Technologien und regenerative Energieträger vorgesehen (CEPD, 1992, S15/16). Inwiefern diese Gelder zu einer prinzipiellen Änderung der Energiepolitik beitragen helfen, läßt sich schwer vorhersagen. Die Entscheidung zum Bau des vierten Atomkraftwerkes deutet eher auf ein Fortführung der bisherigen Energiepolitik hin.

5.5 Wasserverbrauch und Wasserverschmutzung

Von den durchschnittlich 90 Mrd.m^3 Niederschlag, die die Insel jährlich erreichen, fließen ca. 73% relativ schnell über die kurzen Flüsse ins Meer. Aufgrund der saisonal und regional sehr unterschiedlichen Regenmengen - 78% der Niederschläge fallen in der Zeit zwischen Mai und Oktober - und der kurzen Strecken der Fließgewässer gestaltet sich eine Nutzung der Oberflächengewässer sehr schwierig (Tang, 1990, S.347). Regionale Disparitäten in der Niederschlagsverteilung, Degradation der als Wasserspeicher dienenden Wälder, Übernutzung und Verschmutzung der Grund- und Oberflächengewässer, Sedimentation und Eutrophierung der Talsperren sowie der Eintrag von Problemstoffen in die Küstengewässer haben die Wasserproblematik zu einem umweltpolitischen Schwerpunkt werden lassen. Die aufgrund lokalen Mangels an sauberem Wasser notwendigen Ferntransporte sind sehr störanfällig und verursachen hohe Kosten.

Die ca. 151 Flüsse und Bäche sind allesamt sehr kurz und die Kapazität der Einzugsgebiete ist relativ gering. Dadurch ist auch die Wasserführung der Fließgewässer stark von Regen und Trockenzeiten geprägt. Zur Deckung des Trink- und Brauchwasserbedarfs für Siedlungsgebiete wie für Landwirtschaft und Industrie ist ein starker Rückgriff auf das Grundwasser notwendig. Insgesamt werden ca. 3,8 Mio.m³ pro Jahr entnommen; bei einer Grundwasserrücklaufrate von ca. 4 Mio.m³. Folgerichtig konstatiert Severinghaus (1989, S.65) eine Übernutzung der Grundwasserreserven:

> In recent years 95% (exceeding 3.8 billion cubic meters) of available groundwater has been used, and the groundwater supply of many areas has already been overdrawn, resulting in land subsidence and increased alkalinity in the soil.

Alle zehn Jahre steigt der Trinkwasserverbrauch der Privathaushalte um ca. 27%. 1991 verbrauchten Taiwans Haushalte insgesamt 2,5 Mrd.m³. Pro Tag und Einzelperson macht dies ca. 298 Liter Trinkwasser (BRD 1992: ca. 138 Liter) (Directorate-General of Budget, 1994, S.14). Die Industrie mit 1,5 Mrd.m³ und die Landwirtschaft mit 13,6 Mrd.m³ Verbrauch sind die beiden anderen Großabnehmer von wertvollem Trinkwasser (Chiu, 1994, S.7). Ausgebliebener Taifunregen führte 1994 zu erheblichen Engpässen in der Versorgung mit Trink- und Brauchwasser. Im Südwesten mußten 75.000 ha Ackerland unbebaut bleiben, weil kein Wasser für die Bewässerung zur Verfügung stand (Chiu, 1994, S.7). Die geringen Wasserstände in Flüssen und Reservoirs führen zu einer relativ höheren Belastung durch Schadstoffeinträge aus Industrie, Haushalten und Landwirtschaft.

Die Entnahme von Grundwasser reicht bei weitem nicht aus, um den "Durst" der Städte, der Industrie und der Landwirtschaft zu stillen. Mit Hilfe von 84 Staubecken (Gesamtkapazität 1,9 Mrd.m³) versuchen die taiwanesischen Behörden, den steigenden Bedarf an Frischwasser zu decken (Tang, 1990, S.347). Bis zum Jahre 2001 plant das Wirtschaftsministerium vier neue Talsperren, von denen die größte, das Meinung-Reservoir, ein Fassungsvermögen von 400 Mio.m³ haben und der Bau 2,6 Mrd. US-$ kosten wird (Chiu, 1994, S.7). Kritiker halten der Regierung entgegen, daß auch diese neuen Reservoirs den weiter steigenden Bedarf nur bis zum Jahre 2021 decken können (Chiu, 1994, S.7). Sinnvoller ist es nach Ansicht der Naturschützer, durch geeignete Preise, Gesetze, technische Hilfsmittel und Aufklärung den Wasserverbrauch von Landwirtschaft, Industrie und Haushalten zu senken. Daß hier ein großer Handlungsbedarf besteht, zeigen folgende Beispiele: selbst während des extremen Wassermangels im Frühjahr 1994 nahm der Wasserverbrauch der Haushalte weiter zu. Der Wasserpreis ist seit 13 Jahren nicht mehr gestiegen und liegt zur Zeit bei etwa 0,2 US-$ (0,34 DM) pro m³.[57] Während in Japan 75% und in Kalifornien 60% des industriellen Brauchwassers wiederaufbereitet werden, erreicht die Recyclingquote in der taiwanesischen Industrie gerade 20% (Chiu, 1994, S.7).

Taiwans Wasserprobleme sind bereits sehr lange bekannt und erkannt. Von insgesamt zwölf wissenschaftlichen Arbeiten über die Problematik der Wasserverschmutzung in Taiwan in der Zeit von 1945 bis 1973 stellt der WHO-Report von Klassen aus dem Jahre 1966 die aussagekräftigste und am meisten beachtete Untersuchung dar. Bereits 1966 beschrieb dieser offizielle Report die extreme Belastungssituation der taiwanesischen Wasserversorgung:

1. Taiwan hat ein ernsthaftes, inselweites Wasserverschmutzungsproblem, das praktisch alle Nutzungsarten von Wasser beeinträchtigt.
2. Es besteht die Gefahr, daß ein Großteil der Wasserreserven Taiwans zerstört werden.
3. Bestehende Gesetze sind völlig unzureichend, um die massiv zunehmende Belastung zu reduzieren. (Selya, 1974, S.178/179 [aus dem Englischen übersetzt])

Als Reaktion auf diesen Report wurde die Kontrollkommission für Wasserverschmutzung gegründet (WPCC = Water Pollution Control Commission). Es folgte eine Reihe von Gesetzen, die zumindest dazu dienten, das Bewußtsein für die Ressource Wasser zu schärfen. Mehr Wirkung hatten die neuen Gesetze, wie der heutige schlechte Zustand von Oberflächengewässern und Grundwasser zeigt, allerdings nicht. Die Trinkwasserverschmutzung hat im wesentlichen vier Quellen: Haushaltsabwässer, Industrieabwässer, Sickerwasser aus Deponien und kontaminierte Flächen sowie Abwässer aus Tierhaltung und Fischzucht. Im Bereich der Küstengewässer kommen als Verschmutzungsquellen noch die internationale Schiffahrt und das Versenken von Industriemüll hinzu. Die Gesamtabwassermenge wurde, wie Tabelle 20 zeigt, für 1987 auf rund 7,6 Mio.m³ pro Tag geschätzt (Chien, 1990).

Tabelle 20: Menge und Herkunft des in Taiwan anfallenden Abwassers (1987)

Herkunft	Menge in m³	Menge in %	Konzentration (BSB) *
Haushalte	4.484.000	59	832 t (25%)
Industrie	2.730.000	36	1.805 t (54%)
Tierhaltung	360.000	5	718 t (21%)
Sickerwässer	k.A.	k.A.	k.A.
SUMME	7.575.000	100	3.350 t (100%)

* = Menge an Sauerstoff, die benötigt wird, um die organische Substanz abzubauen, indirektes Maß für die Konzentration an organischer Belastung
Quelle: Chien, 1990, S.4.

Eine geregelte, flächendeckende Abwasserreinigung ist praktisch nicht existent. Die Anschlußquote an die öffentliche Kanalisation liegt bei durchschnittlich 3,3% (Chiu, 1994, S.7). Im Vergleich dazu liegen die USA mit 74%, Japan mit 36% und Deutschland mit 86,5% Anschlußquote wesentlich höher (Chien, 1990, S.4). In der Hauptstadt Taipei sind es weniger als 11%, nach einer anderen Studie 17% (TÜV Essen, 1991, S.4.4.1-2). Hauskläranlagen sind nach offizieller Darstellung teilweise vorhanden, jedoch wird deren Reinigungsleistung als sehr gering eingeschätzt. Eine Folge dieser Situation ist Taiwans Spitzenstellung in der internationalen Hepatitisstatistik (*Taiwan 2000*, S.19).

Das Ausmaß der Verschmutzung wie auch die Vielfalt der Probleme bei der Lösung lassen sich sehr anschaulich am Beispiel des Tanshui aufzeigen (vgl. You und Lin, 1986). Der Unterlauf des 103 km langen Flusses, an dem die heutige Hauptstadt Taipei entstanden ist, präsentiert sich als eine von Unrat übersäte Kloake. Fäkalien von sechs Millionen Menschen, Fabrikabwässer, Abfälle aus Tiermastbetrieben und Sickerwässer von legalen und illegalen Deponien gelangen zu 97% ungereinigt in den Fluß. "Das Resultat ist ein toter Fluß, der nicht nur für die Erholung unbrauchbar geworden ist, sondern auch ein großes Gesundheitsrisiko darstellt." (Mindich, 1992, S.6-19)

Bemühungen zur Reduzierung des Schmutz- und Gifteintrages in das Gewässersystem des Taipei-Beckens starteten bereits 1971. Zu dieser Zeit verschmutzten erst 2,5 Millionen Menschen, 3.124 Fabriken und 50 Kohlenbergwerke die Gewässer (Selya, 1974, S.181). Eingeleitet wurde nahezu alles: Schwermetalle, Phenole, Öle, Ammonium, Eisen, Mangan, Zyanide, Arsen, chlorierte Kohlenwasserstoffe usw. Damals bereits äußerten Mitarbeiter der zuständigen Planungsbehörde TASPC (Taiwan Area Sewerage Planning Committee) Befürchtungen über eine bevorstehende Vergiftung von großen Teilen der Bevölkerung durch verseuchtes Trinkwasser (Selya, 1974, S.182).

1968 und 1970 ergaben zwei Untersuchungen eine starke Zunahme von Wurmerkrankungen bei Schulkindern in Taipei. 25% dieser Wurmerkrankungen wurden auf die extreme Belastung der Oberflächengewässer zurückgeführt (Selya, 1974, S.183). 1972 begann man schließlich, sich auch über die ökologischen Folgen der Gewässerverschmutzung erste Gedanken zu machen. Seit 1987 ist die Säuberung des Flusses ein Hauptanliegen der neu gegründeten, nationalen Umweltschutzbehörde (TEPA). Geschehen ist bis heute (1992) sehr wenig. Probleme mit dem Wirrwarr von Verwaltungszuständigkeiten, Landeigentumsfragen, illegalen Bebauungen sowie der riesigen Dimension des Projektes haben jede Aktivität de facto erstickt. Das Tanshui-Problem beinhaltet alle drängenden Probleme Taiwans auf kleinem Raum: Korruption, Vetternwirtschaft, mangelndes Know-how, sehr hohen Problemdruck, mangelhafte Planung. 1998 wird mit der Fertigstellung einer neuen, 1.150 km langen Kanalisation, die theoretisch alle Abwässer sammeln soll, begonnen. Nach Behandlung in einer (noch zu errichtenden) Kläranlage werden die grob gereinigten Abwässer dann über eine unterirdische Pipeline in das offene Meer gepumpt. Jedoch wird die Anschlußquote an das neue Kanalnetz bis 1998

40% nicht überschreiten. Die meisten Wohnungen müßten komplett umgebaut werden, um an das neue Kanalnetz angeschlossen zu werden. Es kann also, wie ein Mitarbeiter der TEPA es formuliert, noch einmal 30 Jahre dauern, "bis das Ganze wirklich wie ein richtiges Abwasserkanalsystem funktioniert". (Mindich, 1992, S.11)

Qualitativ weit schwerer wiegt das Problem der Industrieabwässer. Ungefähr 6.000 verschiedene hochgiftige Chemikalien, deren genaue Zusammensetzung und Menge niemand kennt, gelangen täglich in den Fluß. Legale Firmen müssen sich wenigstens die Mühe machen, Vorschriften durch Ablassen von Schmutzwasser bei Nacht oder durch Verdünnen von Abwasser mit Grundwasser zu umgehen. Die vielen Tausend illegalen Kleinbetriebe entziehen sich dagegen oftmals jeder Kontrolle.

Schließlich werden noch ca. eine Viertelmillion Schweine in Zuchtbetrieben entlang des Flusses gehalten. Die Exkremente, die ebenfalls völlig unbehandelt in den Tanshui gelangen, entsprechen etwa den Fäkalien von 1 bis 1,5 Millionen Menschen (Mindich, 1992, S.18).

Tabelle 21: Ausgewählte Belastungsparameter einiger Flüsse

Fluß	Belastungsparameter Maximalwerte (in Klammern Jahresmittelwerte)				
	O_2-gel. (mg/l)	BSB_5 (mg/l)	S.S. (mg/l)	NH_3-N (mg/l)	pH-Wert
Lan-Yang	8,9 (7,4)	7,8 (3,6)	382 (153,0)	2,80 (1,04)	8,8 (8,0)
Tan-Shui	12,0 (5,8)	150 (11,5)	1358 (35,1)	106,00 (1,68)	8,8 (7,3)
Tou-Chien	11,0 (8,6)	10,0 (2,4)	1900 (54,8)	2,30 (0,40)	8,5 (7,7)
Hou-Long	11,7 (8,3)	9,0 (3,1)	103 (17,2)	21,00 (1,53)	8,3 (7,6)
Ta-Chia	9,7 (8,4)	48,0 (4,5)	385 (49,3)	0.39 (0,09)	9,4 (7,8)
Cho-Shui	8,8 (8,2)	8,7 (2,7)	6060 (1491)	0,63 (0,17)	-
Wu	11,7 (6,7)	25,0 (4,7)	1656 (99,4)	5,30 (0,82)	8,6 (7,3)
Pei-Kang	8,9 (2,9)	92,0 (15,3)	5550 (215,1)	7,80 (0,17)	8,7 (7,1)
Po-Tzu	10,0 (3,1)	103,0 (14,5)	816 (121,9)	16,00 (2,07)	8,4 (7,5)
Pa-Chang	13,0 (6,1)	136,0 (8,7)	6500 (632,4)	5,90 (1,07)	8,5 (7,5)
Chi-Shui	9,7 (3,4)	156,0 (12,2)	740 (65,8)	29,00 (4,16)	8,0 (7,8)
Tseng-Wen	17,0 (6,4)	61,0 (6,8)	3120 (141,1)	9,80 (1,58)	8,3 (7,5)
Yen-Shui	9,5 (3,2)	67,0 (12,5)	141 (32,7)	25,00 (6,17)	8,3 (7,9)
Erh-Jen	6,1 (1,3)	194,0 (39,1)	260001 (697,4)	40,0 (11,20)	7,9 (7,3)
Kao-Ping	16,0 (7,0)	18,0 (3,6)	2520 (240,0)	6,10 (0,55)	8,6 (7,9)
Tung-Kang	7,3 (4,3)	17,0 (5,8)	318 (43,7)	7,00 (2,66)	7,9 (7,3)
Saar	10,9 (8,9)	6,0 (3,8)	-	2,7 (0,86)	7,9 (-)
Rhein*	10,0 (-)	5,8 (3,3)	-	0,57 (0,18)	8,2 (7,8)

O_2-gel. = gelöster Sauerstoff, BSB_5 = biochemischer Sauerstoffbedarf (die tiefgestellte 5 gibt die Art der Messung an), * Rhein bei Bad Honnef; bei Saar und Rhein wurden Angaben aus den Jahren 1986 bis 1989 verwendet
Quelle: EPA, 1991b, S.86-89; UBA 1992, 296-330.

Die übrigen 20 größeren und 26 kleineren Flüsse sind ebenfalls stark belastet. Einige Oberläufe sowie einige kleine Flüsse an der Ostküste werden von der TEPA noch als unbelastet registriert. Von den 21 größten Flüssen sind offiziellen Angaben zufolge sechs unbelastet. Tabelle 22 zeigt den Zustand der 21 größeren Flüsse im Detail. Die dort dargestellte Gewässerqualität orientiert sich ausschließlich an organischen Belastungsparametern, wie sie in Tabelle 21 im einzelnen aufgeführt sind. Von insgesamt 2.093 Flußkilometern werden 1.363 km als nicht belastet und 236,3 km oder 11,3% als sehr schwer belastet gekennzeichnet. Von den rund 800 Flußkilometern der übrigen kleinen Flüsse und Bäche werden 71% als nicht verschmutzt, 8,3% als leicht verschmutzt, 12,5% als mittelmäßig verschmutzt und 7,6% als sehr schwer verschmutzt bezeichnet (EPA 1991, S.110).

Tabelle 22: Gewässergüte der 21 größten Flüsse Taiwans (1990)

Fluß	Gewässergüte (km und %)				
	Gesamtlänge (km)	I = nicht verschmutzt	II = leicht verschmutzt	III = mittel verschmutzt	IV = stark verschmutzt
Lan-Yang	73,1	29,6 (40,5%)	33,2 (45,4%)	10,3 (14,1)	0,0 (-)
Tan-Shui	328,4	220,5 (67,1)	10,9 (3,3%)	55,7 (17,0%)	41,3 (12,6%)
Tou-Chien	63,0	45,4 (72,1%)	17,6 (27,9%)	0,0 (-)	0,0 (-)
Hou-Lung	58,0	48,8 (84,1%)	4,0 (6,9%)	5,2 (9,0%)	0,0 (0,0)
Ta-An	95,8	95,8 (100%)	0,0 (-)	0,0 (-)	0,0 (-)
Ta-Chia	140,2	126,4 (90,2%)	13,8 (9,8%)	0,0 (-)	0,0 (-)
Wu	116,8	90,4 (77,4%)	5,6 (4,8%)	20,8 (17,8%)	0,0 (-)
Cho-Shui	186,4	186,4 (100%)	0,0 (-)	0,0 (-)	0,0 (-)
Pei-Kang	81,9	3,8 (4,6%)	3,8 (4,6%)	16,5 (20,2%)	57,8 (70,6%)
Po-Tzu	75,7	24,1 (31,8%)	3,9 (5,2%)	12,3 (16,2%)	35,4 (46,8%)
Pa-Chang	80,9	22,5 (27,8%)	1,9 (2,4%)	56,5 (69,8%)	0,0 (-)
Chi-Shui	65,1	12,5 (19,2%)	2,0 (3,1%)	19,4 (29,8%)	31,2 (47,9%)
Tseng-Wen	138,5	29,8 (21,5%)	48,6 (35,1%)	53,2 (38,4%)	6,9 (5,0%)
Yen-Shui	41,3	11,9 (28,8%)	0,8 (1,9%)	6,9 (16,7%)	21,7 (52,6%)
Erh-Jen	65,2	10,0 (15,3%)	10,0 (15,3)	10,0 (15,3%)	35,2 (54,1%)
Kao-Ping	170,9	133,8 (78,3)	2,0 (1,2%)	35,1 (20,5%)	0,0 (-)
Tung-Kang	46,9	6,4 (13,6)	6,4 (13,6)	27,3 (58,3)	6,8 (14,5)
Lin-Pien	42,2	42,2 (100,0)	0,0 (-)	0,0 (-)	0,0 (-)
Pei-Nan	84,4	84,4 (100%)	0,0 (-)	0,0 (-)	0,0 (-)
Hsiu-Ku-Luan	81,2	81,2 (100%)	0,0 (-)	0,0 (-)	0,0 (-)
Hua-Lien	57,3	57,3 (100%)	0,0 (-)	0,0 (-)	0,0 (-)
Total	2093,2	1363 (65,2%)	164,5 (7,8%)	329,2 (15,7%)	236,3 (11,3%)

Quelle: EPA, 1991b, S.84.

Abb. 35: Schwermetallbelastung der größeren taiwanesischen Fließgewässer

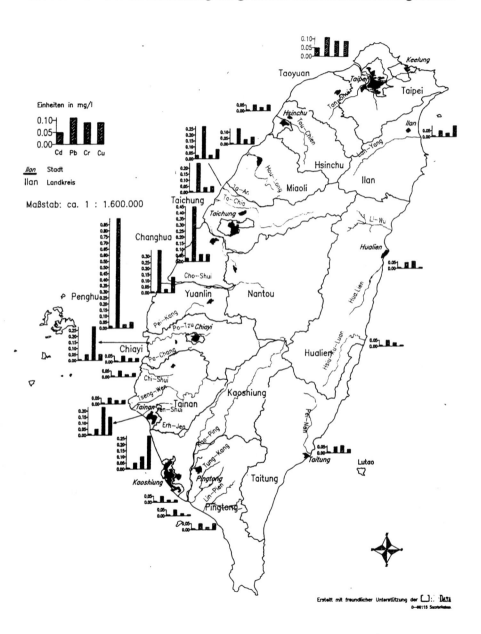

Entwurf Heck
Quelle: EPA, 1991b, S.98-101; EPA, 1991a, S.22; Tang, 1990, S.486; Chuang, 1982, S.294).

Ein besonderes Problem der Fließgewässerverschmutzung in Taiwan stellt jedoch der hohe Schwermetallgehalt einiger Flüsse dar. In Abbildung 35 werden die Werte in Form von Säulendiagrammen aufgezeigt. In Anhang 7 findet sich ein graphischer Vergleich von Schwermetallgehalten in taiwanesischen Flüssen mit Konzentrationen, die in Rhein und Ruhr vorhanden sind.

Die Allgemeinen Güteanforderungen (AGA) für den Zustand der Gewässer in Deutschland geben Grenzwerte von 0,001 mg/l für Cadmium, von 0,03 mg/l für Chrom, von 0,02 mg/l für Blei und von 0,0005 mg/l für Quecksilber an. Im Rhein bei Bad Honnef wurden für Cadmium 0,00008 mg/l, für Chrom 0,0045 mg/l und für Quecksilber Werte kleiner 0,0001 mg/l gemessen. In der Ruhr bei Essen wurden für Blei Werte unter 0,005 mg/l, für Cadmium unter 0,0005 mg/l und für Chrom unter 0,01 mg/l gemessen (NWStGB, 1993). Ein Vergleich dieser Werte mit den Schwermetallwerten, die in taiwanesischen Flüssen gefunden wurden (Abbildung 35), verdeutlicht die Schwere des Problems.

Verschmutzung von Grundwasser, Talsperren und Seen

Der weitaus größte Teil des Trinkwassers in Taiwan stammt aus Grundwasservorräten und Talsperren. Die Entnahme von Grundwasser sowie der Eintrag von Giftstoffen in den Boden führen zu einer wachsenden Belastung und zu einer unzulässigen Niveauabsenkung des Grundwassers. Das größte Problem stellen zur Zeit die inselweit sehr hohen Nitrit-(NH_3)Werte dar. Mehr als 15% aller Proben aus Trinkwasserbohrungen zeigten einen Nitrit-Wert über 1 mg/l (TÜV Essen, 1991, S.4.2.2-2). Probleme bereiten darüber hinaus zu hohe Mangan- und Eisengehalte sowie eine zu hohe Leitfähigkeit (TÜV Essen, 1991, S.4.2.2-2). Vermutet werden ferner hohe Gehalte an gelösten Schadstoffen. Allerdings gibt es hierzu nicht genügend aussagekräftige Daten. Untersuchungen der TEPA melden eine Belastung der 21 größten Talsperren Taiwans mit organischen Stoffen. Bei den Stauseen schwankt der CSB-Wert (ein Indikator für organische Belastung) zwischen 2 mg/l im Sun Moon Lake und 40 mg/l im Cheng Ching Lake im Süden Taiwans (EPA, 1991a, S.22).

Verantwortlich für die Grund- und Trinkwasserprobleme sind laut TÜV Essen (1991, S.4.2.2-1):

1. Abwässer aus der Fisch- und Schweinezucht,
2. Pestizideinträge aus den Kulturflächen,
3. Haushaltsabwässer,
4. industrielle Abwässer der kleinen Betriebe.

Durch unsachgemäße Forstwirtschaft, legale und illegale Landwirtschaft, Straßenbau und Tourismus werden die ohnehin starken Erosionsvorgänge in den Bergen erheblich beschleunigt. Mit den Stein- und Schlammmassen gelangen anthropogen eingebrachte Dünger und Pestizide in die Staubecken. Dort sinkt die Staukapazität, die Energielieferung wird gefährdet und das Wasser überdüngt. Fehlen die Staudämme, führt die Erosion in den Bergen zu einem schnelleren Zusedimentieren der

Häfen an den Mündungen der Flüsse und zu häufigeren Überschwemmungen infolge von Flußbetterhöhungen.

Verschmutzung der Meere und der Küstengewässer

Jahrzehntelang wurden die Küstengewässer Taiwans als willkommene Abfall- und Abwasseraufnahmemedien angesehen. Während vor allem die Westküste extrem beansprucht wurde, weist die Ostküste insgesamt trotz einiger lokal sehr hoher Schwermetallgehalte nur geringe Verschmutzungswerte auf.

Bereits 1982 konnten Lee et al. (1982, S.83-91) an der Westküste die exorbitante Vergiftung von Sedimenten, Wasser und Organismen mit Quecksilber nachweisen. Der Quecksilbergehalt der Sedimentproben lag bis zum 4.500fachen über der als normal angesehenen Konzentration von bis zu 0,2 mg/kg, und nahezu alle Wildfische der betroffenen Region zeigten Quecksilberwerte erheblich über dem Grenzwert von 0,5 µg/g. In der Untersuchungsregion hatte eine Chloralkali-Fabrik über 30 Jahre ca. 85 t Quecksilber in die nähere Umgebung emittiert (Lee et al., S.83). Die Kosten für die Entfernung des hochkontaminierten Schlammes lagen damals bei 300.000 US-$.

Tabelle 23: Schwermetallbelastung der Küstengewässer

Schwermetalle	Südwestküste (µg/l)	Ostküste (µg/l)	Grenzwerte (µg/l)
Cadmium (Cd)	< 0.25 - 7.20 < 1.00 - 5.10	< 0.30 - 0.80	0,01
Kupfer (Cu)	< 0.75 - 745 < 5.00 - 220	< 0.70 - 5.90 < 0.30 - 2.20	2,0
Chrom (Cr)	< 1.00 - 9.00 32,00 - **98,00***	1.80	< 0,05
Nickel (Ni)	1.50 - 323.0 5.00 - **406.2**	1.60 - 2.70	k.A.
Zink (Zn)	< 1.00 -3400 < 5.00 - 427.5	0.70 - 3.40	40
Quecksilber (Hg)	< 0.10 - **14.40** < 0.50 - 3.54	0.01 - 0.06 0.27 - 0.77	< 0,005
Blei (Pb)	< 2.50 - **519**	5.30 - 30.50	< 0,1

* Chuang, 1982
Quelle: Tang, 1990, S.486; Chuang, 1982, S.294 (eigene Darstellung).

Tang (1990, S.348) berichtet von "plötzlichem Fischsterben" in den Aquakulturen der südwestlichen und nordöstlichen Küstengewässer. Als Ursache wird hier ebenfalls die starke Belastung mit Schwermetallen angegeben. Tabelle 23 zeigt die sehr hohe Belastung der taiwanesischen Küstengewässer. Die höchsten Konzentrationen von Blei und Cadmium im Küstenbereich der Nordsee liegen bei 3,0 µg/l bzw. 0,06 µg/l.

Die organischen Schmutzfrachten der Flüsse sowie direkte Einleitungen von Abwässern aus vorhandenen Kanalisationen tragen ebenfalls zur Belastung der Küstengewässer bei. Die TÜV-Studie erwähnt drei Kanalisationssysteme, die direkt im Meer enden. In Dalinpu, Chungchou und Tsoying werden Abwässer mittels einer Pipeline direkt in die Küstengewässer gepumpt. Dort gelangen täglich mindestens 587.000 m^3 Abwasser ins Meer (TÜV Essen, 1991, S.4.1.1-1).

Die internationalen Häfen von Taichung, Keelung und Kaohsiung sowie 16 weitere Fischerhäfen sind, insbesondere durch große Mengen organischer Abfallstoffe sowie speziell hohe Konzentrationen von Schmiermitteln und Ölen, allesamt stark verschmutzt. Taichung ist vor allem durch Industrieabwässer belastet (Phenole, Schmiermittel, Öl, Schwermetalle). Kaohsiung leidet zusätzlich zu dem Influx aus der Industrie unter starken organischen Abwässern (hoher BSB, geringer Gehalt an gelöstem Sauerstoff).

Neben dem direkten und indirekten Einleiten von industriellem und öffentlichem Schmutzwasser tragen der Schiffsverkehr, die Aquakulturen und das Versenken von Industriemüll zur Zerstörung der Ozeanflora bei.

5.6 Abfallwirtschaft und Bodenbelastung

Mit der gesellschaftlichen Entwicklung und Veränderung in Taiwan haben sich auch Quantität und Qualität des Müllaufkommens wesentlich verändert. 1975 wurden noch 4.960 t Abfall pro Tag produziert, im Jahr 2000 werden es bereits 36.500 t pro Tag sein. 1991 erreichte die Abfallproduktion mit 365 kg pro Kopf und Jahr (1990: 350,4 kg) fast das westdeutsche Niveau von 1987 (374,6 kg) (EPA, 1991a, S.135; Underwood, 1993, S.35; UBA, 1992, S.460).[58] Die Abfallbeseitigungsmethoden sind nach deutschen Standards veraltet. 77,2% werden deponiert, 2,0% verbrannt, 0,4% kompostiert und 20,5% "anders" entsorgt. (*Taiwan 2000*, S.269).[59] Unter "anders" ist die ungeordnete, ungeregelte Deponierung von Abfällen "irgendwo" in Tälern, Flüssen oder Küstenregionen zu verstehen. Der TÜV Essen betrachtet nur etwa 60% der Haushaltsabfälle als fachgerecht entsorgt (TÜV Essen, 1991, S.7.1.1-1). Im Juni 1993 waren dreiviertel der 316 legalen Deponien nahezu vollständig verfüllt. Ende 1993 hatten 111 ihr Aufnahmelimit bereits erreicht (Underwood, 1993, S.38).

Etwa ein Drittel der 316 legalen Abfalldeponien liegen direkt an Fluß- oder Bachläufen. In Ermangelung von geeigneten Deponiestandorten müssen selbst Regierungsstellen das Ablagern von Müll in der freien Landschaft durchführen. Die Bürger und Industriebetriebe folgen diesem Beispiel, und so findet man überall auf Taiwan wilde Mülldeponien. Deren Sickerwässer belasten die Oberflächengewässer wie auch das Grundwasser. Infolge der häufigen Taifune mit starken Regenfällen werden die Abfälle kilometerweit entlang der Flüsse verteilt bzw. in die Küstengewässer verfrachtet (Mindich, 1991, S.14). Im Sommer 1993 blockierten verärgerte Anwohner in einem Vorort Taipeis die Zufahrt zur dortigen Hausmülldeponie. Sie protestierten gegen die von der Deponie ausgehende Luftverschmutzung. Mit der Aussicht auf eine 1994 zur Verfügung stehende Müllverbrennungsanlage sowie mit einem massiven Polizeiaufgebot wurden die Bürger nach mehrtägigen Verhandlungen zur Beendigung ihrer Blockade bewogen, ohne eine Verbesserung erreicht zu haben (Underwood, 1993, S.34/35).

Tabelle 24: Abfallaufkommen ausgewählter Branchen (in t/Tag)

Branche	Anzahl der Fabriken	Abfallproduktion (t/Tag)
Zigaretten u. Getränke	119	256
Nahrungsmittel	4927	5567
Textilien u. Kleider	5548	3989
Leder	451	842
Möbel	3759	7510
Druck/Papier	2263	3704
Chemikalien	864	1338
Chem. Produkte	1917	1087
Erdöl und Kohle	51	23
Gummi	1039	1290
Plastik	5987	2976
NE Minerale	2966	3567
Basismetalle	1376	6651
Metallverarbeitung	6910	4786
Maschinenbau	5137	2299
Elektronik	4561	7004
Transport	2602	1329
andere	4492	3263
SUMME	54966	57499

Im verarbeitenden Gewerbe und bei Bergbau, Strom, Fernwärme und Wasserversorgung Westdeutschlands wurden 1987 täglich ca. 265.845 t Abfall produziert
Quelle: Wu Shian-chee, 1989, S.166; UBA, 1992, S.464.

Die in der Regel viel problematischeren Industrieabfälle werden zu über 90% ohne irgendeine Form der Behandlung ungeordnet beseitigt. Die spärlichen Daten, die bisher verfügbar sind, zeigen bereits ein erhebliches Gefährdungspotential in Form von polychlorierten Biphenylen, Schwermetallen und Pestiziden (*Taiwan 2000*, S.270). Die Teile des Industriemülls, die von staatlichen Behörden entsorgt wurden, gelangen zusammen mit normalem Hausmüll auf die ohnehin unzureichenden Deponien und tragen dort zu einer Vergrößerung des Gefährdungspotentiales bei (Chiau, 1991, S.98/99). Eine TEPA-Studie zeigt ein kontinuierliches Anwachsen der Schwermetallgehalte in Austern.[60]

Eine Untersuchung der nationalen Umweltbehörde über den Zeitraum von 1984 bis 1988 belegt, daß die produzierende Industrie eine Hauptquelle für Abfall darstellt (siehe Tabelle 24). 9,7% bis 10% der über 30 Millionen m^3 Abfall werden dabei als Sondermüll eingestuft (Wu, 1989, S.165; Chien, 1990, S.6; Chiau, 1991, S.8).

Die meisten Abfallproduzenten entsorgen ihren Müll unsachgemäß durch wildes Deponieren, Versenken oder Verbrennen (Wu Shian-chee, 1989, S.168). Wieviel dabei wo und wie "entsorgt" wird, entzieht sich jeglicher Kenntnis. Die bereits besorgniserregenden Ergebnisse der TEPA-Studie von 1984-1988 basieren auf einer Umfrageaktion auf freiwilliger Basis. Von 1632 Betrieben, die auf den Fragebogen der Umweltbehörde geantwortet hatten, bestätigten 1462 die Produktion von Sondermüll (Wu Shian-chee, 1989, S.167). Es steht zu befürchten, daß viele starke Verschmutzer ihre Angaben nach unten korrigiert oder völlig auf eine Antwort verzichtet haben. Die Gesamtzahl der Firmen im produzierenden Gewerbe beläuft sich auf 54.966 (Wu Shian-chee, 1989, S.166), wobei Schätzungen zusätzlich von einer gleich großen Anzahl illegaler Kleinfirmen ausgehen, die sich einer Kontrolle weitestgehend entziehen.

> From the case study on PCB-containing wastes, we recognized that the problems of the contamination by hazardous wastes are widely spread and quite complicated. Thus far there is no way to locate the hazardous wastes that have been transported out of the permitting system ... However, we don't have enough data about the treatment technology, the sources of the contamination, the exposure that the residents have, the risks that the residents are taking. (Wu Shian-chee, 1989, S.174)

Von den täglich 174 t Krankenhausabfällen gelangt ein Großteil ebenfalls mit dem normalen Hausmüll auf die Deponien. Die wenigsten Krankenhäuser besitzen geeignete Entsorgungsvorrichtungen wie etwa Verbrennungsöfen (Chiau, 1991, S.101). Von den ca. 110 t Altöl, die täglich anfallen, wird ein geringer Teil recycled und wiederverwendet. Der weitaus größte Teil verschwindet in den Abwasserkanälen bzw. den Böden Taiwans (vgl. Chiau, 1991, S.100/101). Die unzähligen kleinen Zweirad- und Kfz-Werkstätten verfügen zum Beispiel nicht über Ölabscheider. Altöl landet hier einfach im Erdreich oder - falls vorhanden - in der Kanalisation (eigene Beobachtungen in Taipei).

Polychlorierte Biphenyle (PCB), Schwermetalle, Pestizide und eine ganze Palette anderer hochgiftiger Stoffe (Cyanide, Chromate, Fluoride usw.) wurden und werden in großen Mengen in die Umwelt freigesetzt. Die Gesamtmenge an PCBs in Taiwan wird auf 3.000 t geschätzt. 1979 erlitten 1.800 Menschen PCB-Vergiftungen durch vergiftetes Reisöl (Chien, 1990, S.2). Bei 117 Kindern wurden in der Folge Geburtsschäden auf Grund von hohen PCB-Belastungen der Eltern festgestellt (*New York Times*, 2.8.1988).

Zusammenfassend läßt sich somit feststellen, daß das Abfallproblem Taiwans in all seinen Facetten bisher völlig ungelöst ist. Die Müllmenge steigt weiter und damit auch die Menge des Sondermülls. Bisher sind nicht einmal das Gesamtaufkommen des Mülls, seine branchenspezifische Beschaffenheit und die Entsorgungspfade bekannt. Die Regierung erscheint hilflos gegenüber den Tausenden von kleinen und kleinsten Müllproduzenten und versucht mittels einer großangelegten Müllverbrennungsstrategie der Probleme Herr zu werden.

In Neihu, einem Stadtteil Taipeis, hat die Regierung eine Müllverbrennungsanlage errichtet, die 3.000 t Müll pro Tag durchsetzen soll. Kritiker haben herausgefunden, daß der Schornstein der Anlage nur die Hälfte der erforderlichen Höhe besitzt, um die Schadstoffe wenigstens aus dem Talkessel Taipeis hinauszubefördern. Der Grund: bei der Planung der Anlage waren die Sicherheitspräferenzen des nationalen Flughafens übersehen worden. Anstatt die Planung völlig neu zu konzipieren, wurde einfach der Schornstein um die Hälfte gekürzt (Mindich, 1991 S.32).

Über das Kosten-Nutzen-Verhältnis und die Gefährlichkeit von Müllverbrennungsanlagen haben sich intensive Expertendiskussionen entwickelt. Unabhängig davon erscheint jedoch eines als sicher: Müllverbrennung als "end-of-the-pipe"-Technologie ist kein Schritt hin zur Müllvermeidung und dient damit nicht primär dem Ziel einer an Produktionskreisläufen und Recycling orientierten und damit nachhaltigen Wirtschaftsweise. Überdies gibt es in Taiwan keine Möglichkeiten, die Filterstäube und Verbrennungsrückstände umweltgerecht zu entsorgen. Nachhaltige Abfallwirtschaftskonzepte mit Elementen wie zum Beispiel der Vermeidung von Abfällen bei der Produktion ("clean technologies") oder beim Einkauf, Recycling-Center oder Kompostieranlagen scheitern bis heute an politischen und logistischen Problemen. Getrenntsammlung von Abfällen ist unter subtropisch-tropischen Bedingungen und bei der extremen Bevölkerungsdichte in den Ballungszentren ein nur sehr schwer lösbares Problem. Flächen für Wertstoffsammlung und Aufbereitung sind knapp und sehr teuer. Längere Lagerzeiten des Mülls in den Straßen infolge einer getrennten Sammlung locken Ratten an und führen zu hygienischen und zu Geruchsproblemen. Politiker wie Umwelttechnologiefirmen neigen eher zu großtechnischen Lösungen als zu dezentralen Systemen. Große Lösungen bieten für die beratenden Firmen die Möglichkeit, schneller Geld zu verdienen, sowie für die Politiker die Option, größere Summen in die eigenen Taschen abzuzweigen.

Tabelle 25: Schwermetallgehalt taiwanesischer Ackerböden (0-15 cm, mg/kg)[62]

E	Taipei	Ilan	Taoyuan	Hsinchu	Taichung	Changhua	Yunlin	Nantou	N	GW1	GW2
Cd	0,08-0,69	0,15-0,30	0,1-88,0	0,28-3,41	0,12-0,49	0,12-0,66	0,10-0,97	0,05-0,24	<0,4	>10	1
Cr	0,87-25,4	1,11-2,13	3,1-17,2	3,1-240,4	2,41-10,8	0,47-54,7	0,08-3,15	0,28-4,24	<10,0	>16	100
Cu	8,0-199,5	10,4-18,8	3,1-216,2	10,3-383	12,4-37,9	2,19-38,6	0,95-17,4	1,20-12,4	<17,0	>100	60
Hg	0,13-1,52	0,12-0,92	0,01-0,5	0,22-0,69	0,06-0,28	0,08-0,32	0,06-0,27	0,08-0,25	<1,1	>20	1
Ni	1,0-27,7	2,95-4,75	2,43-21,9	7,25-81,1	3,25-22,3	2,86-63,9	1,62-8,76	0,47-6,45	<21,0	>100	50
Pb	9,5-63,5	13,0-28,2	10-126,7	10,1-60,6	8,76-36,2	2,74-17,6	1,24-28,1	4,75-17,8	<23,0	>12	100
Zn	10,8-144	15,0-26,6	14-386,3	16,9-91,1	17,4-48,7	8,73-125	3,52-37,1	1,51-18,4	<24,0	>80	150

Tabellenschlüssel: Cd = Cadmium, Cr = Chrom, Cu = Kupfer, Hg = Quecksilber, Ni = Nickel, Pb = Blei, Zn = Zink; N = natürliche, geogene Schwermetallgehalte[63]; GW1 = taiwanesischer Grenzwert für die Bezeichnung "Giftige Böden"; GW2 = vorgeschlagener Grenzwert (leichte Böden; pH 5-6) für Novellierung des Klärschlammverordnung

Quelle: Abgeändert nach TÜV Essen, 1991, S. 5.1.1.

Bodenbelastung

Die ersten Schadstoffeinträge in den Boden erfolgten großflächig durch die massiven Dünger- und Pestizidgaben im Gefolge der intensiven landwirtschaftlichen Nutzung der Küstenebene. In den letzten Jahren ist jedoch noch eine weitere Emissionquelle für Bodenverseuchung identifiziert worden. Die schnelle (vor allem räumlich) ungezügelte industrielle und wirtschaftliche Entwicklung führte zur Immission neuer, bodenverseuchender Schadstoffe, wie zum Beispiel Rohöl, Schwermetalle, FCKWs, PCBs, usw. (Simple Earth, April 1990, S.1).

According to the Bureau of Environmental Protection, some of the arable land near the factories or fields close to waste dump sites in Taiwan are contaminated by cadmium, chromium, zinc, copper and lead and are at a very seriously polluted level in which the heavy metal content of soil was as much as 3.000-4.000 milligrams per kilogram. *Taiwan 2000*, S.270)

Wie Tabelle 25 zeigt, liegen die in taiwanesischen Ackerböden gefundenen Schwermetallkonzentrationen zum Teil erheblich über den Orientierungswerten. Die auf den Ackerflächen vorhandenen Konzentrationen an Schwermetallen sind vergleichbar mit hochbelasteten Industriestandorten in Deutschland (TÜV Rheinland, 1993, S.5.35-5.39).

Die Bodenbelastungswerte spiegeln mit Ausnahme einiger Extremwerte z.B. für Cadmium in Taoyuan eine normale Bodenbelastung wider. Einige Böden erscheinen im Gegenteil eher unterversorgt als zu hoch belastet (Zink). Die in der TÜV-Studie angegebenen Werte weichen zum Teil erheblich von offiziellen Angaben der TEPA ab. Die TEPA gibt für Cadmium und Blei maximale Konzentrationen von 18,81 mg/kg bzw. 165,35 mg/kg an (EPA, 1991a, S.148-179). Chen Zueng-sang fand in der Nähe von Industriezonen Schwermetallkonzentrationen in Ackerböden (Oberboden 0-15 cm), die sogar um ein Vielfaches über den Werten aus der TÜV-Studie liegen. Für Cadmium liegen die von Chen gefundenen Werte zwischen 0,22 mg/kg und 1486 mg/kg. Demzufolge enthält 1 kg Akkerboden über 1 g Cadmium! Bei Bleiwerten ermittelt Chen Werte von 6,3 mg/kg bis 12.740 mg/kg (über 12 g Blei in 1 kg Ackerboden) (Chen Zueng-sang, 1989, S.43). Als Vergleichswerte für unbelastete Ackerböden der gleichen Region gibt Chen für Cadmium Werte zwischen 0,04 mg/kg und 0,61 mg/kg und für Blei Werte von 0,96 mg/kg bis 40,30 mg/kg an (Chen Zueng-sang, 1989, S.40). Die Unterschiede in den Vergleichswerten von unbelasteten Böden zwischen den Angaben der TÜV-Studie und den Werten Chens sind mit den je nach Bodentyp sehr unterschiedlichen natürlichen Schwermetallbelastungen zu erklären.

5.7 Exkurs: Zwei Fallstudien aus Landwirtschaft und Industrie: Obstanbau am Li-Berg und der Lukang-Aufstand

Die beiden Fallstudien vom Li-Berg und von Lukang zeigen exemplarisch Ausschnitte aus der Umweltproblematik Taiwans sowie die Schwierigkeiten, eine effiziente Umweltpolitik umzusetzen. Beide Fälle stellen weithin bekannte Anschauungsobjekte für eine ökologisch problematische Entwicklungspolitik in den Wirtschaftssektoren von Landwirtschaft und Industrie dar.

Sowohl am Li-Berg wie in Lukang lassen sich darüber hinaus einige typisch taiwanesische Faktoren der nationalen Umweltkrise beispielhaft erläutern. Die Fallbeispiele beleuchten die Interdependenz des politisch-ökonomisch-ökologischen Wirkungsgefüges. In beiden Fällen trifft "Entwicklung" auf bereits vorbelastete Räume. Diese Vorbelastung bewirkt bei der lokalen Bevölkerung eine Veränderung der Perzeption von Planungen und Aktionen und eine Veränderung der Toleranzschwelle. Änderungen des Wahrnehmungsverhaltens können, wie der Fall Lukang zeigen wird, irrationale Entscheidungen zur Folge haben. Die Studie über den Li-Berg unterstützt die These, daß die taiwanesischen Verwaltungsstrukturen unfähig sind, der Korruption und Lobbywirtschaft entgegenzuarbeiten.

5.7.1 Obstanbau am Li-Berg (Lishan)

Das Gebiet um den Li-Berg zählt zu den bekanntesten Touristenattraktionen in Taiwan. Die Region liegt am Oberlauf des Ta-chia-Flusses an der Grenze zwischen den Landkreisen Taichung und Nantou (zwischen 1.800 und 2.100 Höhenmetern). Hunderttausende von Touristen genießen jährlich das phantastische Gebirgspanorama, die erfrischende Bergluft und im Frühjahr den Anblick Tausender blühender Obstbäume. Was die Touristen nicht sehen, sind die negativen Folgen der Besiedlung und Landnutzung am Li-Berg: Intensivnutzung der Steilhänge, Bergrutsche, Erosion und exzessiver Gebrauch von Agrochemikalien machen den Obstbau von Lishan zu einer volkswirtschaftlich - ökologisch und ökonomisch -sehr teuren Touristenattraktion.

Von 1970 bis 1980 stieg die für Obstplantagen gerodete Waldfläche von 25,44 km^2 auf 48,97 km^2 an. Damit ist diese Region das bei weitem größte landwirtschaftlich intensiv genutzte Gebiet in der Hochgebirgsregion Zentraltaiwans. Hauptanbaufrüchte sind Äpfel, Birnen und Pfirsiche.

Ende der fünfziger Jahre, vor der Fertigstellung des "Cross-Island Highway", jener Bergstraße, die die Westküste mit der Ostküste verbindet, war das zentrale Hochgebirge ein weitgehend unberührtes Territorium, bewohnt von einem der Ureinwohner-Stämme Taiwans. Die Bevölkerung wuchs von 4.000 Mitte der sechziger Jahre auf 45.000 Einwohner Mitte der siebziger Jahre an (Williams, 1981, S.106).

10% der landwirtschaftlich genutzten Fläche werden von einer Organisation ehemaliger Armeeangehöriger verwaltet. Diese Organisation, die Vocational Assistance Commission for Retired Servicemen (VACRS), ist eine der politisch und ökonomisch einflußreichsten Organisationen Taiwans. In den späten fünfziger Jahren bildete sie die Speerspitze der rapiden Entwicklung in der Region um den Li-Berg. Die taiwanesische Regierung mußte den Tausenden vom Festland nach Taiwan geflüchteten Soldaten, die keine Familie und keine Heimat mehr hatten, eine neue Rückzugsmöglichkeit bieten. In der Bergregion gab es Land und heiratsfähige Frauen. Viele der pensionierten Soldaten heirateten Frauen aus den Reihen der Ureinwohner. Der Erschließung des Li-Berges durch die Armeeveteranen folgten viele Bauern aus der westlichen Küstenebene, die durch den Erfolg der sorgfältig geplanten und ausgesuchten Obstplantagen der VACRS angelockt wurden. Auch für diese Bauern spielte die Aussicht auf eine Ureinwohnerehefrau eine wichtige Rolle (Interview mit Chang Chang-yi[63], 1992). Spätestens jetzt wurden die Folgen von mangelhafter Raumplanung und Kontrolle negativ bemerkbar. Der ungeregelte Zuzug von Neu-Obstbauern führte zu verheerenden Folgen für das fragile Bergökosystem.

Das eigens für die Beratung von Bergbauern gegründete "Mountain Agricultural Resources Development Bureau" (MARDB) empfiehlt eine intensive landwirtschaftliche Nutzung der Hänge nur bis zu einer Neigung von 29°. Bauern, die steilere Hänge nutzen, werden konsequenterweise vom MARDB nicht beraten. Das bedeutet, daß die intensiven Hangkonservierungsmaßnahmen der taiwanesischen Behörden - wenn überhaupt - nur bei den Hangneigungen bis zu 29° greifen (Williams, 1981, S.108). Am Li-Berg werden jedoch Hänge mit bis zu 60° Steigung intensiv bewirtschaftet. Die durchschnittliche Hangneigung in dieser Region liegt bei 30° bis 35° (Williams, 1981, S.108).

Tabelle 26: Klassifizierung der Obstanbauparzellen nach Eigentümern und Hangneigung

Klassifikation	über 55% Hangneigung	teilw. über 55% Hangneigung	unter 55% Hangneigung	keine Angaben
Staatswald	26.23	25.69	40.94	7.14
Reservatsland der Ureinwohner	29.46	18.89	38.60	13.05
VACRS-Land	6.78	33.79	55.49	3.94

alle Angaben in %
55% = 29°
VACRS = Vocational Assistance Comittee for Retired Servicemen
Quelle: Williams, 1981.

Das Hangkonservierungsverhalten der verschiedenen Nutzergruppen - Tiefländer, ehemalige Soldaten und Ureinwohner - ist, wie Tabelle 27 verdeutlicht, bei der großen Mehrheit nicht gut. Von allen Gruppen schneiden die Armeeveteranen bei ihrem eigenen Land mit nur 51,5% der ungenügenden Erosionsschutzfälle noch am besten ab. Dort, wo das Eigentum an Flächen am deutlichsten definiert ist, werden auch die effizientesten Konservierungsmaßnahmen vorgenommen. Die Flächen der VACRS sind insgesamt im besten Zustand, gefolgt von den Hängen der Ureinwohner. Am sorglosesten gehen alle Nutzergruppen mit den öffentlichen Flächen des Staatswaldes um.

Als erste begann die staatliche Elektrizitätsgesellschaft Taipower die Auswirkungen der Aktivitäten am Li-Berg zu spüren. Der 1973 zur Stromversorgung Taichungs fertiggestellte Techi-Stausee droht durch die massiven Erosionsvorgänge am Li-Berg völlig zu "ersticken". Die Investition von 300 Mio. US-$ und ein ehrgeiziges Entwicklungsprogramm werden durch erosionsbedingte Sedimentationsvorgänge und Eutrophierung gefährdet (Williams, 1981, S.108).

Neben der Gefährdung des Techi-Staudamms treten jährlich hohe Kosten für Infrastrukturschäden an Gebäuden und Straßen infolge des fehlerhaften Flächenmanagements auf. Ganze Hotelneubauten fallen den Erosionsvorgängen (flächenhafte Erdrutsche) zum Opfer (eigene Recherchen, Mai 1992). Seit Erstarken der Ökologiebewegung werden zudem die Folgen für das Bergökosystem in Form von Biotopzerstörung, Arealzerschneidung, Artenextinktion usw. diskutiert. All diese Erkenntnisse haben jedoch, wie Chang Chang-yi 1990 feststellt, zu keinerlei effizienten Gegenmaßnahmen geführt. Chang Chang-yi (1990, S.1) sieht in der Li-Berg-Problematik einen "Mikrokosmos" der Umweltproblematik in Taiwan.

Tabelle 27: Erosionsschutzpraktiken im Bereich des Li-Berges

Farmergruppen	Keine oder schlechte Maßnahmen gegen Erosion (%)	Gute Maßnahmen gegen Bodenerosion (%)	Keine oder schlechte Maßnahmen gegen Bodenerosion (unterteilt nach Landeigentümern)		
			Staatswald (%)	Reservatsland der Ureinwohner (%)	VACRS - Land (%)
Tiefländer	75.32	1.56	84.31	71.80	33.33
ehem. Soldaten	61.03	7.31	78.60	57.49	51.47
Ureinwohner	65.11	1.92	75.00	64.29	0
andere oder keine Daten[b]	60.00	4.62	93.33	59.25	59.33

[b] Primär illegale Farmer, die aus Angst vor Aktionen der Regierung keine Angaben machten
Quelle: Williams, 1981

Stellvertretend für andere Umweltprobleme in Taiwan kann man am Beispiel des Li-Berges die Einflußnahme unterschiedlicher Gruppen auf (umwelt-)politische Entscheidungen analysieren. Trinkwasserbereitstellung, Stromerzeugung, Flutkontrolle und Hangkonservierung sind für die Volkswirtschaft Taiwans wichtiger als Äpfel, Birnen, Pfirsiche und einige exotische Gemüsesorten. Jedoch zeigen sich lokale wie regionale und zentrale Behörden unfähig, die negativen Entwicklungen zu stoppen oder zurückzudrehen. Die Armeeveteranen, die über ihre Farmen hinaus auch illegal Hänge bewirtschaften, genießen den Schutz der in Taiwan

Abb. 36: Skizze des Gebietes um den Li-Berg

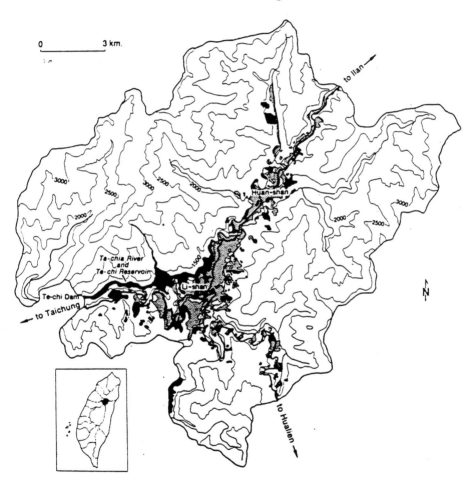

Die gerasterten Flächen zeigen den fortschreitenden "Flächenfraß" durch Obstplantagen, Straßen und Wohnbebauung, wobei die dunkleren Raster Flächen bezeichnen, die erst nach 1970 kultiviert wurden. Die übrige Fläche besteht aus Bergwald.
Quelle: Williams, 1981.

immer noch übermächtigen Streitkräfte. Die legalen und illegalen Obstbauern setzen sich zum Teil mit Gewalt zur Wehr. 1983 brannten nach staatlicher Ankündigung der Auflösung von einigen illegal bewirtschafteten Obsthängen 515 ha Wald, und anonyme Schreiber drohten mit der Sprengung des Techi-Staudammes (Chang Chang-yi, 1990, S.8).

> Perhaps the most important lesson to be learned from the upper Ta-chia basin's development is how not to exploit Taiwans mountain resources. There may be a lesson here for other Third-World countries. (Chang Chang-yi, 1990, S.10)

Die einschlagabhängige Entlohnung der Angestellten der für die Bewirtschaftung der Gebirgswälder zuständigen Forstwirtschaftsbehörde ("Taiwan Forestry Bureau") führte zu einer für die Berghänge unheilvollen Allianz zwischen legal und illegal wirtschaftenden Bauern und staatlicher (provinzeigener) Forstbürokratie. Dem Wunsch der Bauern nach Kahlschlag bestimmter Hänge zur Umwandlung in Obstbaumkulturen kamen die Bürokraten verständlicherweise gerne nach! Die Landwirte wiederum werden durch den Niedergang der Landwirtschaft im allgemeinen und durch die zunehmende industrielle Landnahme und Verschmutzung im Bereich der westlichen Küstenebene in andere Erwerbsquellen getrieben. Weder vorhandene Gesetze noch lokale oder zentrale Institutionen oder die Tatsache der exorbitant hohen Folgekosten können die Vorgänge am Li-Berg stoppen.

Chang Chang-yi sieht im negativen Beispiel der Ressourcennutzung am Li-Berg eine Warnung für Taiwan und für andere "Dritte Welt"-Länder, die auf der Suche nach erfolgreichen Entwicklungsmodellen nach Taiwan blicken.

5.7.2 Der Lukang-Aufstand

Der Lukang-Aufstand, eine Reihe von Massendemonstrationen im Zeitraum von 1986 bis 1987, symbolisiert den ersten ökologisch motivierten, inselweiten Aufschrei gegen die Wachstumspolitik der Zentralregierung in Taipei (Yeh, 1989, S.77). Durch massive Proteste gegen ein geplantes Titaniumdioxidwerk von Du Pont mobilisierten die Bewohner Lukangs die nationalen Medien und erreichten weitestgehende Unterstützung von Vertretern aller Bevölkerungsgruppen in Taiwan. Anfang 1987 mußte sich die GMD-Regierung diesem Druck beugen und auf das geplante Werk von Du Pont verzichten.

Lukang, eine Kleinstadt mit ca. 70.000 Einwohnern an der Westküste Zentraltaiwans, ist von der seit den achtziger Jahren boomenden Fischerei- und Aquakulturindustrie geprägt. Das Umfeld spiegelt die Industrialisierungsbemühungen der taiwanesischen Regierung beispielhaft wider: Industrieparks und kleine, dezentrale Fabriken koexistieren mit Landwirtschaft und Fischerei. Die Menschen in Lukang orientieren sich traditionell eher nach Süden zur alten Hauptstadt Tainan als nach Norden zum Sitz der Zentralregierung in Taipei.

Exkurs: Zwei Fallstudien 169

Abb. 37: Lageskizze von Lukang

Quelle: Reardon-Anderson, 1992.

Aufgrund des günstigen Investitionsklimas beschloß der amerikanische Chemiekonzern Du Pont 1985 den Bau eines 160 bis 210 Mio. US-$ teuren Titaniumdioxidwerkes in Taiwan. Als Standort wurde ein Gebiet im Changpin Industriepark in Changhua ("Changhua coastal industrial zone") gewählt. Das Wirtschaftsministerium, noch geschockt von den geringen Wachstumsraten infolge der zweiten Erdölkrise, erteilte die prinzipielle Genehmigung, ohne lokale Politiker oder Bürger beteiligt zu haben.

Der Industriepark hatte zu diesem Zeitpunkt erhebliche Probleme. Seit seiner Gründung 1979 bis Ende 1981 hatten die Ingenieure der Armeeveteranen ("Retired Servicemen's Engineering Agency") unter schweren Korruptionsvorwürfen und Anschuldigungen wegen Mißmanagements 160 Mio. US-$ verbaut, aber nur 500 ha von geplanten 6.600 ha Industriegebiet fertiggestellt (Reardon-Anderson, 1992, S.7/8). Die Anfrage von Du Pont kam demnach zur rechten Zeit, um ein fast gescheitertes Projekt noch zu retten. In Taipei herrschte die Meinung, die Bewohner von Lukang würden die ca. 200 neuen Arbeitsplätze lauthals begrüßen. Um so größer war das Entsetzen der Technokraten über die massive Ablehnung des Vorhabens bei den Bürgern von Lukang.

Die Vorgehensweise der Zentralregierung bis zu diesem Zeitpunkt war nicht ungewöhnlich. Entwicklungsplanung wurde seit Bestehen der Republik China auf Taiwan von den Technokraten in der Hauptstadt durchgeführt. Bürgerbeteiligungen oder Umwelt- und Sozialverträglichkeitsprüfungen fanden nicht statt. Diese Vorgehensweise provozierte bereits in den fünfziger Jahren lokalen Widerstand. Sogenannte Selbsthilfegruppen, spontane Zusammenschlüsse von betroffenen Bürgern, die in der Regel ein konkretes Kompensationsziel verfolgen, organisierten Proteste gegen bestimmte Mißstände. Die Bürgerinitiativen können, wie in Abschnitt 3.1.2 bereits erwähnt wurde, in Einzelfällen extrem gewalttätig sein. In der Regel werden die Streitigkeiten unmittelbar zwischen den betroffenen Bürgern und den Fabrikbesitzern geregelt. Gerichte wurden anfangs sehr selten bemüht. 1981 entschied zum erstenmal in der Geschichte Taiwans ein Gericht über eine Klage auf Schadenersatz wegen Schadstoffeintrages. Ein Ziegelhersteller mußte 375.000 US-$ für die Verschmutzung von Reisfeldern im Landkreis von Changhua bezahlen. Diese erfolgreiche Aktion führte zu einer Reihe von Selbsthilfe-Aktionen in den folgenden Jahren. 1985 erreichten Selbsthilfegruppen durch Androhung von Gewalt eine Verbesserung der Umweltstandards bei Pestizidfabriken in Hsinchu und Taichung (Reardon-Anderson, 1992, S.11).

Der Aufstand gegen das geplante Du-Pont-Werk in Lukang steht einerseits in der Tradition dieser Selbsthilfegruppen, bildete andererseits jedoch eine Art Wendepunkt in der Geschichte der Umweltbewegung Taiwans, da hier zum erstenmal ein Projekt der Zentralregierung verhindert wurde. Die Gründe für die Verweigerung lagen mehr in der völlig unzureichenden Informationspolitik und Arroganz der taiwanesischen Regierung und Du Ponts als in der tatsächlich zu erwartenden Umweltbelastung. Die Regierung und Du Pont hatten es versäumt, rechtzeitig in die lokalen Beziehungsnetze hinein zu operieren und sich der Unterstützung von einflußreichen Bürgern und Politikern vor Ort zu versichern. Selbst lokale Guomindang-Politiker lehnten das Projekt ab!

Reardon-Anderson erwähnt ein spezifisch chinesisches Phänomen, das zum Scheitern des Projektes in Lukang beigetragen hatte: *renqingwei*, die Achtung und Tolerierung der Gefühle und Bedürfnisse der Mitmenschen, die zu einem besonderen Nachbarschaftsverhalten der Dorfbewohner führt. Die Aktivitäten des Nachbarn werden, selbst wenn sie extrem lästig oder belästigend sind, lange Zeit geduldet. Die vielen kleinen, extrem umweltbelastenden und teilweise illegalen Hinterhoffabriken, die es auch in Lukang gibt, belasten die unmittelbare Umwelt der Bewohner Lukangs mindestens so stark wie das geplante Werk von Du Pont. Lokale Fabrikbesitzer sind jedoch eingebunden in das lokale Beziehungs- und Nachbarschaftsnetzwerk. Kein Bewohner Lukangs würde leichtfertig oder frühzeitig Anzeige erstatten bzw. gewaltsam protestieren. Im Falle Du Ponts jedoch ging es um ein von "Auswärtigen" (Technokraten in Taipei und Du-Pont-Management) geplantes und unterstütztes Vorhaben. Dadurch gab es keinerlei *Guanxi*-(Beziehungs-)bezogene Restriktionen für die Bewohner Lukangs, gegen das Werk vorzugehen.

... the most serious problem in China, which has done the most damage to the nation and to the public policy, is the Chinese reliance on *renqingwei*. (Reardon-Anderson, 1992, S.87)

Dazu kam das Interesse der jungen, an Einfluß gewinnenden Umweltschutzbewegung Taiwans. Im Falle Lukangs schlossen sich zum ersten Mal Intellektuelle und idealistische Natur-, Arten- und Umweltschützer mit lokalen Selbsthilfegruppen (vgl. Abschnitt 3.1.3) zusammen. Verschärft wurde der Konflikt durch die klassische Konstellation Festlandschinesen contra Taiwanesen. Die zentrale Guomindang-Bürokratie mit der Staats- und Polizeimacht stand den eingesessenen Taiwanesen - Fischern, Bauern und Handwerkern - gegenüber.

The confrontation ... was sharpened by the fact that the security officials were mainlanders and the protesters Taiwanese. (Reardon-Anderson, 1992, S.64)

Der Zeitpunkt für eine Revolte war günstig. Seit 1986 begannen die Demokratisierungsbemühungen der taiwanesischen Regierung im Alltag Wirkung zu zeigen. Die politische Kontrolle wurde reduziert. Im September 1986 entstand formal die große Oppositionspartei zur herrschenden Guomindang, die DFP. Angesichts der im selben Jahr anstehenden Wahlen zum Legislativyuan nutzten Politiker der Opposition den Protest gegen die Vertreter der Guomindang vor Ort (Reardon-Anderson, 1992, S.52). Guomindang-Politiker konnten es sich nicht leisten, für Du Pont zu sein, wenn sie nicht in ganz Zentraltaiwan eine Wahlschlappe in Kauf nehmen wollten. Die Kombination aus massiven Protesten, Demonstrationen und politischem Druck vor Ort einerseits sowie geschicktem Taktieren und Lobbytätigkeit in Taipei andererseits führte zur Kapitulation der Regierung. Überdies erreichte der Protest eine bis dahin einmalige Aufmerksamkeit in der nationalen Berichterstattung und damit bei einer breiten Schicht der Bevölkerung.

Vor Beginn der Konstruktion des Industrieparks waren einige der Austernzüchter für den Verlust ihres Landes vom Staat entschädigt worden. Als die Fertigstellung keine Fortschritte machte, kehrten viele der Austernfischer wieder an ihre alten Plätze zurück. Diese Rückkehrer fürchteten zusammen mit den rechtmäßig in Lukang verbliebenen Fischern um die Zukunft ihrer Einkommensquelle. Dem Argument der 200 Arbeitsplätze hielten sie den Verlust von 50.000 Arbeitsplätzen entgegen, wenn die Emissionen von Du Pont die Meeresküste verseuchten. Aufgrund zweier erheblicher Umweltkatastrophen im Frühjahr 1985, die den Markt für taiwanesische Austern fast vollständig ruinierten, waren die Fischer von Lukang sehr stark sensibilisiert. 1985 verursachten industrielle Kupfersulfatemissionen ein Massensterben von Austernkulturen an der Südwestküste Taiwans, und im gleichen Jahr vernichteten ebenfalls industrielle Abwässer große Austernbestände an der Ostküste Taiwans. Infolge der Vergiftungsskandale sank in Japan, dem sehr sensiblen Hauptexportmarkt für taiwanesische Austern, die Nachfrage nach taiwanesischen Austern. Wegen der Absatzflaute mußten die Fischer Einkommenseinbußen von bis zu 60% hinnehmen (Reardon-Anderson, 1992, S.12).

Die lokale Opposition hatte ihre Wurzeln in den Organisationen der Fischer und Austernzüchter. 1986 waren in der Fischereigenossenschaft des Kreises Changhua 12.000 Mitglieder organisiert, die insgesamt 50.000 Menschen vertraten. Die Genossenschaftsmitglieder erzielten eine Jahresproduktion im Wert von 20 Mio. US-$ (Reardon-Anderson, 1992, S.19). Eine Umfrage von Studenten der Universität Taipei ergab, daß insbesondere ältere Bürger mit geringem Bildungs- und Einkommensniveau zu den Gegnern des geplanten Titaniumdioxidwerkes zählten (Reardon-Anderson, 1992, S.50). Der Aufstand der Bewohner Lukangs an sich bestand aus einer Serie von Protestmärschen und Demonstrationen vor Ort und in der Hauptstadt Taipei. Trotz des 1987 noch geltenden Kriegsrechts zogen 400 Demonstranten aus Lukang mit Fahnen, Postern, bedruckten T-Shirts usw. zum Präsidentenpalast (Reardon-Anderson, 1992, S66). Die Konfrontation mit den Sicherheitskräften verlief trotz aller Spannungen und Emotionen jedoch größtenteils friedlich. Dieser Faktor war ausschlaggebend für die landesweite Unterstützung der Bürger aus Lukang durch die an Ruhe und Ordnung gewöhnten Taiwanesen.

Die Vorfälle um das geplante Titaniumdioxidwerk von Du Pont zeigen deutlich, wie sehr mangelnde Information der Bürger, aufgesetzte Planung durch eine zentrale Instanz und eine vernachlässigte Verträglichkeitsprüfung von örtlichen Ressourcen zu unnötigen Konfrontationen und zum Nichtentstehen von Kompromißlösungen führen. Lukang steht somit als Symbol für das Versagen des GMD-Staates, mit den Bürgern in einen Dialog über die künftige Entwicklung ihres Landes einzutreten.

5.8 Bewertung der Situation im Umweltschutz

Die Analyse des ökologischen Zustandes in Taiwan verdeutlicht die Dimension der Umweltkrise. Wasser, Luft, Boden und die natürlichen Systeme sind allesamt erheblich belastet oder vergiftet. Das Ausmaß der Belastung überschreitet in Teilbereichen die Tragfähigkeit und damit das natürliche Regenerationsvermögen der natürlichen Systeme. Die ursprüngliche Artenvielfalt, das reiche genetische Potential ist durch anthropogene Einflüsse stark zurückgedrängt worden. Viele Arten sind bereits ausgestorben oder vom Aussterben bedroht. Lebensräume, ob an der

Küste oder im Hochgebirge, werden systematisch der weiteren "Entwicklung" zur Verfügung gestellt. Wo der Staat auf Zugriff verzichtet, trägt das wachsende Heer von Touristen, Hobbyjägern, Wanderern und kommerziellen Wilddieben zur Zerstörung der natürlichen Vielfalt der taiwanesischen Ökosysteme bei.

Es konnte gezeigt werden, daß der Erhalt dieser natürlichen Systeme für die weitere ökonomische und soziale Entwicklung Taiwans unverzichtbar ist. Die natürlichen Systeme versorgen Bevölkerung, Industrie und Landwirtschaft mit Trinkwasser, Nahrungsmitteln, sauberer Luft und Naherholungsmöglichkeiten. Sie schützen vor Katastrophen wie Taifunen, Erdrutschen, Überschwemmungen und Schädlingsbefall. Darüber hinaus tragen die Umweltverschmutzung und -zerstörung in Taiwan zur weltweiten Belastung der Biosphäre bei. Saurer Regen, Ozonloch, Artenschwund und Ozeanverschmutzung sind einige Beispiel für einen taiwanesischen Beitrag zur globalen Umweltproblematik (Williams, 1992, S.188).

Das Besondere an der taiwanesischen Umweltkrise ist die Verknüpfung von entwicklungsländertypischen Umweltproblemen mit solchen, die aus der ökologischen Situation der hochindustrialisierten Länder bekannt sind: Auf der einen Seite beobachten wir eine hohe Bevölkerungsdichte, große hygienische Probleme im Bereich der Abfallwirtschaft, hohe organische Schmutzfrachten in den Fließgewässern, unzureichendes Flächenmanagement, Zerstörung von Naturräumen durch illegale Landnahme, ineffizienten Umgang mit knappen Ressourcen, Vergiftung von landwirtschaftlicher Nutzfläche, teilweise primitive Arbeits- und Umweltschutzvorrichtungen in den Betrieben, fehlende administrative Strukturen in den Umweltschutzbehörden, mangelhafte Umsetzung von Gesetzen und geringes Umweltverständnis in der Bevölkerung. Andererseits existieren mittlerweile modernste technische Standards zur Überwachung und Kontrolle der Belastung, gibt es im Bereich der Gewässerbelastung hohe Einträge industrieller und agroindustrieller Schadstoffe, werden die natürlichen Systeme mit Produktionsresten einer kapitalintensiven Industrie belastet, zerstört ein zunehmender Wohlstandstourismus die letzten noch intakten ökologischen Rückzugsgebiete und trägt ein hohes Pro-Kopf-Einkommen zu ständig steigendem Verbrauch zum Beispiel bei Wasser, Land und Konsumwaren bei. Die für Entwicklungsländer typischen Belastungsfaktoren wie hohes Bevölkerungswachstum und Raubbau zur Befriedigung der Grundbedürfnisse sind einem Anwachsen der für "entwickelte Staaten" typischen Belastungsparameter wie wachsendem Verbrauch von Luxusgütern, steigender Produktion von Abfall und schleichende Vergiftung der Umwelt infolge industrieller Prozesse gewichen. Taiwan stellt in dieser Beziehung keinen Sonderfall dar. Ein Vergleich mit Südkorea, dem anderen Flächenstaat unter den "vier kleinen Drachen", veranschaulicht die Gemeinsamkeiten im Bereich der Umweltbelastung. Luftverschmutzung (insgesamt wurden 1990 5,7 Mio.t luftverunreinigender Emissionen gemessen, davon stellen insbesondere die Schwebstaubkonzentrationen ein Problem dar), Gewässerbelastung (Industrieabwässer, Gülle, kommunale Abwässer) bei Flüssen und Küstengewässern, schnell wachsendes Abfallvolumen (59 Mio.t im Jahre 1991) und Überdüngung sowie Überdosierung von Pestiziden bei

Ackerböden (bfai, 1993, S.5-9) sind in den vorherigen Kapiteln schwerpunktmäßig auch für Taiwan beschrieben worden. Mit 2,2 kg Hausmüll pro Kopf und Tag liegt Korea über dem taiwanesischen Durchschnitt von rund 1 kg. Gemeinsamkeiten existieren ebenfalls beim Umgang mit gefährlichen Abfallstoffen. Zwei Drittel des Industriemülls aus dem Großraum Seoul werden nicht fachgerecht entsorgt (bfai, 1993, S.8).

Nicht alle ökologischen Schäden lassen sich nachträglich reparieren. Das Aussterben von Arten, die Zerstörung großer Feuchtgebiete, die Versalzung und Vergiftung von Ackerböden, die Verseuchung der Küstengewässer usw. sind teilweise irreversible Schäden, die neben der Gefährdung des Gesamtnaturhaushaltes extrem hohe monetäre Folgekosten für die Volkswirtschaft bedeuten. Am Beispiel Deutschlands zeigt sich heute bereits, wie teuer die Sanierung von Altablagerungen und Altstandorten, der Schutz bedrohter Biotope und Tierarten, die Trinkwasseraufbereitung, die "Atommüllentsorgung",[64] die Krankenkosten für Lärm-, Verkehrs- und Luftverschmutzungsgeschädigte usw. sein können.

Die Erfassung, Quantifizierung und monetäre Bewertung der Kosten von Umweltbelastung zählen zu den kompliziertesten, umstrittensten und lückenhaftesten Forschungsfeldern der Umweltökonomie. Trotzdem ist es unbedingt notwendig, zumindest volkswirtschaftliche Schätzungen anzustellen, um eine Größenordnung der bereits eingetretenen Schäden zu erhalten. Nur so ist es möglich, den ökonomischen Nutzen einer vorsorgenden, ökologisch orientierten Politik zu quantifizieren. Wicke hatte 1986 eine solche ökologische Schadensbilanz für die BRD aufgestellt. Das Erarbeiten einer ähnlichen Schadensbilanz für Taiwan stößt unter anderem auf Probleme der Quantität und Qualität von Datenmaterial. Aus diesem Grund kann für diese Arbeit die monetäre Dimension der Umwelt- und Ressourcenschädigung nur relativ bewertet werden.

Es steht zu erwarten, daß trotz der unterschiedlichen kulturellen und geographischen Bedingungen in Taiwan und der BRD gleiche Belastungen ähnliche Schäden und Beeinträchtigungen hervorrufen. Wenn in der BRD (alte Bundesländer) beispielsweise die gesundheitlichen Schäden an Atemwegen, die auf Luftverschmutzung zurückzuführen sind, auf ca. 2,3 bis 5,8 Mrd. DM pro Jahr geschätzt werden (Marburger, 1986, S.55), ist bei weitaus höherer Bevölkerungsdichte, ungünstigerer Topographie und stärkerer Immission von Schadstoffen in Taiwan mit relativ höheren monetären Krankheitskosten pro Kopf zu rechnen.[65] Dies kann das nebenstehende Beispiel verdeutlichen.

Tabelle 28 zeigt die Wirksamkeit der besonderen räumlichen und topographischen Gegebenheiten in Taiwan. Obwohl die Gesamtmenge an Emissionen im Taipei Becken wesentlich geringer ist als im Becken von Los Angeles, ist die Immission pro Flächeneinheit wesentlich höher. Diese Annahme wird durch folgende Aussage der nationalen Umweltbehörde Taiwans bestätigt:

> From the changes over the ten major causes of death ... during recent past ten years in this country, the several biological diseases ranked among the said ten major causes of death have been replaced by the chemical and physical diseases resulted from the environmental pollutions. (Bureau of Environmental Protection, 1987)[66]

Tabelle 28: Vergleich der Emissionen von Kraftfahrzeugen zwischen der Südwestküste der USA (Becken von Los Angeles) und Taipei

Emissionen	Los Angeles 17.094 km^2		Taipei City 272,12 km^2	
	t/d	t/km^2	t/d	t/km^2
Kohlenmonoxid (CO)	9.600	0.562	863	3.172
Chlorierte Wasserstoffe (HC)	1.350	0.079	191	0.702
Stickoxide (NOx)	1.520	0.090	55	0.202

Quelle: Tang, 1990, S.331.

Im Bereich der Gewässerverschmutzung und der Pestizidanwendung in der Landwirtschaft sind ebenfalls Fälle von Vergiftungen und Erkrankungen bekannt geworden (Bello und Rosenthal, 1992, S.200). Die Verschmutzung der Wasserressourcen in Taipei führte bereits 1970 zu Erkrankungen, Arbeitsausfällen und höheren Sterberaten. Das Kanalplanungsamt (TASPC) errechnete daraus einen volkswirtschaftlichen Verlust von 79 Mio. NT-$ (Selya, 1974, S.183). Solche Zahlen sind allerdings nur in den seltensten Fällen vorhanden und stellen darüber hinaus lediglich grobe Schätzwerte dar. Aus ethischer Sicht lassen sich die Kosten einer schuldhaft verursachten Erkrankung Dritter ohnehin nicht rechtfertigen. Der TÜV Essen versucht, in einer Masterplan-Studie für die TEPA die Kosten für die Erreichung von bestimmten Umweltstandards zu berechnen. Als Beispiel sei an dieser Stelle die Minderung der Lärmbelastung aufgezeigt (Tabelle 29). Allein die Planungskosten werden auf 2,2 bis 5,8 Mio. US-$ geschätzt.[67]

Tabelle 29: Geschätzte Kosten von Lärmminderungsmaßnahmen in Taiwan

Art der Maßnahme	Geschätzte Kosten
Planungskosten	54 - 150 Mio. NT-$
Lärmschutzmaßnahmen	30 - 45 Mio. NT-$/km
Lärmschutzfenster	9000-15000 NT-$/m2
Tunnel und Brücken	600-1800 Mio. NT-$
Überführungen	300- 600 Mio. NT-$
Umgehungsstraßen	75-150 Mio. NT-$

Quelle: TÜV Essen, 1991, S.6.6.1.

Die Realisierungskosten lassen sich nur schwer genau berechnen. Lärmschutz an Verkehrsadern wird in Kosten pro km bzw. im Falle von Doppelverglasung an Gebäuden in Kosten pro m² geschätzt. Die Kosten für die Reduzierung von Flug-(hafen)lärm, von geräuscharmen Autos und für Lärmschutzmaßnahmen in Industriebetrieben lassen sich spezifisch für Taiwan nicht schätzen. In der BRD sind zum Beispiel lärmarme Autos 3 bis 5% teurer, wurden bereits 11,5 Mrd. DM für Lärmschutz an Flughäfen ausgegeben und betragen die Aufwendungen der Industriebetriebe für Lärmschutz je nach Branche zwischen 0,14 und 0,59% der Fixkosten (TÜV Essen, 1991, S.6.6.2-2).

Im Bereich der Wasserverschmutzung existiert eine Vielzahl unterschiedlicher Daten. Die Säuberung eines der größten taiwanesischen Flüsse (Tanshui) würde Millionen von Naherholungstouristen stundenlange Anfahrten in die Erholungsgebiete der Gebirgs- oder Küstenbereiche ersparen. Diese eingesparten Anfahrtswege und -zeiten lassen sich monetär bewerten. Wu und Hsu geben zum Beispiel den ökonomischen Gewinn einer erfolgreichen Sanierung des Tanshui mit bis zu 692 Mio. NT-$ an (Wu und Hsu, 1989, S.358). Basis der Überlegungen von Wu und Hsu sind ökonomische Gewinne aufgrund kürzerer Wege zu Freizeitmöglichkeiten. Diesem "Gewinn" stehen geschätzte Sanierungskosten von über 100 Mrd. NT-$ entgegen (EPA, 1992b, S.10). Die unkontrollierte Entnahme von Grundwasser für

Tabelle 30: Geplante Umweltschutzausgaben der taiwanesischen Regierung (Mio.US-$)

Kategorie	Berater	Ausrüstung	Ingenieur-maßnahmen	Tests u. Analysen	Andere	Total
Wasserverschmutzung	281	8.270	2.870	119	-	11.540
Luftverschmutzung	44	42	96	48	-	230
Abfallwirtschaft	115	1.985	1.367	63	-	3.530
Sondermüll u. Gefahrstoffmanagement	15	18	30	15	-	78
Lärmschutz	11	144	341	4	-	500
Umweltmonitoring	7	7	86	59	-	159
Umweltverschmutzung in Schulen	74	152	44	52	-	322
Naturschutz	34	-	-	-	644	678
Forschung u. Entw.	52	44	89	52	267	504
Verschiedenes	30	59	73	30	-	192
Total	663	10.721	4.996	442	911	17.733

Quelle: EPA, 1992a, S.48.

die Landwirtschaft (vor allem Aquakulturen) und die Industrie führt zu teilweise irreversiblen Schäden. Landsenkungen bis zu 2,5 m in Pingtong haben große Schäden an infrastrukturellen Einrichtungen zur Folge. 150 Mio. US-$ haben die Kreise Südwesttaiwans für die Reparatur von Deichen und Straßen bereits ausgegeben. Bis 1997 werden weitere 270 Mio. hinzukommen (Hwang, 1991, S.18). Im Zeitraum von 1979 bis 1983 wurden insgesamt Kompensationen von 30,1 Mio. NT-$ an Landwirte gezahlt, um Schäden durch Luftverschmutzung zu ersetzen (Lu Alan-yun, 1988, S.416). Für den Bereich der Altlasten und der Bodensanierung entstehen Kosten zwischen 1.500 und 12.000 NT-$ pro Gewichtstonne kontaminierten Bodens (TÜV Essen, 1991, S.5.6.2-1).

Tabelle 30 zeigt die für den Zeitraum von 1991 bis 1997 vorgesehenen Umweltschutzausgaben der taiwanesischen Regierung (TEPA-Planung) nach Sektoren gegliedert. Insgesamt sind Ausgaben in Höhe von 17,7 Mrd. US-$ vorgesehen (EPA, 1992a, S.10). Für den Zeitraum von 1991 bis 1996 werden die geplanten öffentlichen und privaten Ausgaben für Umweltschutzmaßnahmen in Taiwan auf 35,554 Mrd. US-$ geschätzt (EPA, 1992a, S.3). Davon entfallen 17,73 Mrd. auf die TEPA, 10,414 Mrd. auf staatseigene Betriebe und 7,407 Mrd. auf die Privatwirtschaft (EPA, 1992a, S.3). Der TÜV Essen schätzt im Rahmen des Umwelt-Masterplanes für Taiwan einen durchschnittlichen Jahresbedarf von ca. 10,4 Mrd. US-$ für einen Zeitraum von zehn bis fünfzehn Jahren (TÜV Essen, 1991, 9.4.2-1).

Die von der TEPA geplanten Ausgaben von Regierung, staatseigenen Betrieben und Privatbetrieben decken demnach nur 50% des nach Ansicht der TÜV-Wissenschaftler notwendigen Bedarfes. Die für die Budgetplanung zuständige Behörde, der CEPD, hat allerdings nur Umweltschutzausgaben in Höhe von 10,61 Mrd. US-$ im Nationalen Sechsjahresplan vorgesehen (Bectech, 1991, S.3). In ihrem Taiwan-Handbuch von 1993 korrigiert die Regierung diese Zahl noch einmal nach unten auf ca. 3,2 Mrd. US-$ bis 1996 (Kwang Hwa, 1993, S.118). Die TEPA konnte demzufolge nur einen sehr geringen Teil ihrer Haushaltsvorschläge durchsetzen.[68] Bectech Consulting schätzt im Rahmen einer ausführlichen Analyse des Umweltschutzmarktes in Taiwan die real zu erwartenden Umweltschutzausgaben des Staates, der Staatsbetriebe und des privaten Sektors auf lediglich 11,9 Mrd. US-$ (Bectech, 1991, S.7).

Fazit:

Trotz der (geplanten) steigenden finanziellen Aufwendungen für Umweltschutzmaßnahmen ist aufgrund der Intensität der Schädigung, der Komplexität der Problemlage und der weiter steigenden Belastungen kurz- und mittelfristig keine prinzipielle Besserung der Belastungssituation zu erwarten.

Aspekte der ökologischen Krise

Im Rahmen dieser Arbeit muß natürlich auch die Frage aufgeworfen werden, ob und inwieweit durch eine andere Entscheidungskonzeption die heute dringlicher erscheinenden "Reparaturen" am Ökosystem hätten vermieden werden können. Vermeidung im ökonomischen Sinne hieße, die ökonomischen Schäden zu "internalisieren", so, daß die möglichen Verursacher die Kosten zu tragen haben. Diese Internalisierung muß, wenn der Markt nicht von sich aus in der Lage ist, dies zu tun, von der Politik durch bestimmte Instrumente initialisiert werden. Geschieht dies nicht, so kommt es zu Folgen, wie wir sie am Beispiel Taiwans beobachten können. Umweltbelastung und Umweltzerstörung stellen demzufolge auch ein Markt- und Politikversagen dar. Wie es in Taiwan dazu kam und wo die Gründe dafür liegen, wird in Kapitel 6 ausführlich diskutiert.

6 Ursache und Wirkung der ökologischen Krise - Die Suche nach einem Modell für dauerhafte Entwicklung

Nach der Bestandsaufnahme von Ausgangslage, Entwicklungspolitik und Ist-Zustand drängt sich die Frage nach den spezifisch taiwanesischen Ursachen der Umweltkrise auf. In Abschnitt 2.1.1 wurden die geographischen Rahmenbedingungen Taiwans bereits erläutert. Aus der extremen Ökosystemdynamik mit hohen Erosionsraten und häufigen Naturkatastrophen ergibt sich die Forderung nach einem angepaßten, sorgfältigen Entwicklungsansatz. "Natural hazards" sind, wie Rolshoven (1988, S.104/105) es formuliert, ein bestimmendes Element bei der Erschließung in Zentraltaiwan. Anthropogene Eingriffe in dieses sehr dynamische Gleichgewicht erhöhen die Gefahr für negative Einwirkungen auf das primäre und das sekundäre Milieu. Es kommt zu "man made hazards", die hohe Folgekosten bewirken. Die naturräumlichen Grundlagen, die Fragilität der Lebensräume Taiwans, erschweren eine nachhaltige Entwicklung. Selbst sehr behutsame Eingriffe unterliegen der Gefahr, zu "man made hazards" zu mutieren.TEPA, die zentrale staatliche Umweltbehörde, charakterisiert die Rahmendaten ihrer Arbeit mit den sogenannten "three highs" (hohe Bevölkerungsdichte, hohes Wirtschaftswachstum, hohe Erwartungen der Bevölkerung) und "three lows" (wenig Geld, wenig "manpower", unterentwickelte Technologien) (EPA, 1991, S.4/5). Einige dieser Faktoren sind aus der Entwicklungsgeschichte anderer Industrieländer bereits bekannt. Wicke (1989, S.28) gliedert die Ursachen für Umweltzerstörung wie folgt:

1. entwicklungsbedingte Ursachen: Bevölkerungswachstum, Verstädterung, Wirtschaftswachstum, ungünstiger technisch-wirtschaftlicher Wandel;
2. sozio-ökonomische Ursachen: Umwelt als öffentliches Gut, Externalisieren von Umweltkosten, umweltfeindliches menschliches Verhalten;
3. wirtschaftssystembezogene Ursachen: Wirtschaftspolitik, Wirtschaftsstruktur, Planwirtschaft, Marktwirtschaft.

Zusammen können diese Faktoren zu einer Überlastung der Absorptionsfähigkeit der Umwelt führen (vgl. Wicke, 1989, S.28). Über die von der TEPA angeführten Ursachen hinaus ist von Interesse, welche der von Wicke genannten Faktoren auf Taiwan zutreffen.

Das in Abbildung 3 entwickelte zyklische Entscheidungsmodell für die Entwicklungspolitik Taiwans versucht den interaktiven Prozeß zwischen Umweltkrise und Reaktion des politischen Systems bzw. zwischen politischer Entscheidung und ökologischer Wirkung zu verdeutlichen. Inwieweit dieses Modell als Erklärungsansatz taugt, soll im folgenden anhand einiger Beispiele skizziert werden.

6.1 Zur Leistungsfähigkeit des zyklischen Entscheidungsmodells

Das zyklische Entscheidungsmodell (vgl. Abb. 3) als eine Darstellung des dynamischen Wechselspiels zwischen Feedback-Signalen des Ökosystems und der politischen Entscheidungsabläufe ermöglicht die Erklärung einiger vorgenannter Änderungen in der Formulierung von Entwicklungszielen und den dazugehörigen Realisierungsstrategien. So läßt sich zum Beispiel die geänderte Haltung zur Umwelt in Taiwan mit der Verknappung von Umwelt und den daraus folgenden negativen externen Effekten auf private Haushalte und spezifische Produzentengruppen erklären.

Betroffene Bevölkerungsgruppen können aufgrund der zunehmenden Pluralisierung und Aufweichung der autoritären Herrschaftsform auf Taiwan ihre Probleme immer besser artikulieren. Mit anderen Worten senkte die Liberalisierung des politischen Systems die Kosten für Protest und für die Formulierung alternativer Politikangebote. Andererseits wird die Hinwendung zu umweltbezogenem Verhalten auch für die Regierung immer lukrativer. Somit bestätigt Taiwan ein Ergebnis aus Studien in entwickelten Industrieländern, daß nämlich demokratische Wahlen und lokale Selbstverwaltung Stimmbürgern eine effektive Möglichkeit geben, ihren Forderungen nach mehr Umweltschutz Ausdruck zu verleihen. Darüber hinaus zeigt das Beispiel Taiwan, daß nicht nur sozialistische autoritäre Systeme sondern auch nichtsozialistische wie Taiwan bis Mitte der achtziger Jahre trotz und wegen der größeren Ressourcenkontrolle in staatlicher Hand keine die natürliche Umwelt weniger ausbeutende Entwicklungspolitik betreiben.

Die im zyklischen Entscheidungsmodell behauptete Wirksamkeit externer Einflüsse auf Gesellschaft (sekundäres Milieu) und Ökosysteme (primäres Milieu) kann anhand einiger Beispiele verifiziert werden. Die für die Umweltbewegung so wichtige Demokratisierung in Taiwan ist unter anderem eine Reaktion auf besondere externe Einflüsse wie das Drängen der US-Regierung, die Normen internationaler Instanzen wie GATT oder IWF oder der Erfahrungshorizont von im Ausland ausgebildeten Führungskräften und Hochschullehrern. Die Folgen des Kernreaktorunfalls in Tschernobyl führten in Taiwan zu einem Moratorium aller weiteren Atomkraftwerkspläne bis 1994. Im Bereich des primären Milieus, des Ökosystems Taiwan, lösen bestimmte Anzeichen von Erschöpfung (Wasser, Artenreichtum) und Überfüllung (Müll, Verkehr) Reaktionen im sekundären Milieu (Produktionsausfall, Verwaltungsstreit, Bürgerproteste, internationale Boykottaufrufe gegen Taiwan usw.) und die zumindest theoretische Formulierung neuer (Umwelt-) Politikansätze bzw. Strategien aus.

Struktur und Vernetzung von Aspekten der taiwanesischen Umweltkrise können demnach mit Hilfe des zyklischen Entscheidungsmodells dargestellt werden. Das Modell liefert darüber hinaus plausible Hinweise auf kausale Zusammenhänge und auf (Feedback)-Wirkungen der taiwanesischen Umweltkrise, ohne diese jedoch im einzelnen erklären zu können. Im folgenden wird deshalb die Frage nach Ursache und Wirkung der ökologischen Krise vor dem Hintergrund der bereits erfolgten Analyse der ökonomischen und ökologischen Entwicklung abschließend Gegenstand der Betrachtung sein.

6.2 Entwicklungsbedingte und soziokulturelle Komponenten der Umweltkrise

Mit den "three highs" und "three lows" gibt die nationale Umweltschutzbehörde bereits einen ersten Hinweis auf entwicklungsbedingte, nicht allein auf Politik oder Marktversagen zurückzuführende Ursachen für die Umweltkrise in Taiwan. Bis in die siebziger Jahre hinein mußte das Ökosystem Taiwans einen starken Anstieg der Bevölkerung verkraften. Erst durch ein erfolgreiches Programm zur Bevölkerungskontrolle zusammen mit einem natürlichen Rückgang der Geburtenrate infolge des steigenden Wohlstandes wurde der Zuwachs dieses Belastungsfaktors gebremst. Hinzu kommt die Verdichtung der Belastung durch die topographisch und naturräumlich vorgegebene, einseitige Ballung der Entwicklungsaktivitäten in den Ebenen der Westküste und des Nordens. Andererseits zeigten sich die Bergökosysteme als extrem anfällig selbst für extensive Entwicklungsmaßnahmen.

Die Dynamik des Wirtschaftswachstums hat die verantwortlichen Planer und Politiker im Bereich der Ökologie regelrecht überrollt. Die Gestaltungsvorgaben des Wirtschaftswunders beinhalteten bis zum Sechsjahresplan 1991-1996 keine umfassenden Pläne zum Schutz der Umwelt (vgl. Anhang 4). Das Wirtschaftswachstum in Form einer stetig steigenden Zahl von Betrieben mit absolut immer weiter steigendem Energieverbrauch und wachsenden Schadstoffemissionen muß als einer der Hauptfaktoren für die Umweltkrise in Taiwan angesehen werden. In Anbetracht der hohen Dynamik des taiwanesischen Naturraums und der zu erwartenden Nutzungskonflikte hätte nur eine behutsame und vorausschauende Entwicklung sowie eine Verteilung der knappen Fläche die Schaffung von planerischen und ökologischen Altlasten sowie das Entstehen von Dauerkonflikten verhindern können. Die sehr schnelle Industrialisierung nach der Landreform erschwerte jedoch eine vernünftige Ressourcen- und Raumplanung. Bevor die negativen Folgen der Umweltzerstörung für die Lebensqualität der Taiwanesen offensichtlich wurden, bestand ein breiter Konsens über diese Form der von der Regierung eingeschlagenen "Entwicklung" (vgl. Sautter, 1990, S.133). Die chinesische Bevölkerung setzte eindeutig materiellen Wohlstand vor eine intakte Umwelt. Der umweltungünstige technische Wandel mit einer Zunahme von Wegwerfprodukten, energieverbrauchenden Haushaltsgeräten und schadstoffemittierenden Gebrauchs- und Luxusgütern in Form von Plastiktaschen, Autos, Klimaanlagen, Elektrogeräten usw. ließ den Energieverbrauch und die Abfallproduktion rasant ansteigen. Allein die schnelle Zunahme von Kraftfahrzeugen führt zu mehr Flächenbedarf für Straßen, Garagen, Parkplätze, Werkstätten usw. Gasförmige Emissionen, Schrottautos, Altöle usw. gelangen in immer größeren Mengen in die (begrenzte) Umwelt (Dumont, 1987, S.124). Im Bereich der Landwirtschaft führen die veränderten Ernährungsgewohnheiten zu neuen, problematischen Wirtschaftsformen. Intensivtierhaltung und Obstbaumplantagen veranschaulichen exemplarisch die Folgen einer sich verändernden Nachfrage im Lebensmittelsektor.

Parallel dazu entsteht der Wunsch nach mehr Freizeit, Naherholung und Mobilität in den verbliebenen Naturräumen. Dadurch sind die Ökosysteme einem stetig steigenden Druck ausgesetzt. Erschwerend hinzu kommt eine traditionell geringe Sensibilität innerhalb der chinesischen Kultur für Natur im Sinne von nicht anthropogen geformten, natürlichen Ökosystemen. Die Dominanz eines Naturnutz- über einen Naturschutzgedanken in der Bevölkerung erleichtert(e) eine exzessive Kapitalisierung der natürlichen Ressourcen. Die taiwanesische Konsumgesellschaft lebt unter anderem von der Demonstration von Konsumfähigkeit als Beweis der Bonität als Unternehmer oder schlicht als Statussymbol für die Zugehörigkeit zur Schicht der gesellschaftlichen Aufsteiger. Dieser "Konsumzwang" läßt die meisten Appelle der Natur- und Umweltschützer zum bewußteren Umgang mit Konsumwaren, zum Verzicht auf umweltbelastende Produkte und zur umweltbewußten Entsorgung von nicht mehr benötigten Produkten wirkungslos verpuffen.

Ähnliches gilt für Appelle von Ökologen zum Schutz der Flora und Fauna auf Taiwan. Seltene Tiere und Pflanzen dienen als Prestigeobjekte, als Medizin oder sind einfach "wertlos". Mit dem schnell steigenden Wohlstand wächst demnach eine potentielle Käuferschicht für seltene und teure Tier- und Pflanzenarten. Hier entsteht der Markt für die vielen kleinen illegalen Jäger, oft aus den Reihen der am Wirtschaftswunder nur ungenügend beteiligten Ureinwohner. Schlechte Ausbildung, Unterdrückung ihrer Kultur und Verdrängung in schlecht zugängige Bergregionen fördern die Wilderei bei den Minoritäten.

Zwar gibt es Gesetze, aber die entsprechenden Behörden sind personell nicht zu einer effizienten Kontrolle in der Lage. Die größtenteils in den USA und Europa ausgebildete Bürokratenelite steht vor dem Problem, daß viele der guten Ansätze im umweltpolitischen und gesetzgeberischen Bereich nicht umgesetzt werden können. Die Akzeptanz und Effizienz vieler aus Europa und den USA importierter Gesetze liegt oft weit unter der in den Herkunftsländern. Einem entschlossenen Vorgehen des Staates im Bereich des Umweltschutzes stehen ganz massive traditionell-chinesische Gewohnheiten, eine mangelhafte Rechtstaaatsdisziplin und steigende individuelle Kaufkraft gegenüber. Die heutigen Werte und Normen der chinesischen Gesellschaft basieren auf einem uralten Gesellschaftskodex, der trotz der zunehmenden Überprägung durch westliches Kulturgut weiterhin das private und öffentliche, das ökonomische und ökologische Verhalten wesentlich mitbestimmt. Der Staat wird lediglich als für gesellschaftliche Harmonie zuständiger Macht- und Ordnungsfaktor gesehen, den man - wo auch immer - am besten meidet.

> With regard to activities outside this sphere [Familie, Klan, Guanxi-Gruppe; Anmerkung des Verfassers] one usually does not care what the next person does as long as the consequences of that person's behaviour do not have an adverse effect on oneself. (Cheng, 1989, S.23)

Han (1987, S.456) sieht eine weitere Ursache der Umweltproblematik darin, daß die im Umwelt- und Naturschutz tätigen Taiwanesen in der Regel von sehr unterschiedlichen Definitionen von Umwelt ausgehen. Hier macht sich der Mangel an Forschungs- und Bildungseinrichtungen im Bereich des Natur-, Arten- und Ökosystemschutzes negativ bemerkbar. Aus Sicht des internationalen Artenschutzes liegen in den vorgenannten traditionell und kulturell bedingten Wahrnehmungsunterschieden von Natur und Umwelt die Wurzeln für Taiwans international führende Rolle als Absatzmarkt und Drehscheibe im illegalen Tierhandel.

Im Bereich der Industrialisierung bilden die chinesische Großfamilie und das Guanxi-(Beziehungs-)System das Rückgrat für den Boom kleiner, oft illegaler Fabriken, die ganz erheblich zur Umweltbelastung beitragen. Diese Betriebe haben weder genügend Geld für Umweltschutzmaßnahmen noch Interesse an ihnen. Auf Grund ihrer Illegalität fallen sie darüber hinaus auch nicht in den Bereich staatlicher Zuschußprogramme für Umweltschutzmaßnahmen, bzw. sie meiden den Kontakt mit staatlichen Institutionen. Die enge Verbundenheit und Zusammengehörigkeit auf lokaler bzw. Nachbarschaftsebene führt zu einer relativ hohen Toleranzschwelle gegenüber den vielen stark verschmutzenden Hinterhoffabriken. Die sozioökonomische Grundstruktur der taiwanesischen Gesellschaft erleichtert somit das Externalisieren von Umweltkosten.

Ein Prinzip des ökonomischen Erfolges ist in Taiwan die extrem hohe Flexibilität in allen Produktionsbereichen. Viele Teilbereiche zeigen allerdings, daß eben diese Flexibilität eine Ökologisierung der Produktionsweise ("clean production") behindert. Eine ressourcenschonende Landwirtschaft zum Beispiel, mit festgelegten, langfristigen Fruchtwechseln, Bodenerholungszeiten und Schutzpflanzungen, würde zu einer abnehmenden Flexibilität gegenüber Weltmarktbedürfnissen führen. Ein schnelles Umschalten auf neue Modeprodukte wäre nicht mehr möglich. Eine solche Entwicklung läßt sich nur für eine binnenmarktorientierte Zielsetzung realisieren. Der Wandel der taiwanesischen Landwirtschaft zu einer exportorientierten Agrarindustrie trägt somit zu einer Beschleunigung der Umweltzerstörung bei. Ohne Rücksicht auf lokale ökologische Restriktionen werden Produkte kultiviert, die der Markt verlangt.

Vor allen anderen werden staatliche Großbetriebe in Taiwan für die industrielle Belastung der Umwelt verantwortlich gemacht. Zwar werden im neuen nationalen Sechsjahresplan (1991-1996) 504 Mio. US-$ für Forschungs- und Entwicklungsmaßnahmen im betrieblichen Umweltbereich vorgesehen. Abnehmer werden jedoch aller Voraussicht nach nur die großen staatlichen Unternehmen sein. Die engen Beziehungen zwischen Regierung und Staatsunternehmen lassen ein solches Vorgehen vermuten.

Eine effizient durchgeführte Kontrolle von Emissionen und Industrieansiedlungen durch feste Zonierungen und streng überwachte Gesetze könnte kurz- und mittelfristig die Attraktivität Taiwans als Standort für Auslandsinvestoren vermindern. Langfristig könnte daraus ein Standortvorteil entstehen (vgl. Umwelt-Zyklus-Hypothese Kapitel 1.1). Aus Gründen, die in Abschnitt 6.3.1 näher erläutert werden, war die taiwanesische Regierung lange Zeit nicht an langfristigen Perspektiven für Taiwan interessiert.

6.3 Politikversagen oder Marktversagen?

Aus Sicht der politischen Ökonomie stellt sich die Frage nach der Rolle des politischen Systems, der Bürokratie und der Marktwirtschaft bei der Entstehung der ökologischen Krise. Ökonomen unterscheiden prinzipiell zwischen zwei Typen von Ineffizienz im Management moderner Volkswirtschaften. Marktversagen als der erste Typus beinhaltet die Unfähigkeit des frei funktionierenden Marktes, externe Kosten zu internalisieren. Mit anderen Worten spiegeln die Preise der produzierten Güter nicht die tatsächlichen Kosten (inkl. sozialer und ökologischer Kosten) der Produkte wider. Darüber hinaus versagt der freie Markt bei der Verfügbarkeit für bestimmte Inputs und Outputs, zum Beispiel für Dienstleistungen im Umweltschutz (Pearce und Warford, 1993, S.173). Politikversagen als der zweite Typus von Ineffizienz resultiert aus der Unfähigkeit der Regierung, die optimale Mischung zwischen effizienter staatlicher Intervention in das Marktgeschehen und einem freien Spiel der Marktkräfte zu finden. Ineffiziente Interventionen können in Form von Subventionen, Preiskontrollen, Sollzielen für Produktion, Wechselkurskontrollen, Kontrollen der Eigentumsrechte usw. bestehen (Pearce und Warford, 1993, S.173). In Taiwan beobachten wir alle Varianten staatlicher Interventionspolitik vermischt mit Elementen freier Marktwirtschaft (siehe Abschnitt 2.2.3 und Kapitel 4). Nach der Analyse der entwicklungsbedingten und soziokulturellen Komponenten der Umweltkrise wird also in den folgenden Abschnitten zu untersuchen sein, ob und wie die Varianten taiwanesischer Wirtschaftsplanung und -politik sowie die Elemente der freien Marktwirtschaft für den Bereich des Schutzes der natürlichen Ressourcen eine Rolle gespielt haben.

6.3.1 Politik- und Planversagen als Ursache für Taiwans Umweltkrise?

Hauptakteur einer effektiven Umweltpolitik muß der Staat sein, aber diesem obliegt in den meisten Entwicklungsländern nicht in erster Linie die Durchsetzung des langfristigen Gemeinwohls im Spannungsfeld konkurrierender Interessen, sondern er ist eher ein Transmissionsriemen der dominanten Wirtschafts- und Machtlobbies. (Wöhlcke, 1990, S.59)

Politikversagen im Sinne der Umweltökonomie kann prinzipiell in zweierlei Form vorliegen: zum einen durch Unterlassen von aktiver, die Umwelt schützender Politik (Verbote, Steuern, Anreizsysteme), zum zweiten durch aktives Fördern von für die Umwelt schädlichen Entwicklungen und Strukturen. In Taiwan beobachten wir beide Formen des Politikversagens. Einerseits erfüllt die taiwanesische Politik sicherlich die eingangs von Wöhlcke formulierte These, daß der Staat als Transmissionsriemen für Wirtschaftsinteressen dient, andererseits fehlte lange Zeit die Einsicht in die Notwendigkeit des Schutzes der natürlichen Ressourcen. Dies wird in Taiwan noch verstärkt durch die Tatsache, daß Regierung und Wirtschaft bis Mitte der achtziger Jahre nahezu deckungsgleiche Ziele verfolgten. Eine politische Opposition existierte weder in wirtschafts- noch in machtpolitischer Hinsicht. Die Rahmenziele des neuen Sechsjahresplanes (jährliches Wachstum von 7%, Anstieg des BSP auf 298 Mrd. US-$, Erhöhung des BSP pro Kopf um 6.000 US-$) setzen allen Erkenntnissen über Umweltzerstörung zum Trotz weiterhin mehrheitlich auf quantitatives Wachstum (German Trade Office, 1992, S.11). Der mit 9% (theoretisch) sehr hohe Anteil von Investitionen im Bereich des Umweltschutzes dient zum größten Teil der Reparatur ("end-of-the-pipe"-Technologien) bereits eingetretener sowie der infolge weiterer "Entwicklung" zu erwartenden ökologischen Schäden (German Trade Office 1992, S.22). Als Beispiel seien an dieser Stelle nochmals der weitere Ausbau der Grundstoffchemie (sechster Naphta-Cracker), der Stromerzeugung (viertes Atomkraftwerk, Wasserkraftwerke), der Verkehrsinfrastruktur und der Industriezonen erwähnt.

Alle Ansätze zur Analyse des Versagens der taiwanesischen Politik bei der Schaffung einer ökologisch und ökonomisch nachhaltigen Entwicklung müssen unter den besonderen Konditionen der GMD-Herrschaft auf Taiwan gesehen werden. Herausragend ist dabei der Traum der alten Festlandspolitiker, wieder in ihre Heimat zurückzukehren. Dieser lange aufrechterhaltene Mythos des Heimkehrens erleichterte es den GMD-Politikern, die Ressourcen der "wunderschönen Insel" ohne Rücksicht auf zukünftige Generationen zu (über)nutzen. Gestützt wird diese These durch die Tatsache, daß seit der Liberalisierung und Taiwanisierung der Politik der Umweltschutz immer stärker Einzug in die Planungen hält. Hsu Shenshu, Gründerin einer der größten Umweltschutzorganisationen in Taiwan, der "New Housewife Association", beschreibt das umweltpolitische Problem mit den alten Guomindangpolitikern so:

> Current policymakers do not love this place as their home since they still operate under the myth of returning to the Mainland and have not changed their basic opinion of Taiwan as a temporary stop, a hotel of sorts. (Bello und Rosenthal, 1992, S.214)

Die im Rahmen von Vierjahresplänen formulierten Wirtschafts- und Entwicklungsziele setzten auf extensives Wachstum ohne Rücksicht auf die Erschöpfbarkeit der natürlichen Ressourcen (vgl. Wu Chung-lih, 1987). Die Entwicklungsstrategie der Nationalregierung basierte nicht auf konkreten raumplanerischen Vorgaben, sondern auf ökonomisch-militärischen Zielsetzungen. Vorgaben bestanden immer in Wachstumsraten und nicht in ausgewogenen und abgestimmten Flächennutzungsplänen. Für den Bereich öffentlicher Projekte formuliert C.J. Chang, Generaldirektor im Kommunikationsministerium, dies so:

> In the past 30 years, most public works projects were carried out according to immediate need. There was no planning and the need for foresight did not seem obvious. (Liu, 1991, S.23)

Auf Grund der militärischen Bedrohung und der internationalen Isolierung war die Regierung bestrebt, sowohl im Energie- wie im Agrarsektor einen möglichst hohen Eigenversorgungsanteil zu erreichen. Ökologisch falsche Strategien, zum Beispiel in Form des "Reis für Dünger"-Abkommens, und falsche Preissignale, zum Beispiel in Form von Düngemittel- und Energiepreisbeihilfen für die Landwirtschaft, ermunterten die Bauern zu einem exzessiven Verbrauch von Chemikalien. Der Staat als Eigentümer der Düngemittelindustrie und als Nutznießer des Ressourcentransfers von der Landwirtschaft in nichtagrarische Sektoren der Wirtschaft war hier mehr am eigenen Profit als an langfristigen Folgen für die Umwelt interessiert. Durch die staatlichen Subventionen fehlt zum Beispiel der Anreiz, Ressourcen in Form von elektrischer Energie, Düngemitteln oder Wasser einzusparen. Der extensive Gebrauch dieser Güter führt aber, wie Kapitel 5 deutlich gemacht hat, zu erheblichen Folgeproblemen. Trotz periodisch wiederkehrender Engpässe in der Wasserversorgung wird die Verschwendung beispielsweise von Trinkwasser durch den extrem niedrigen Preis von 0,31 US-$ pro m^3 eher noch gefördert (Yu, 1993). Darüber hinaus wächst innerhalb der Regierung die Kritik am Management der Wasserressourcen (Yu, 1993). Im Bereich der Lohnpolitik hat das Beispiel der einschlagabhängigen Entlohnung der Forstangestellten gezeigt, daß falsche Lohnsignale die Übernutzung der natürlichen Ressourcen beschleunigten.

Binnenpolitisch nutzte die Regierung autoritäre Herrschaftsstrukturen, um ihren Machtanspruch zu erhalten. Dadurch wurden alternative Ideen und Entwicklungskonzepte bereits in der Entstehung behindert. Mit anderen Worten beraubte sich die taiwanesische Politik der Möglichkeit eines umfassenderen Feedbacks aus der Bevölkerung, und sie verspielte dadurch die Chance, Umweltprobleme früher zu erkennen bzw. vor der Entstehung zu vermeiden. Politikversagen findet sich darüber hinaus im Management der Staatsbetriebe und in der Industrieplanung. Allgemein gelten in Taiwan die großen staatlichen Betriebe als Verschmutzer Nummer 1. Der Staat scheint bis heute nicht in der Lage zu sein, die eigenen Betriebe zu Modellen für ein ökologisch verträgliches Management zu formen. Durch die bisher nur unzureichende Umweltpolitik in den staatseigenen Betrieben fehlt es der taiwanesischen Regierung an Glaubwürdigkeit, um entsprechende Maßnahmen von den wenigen privaten Großbetrieben oder den über 90.000 kleinen und mittleren Betrieben zu verlangen.

Gerade das staatliche Konzept der dezentralen Industrialisierung, welches ja als richtungweisend für die Dritte Welt gilt, ist für einen Großteil der katastrophalen ökologischen Schäden verantwortlich. Eine geschätzte Zahl von 90.000 Betrieben, die größtenteils mitten in landwirtschaftlich genutzten Flächen liegen, haben die ländliche Bevölkerung und die Ökosysteme einer starken Belastung ausgesetzt (vgl. Kapitel 5). Die Boden- und Wasserressourcen wurden durch das dezentrale Verbreiten von Industrien flächenhaft vergiftet. Eine solches Programm zur Dezentralisierung in sensible landwirtschaftliche Bereiche hinein hätte unter strengen Auflagen durchgeführt werden müssen. Hier versagt die Politik, da keine bzw. nur sehr mangelhafte Konzepte und Einrichtungen für die Entsorgung von Produktionsrückständen und Emissionen geschaffen wurden. Das andere Extrem der staatlichen Industrieplanung, die Exportverarbeitungszonen (EVZ), Industriezonen und Wissenschaftsparks, haben zwar eine flächenhafte Verbreitung von Schadstoffen vermieden. Aber lokal und regional, vor allem an der Westküste Taiwans, führen diese Sonderzonen zu teilweise katastrophalen Folgen für Menschen, Tiere und Pflanzen. Die Exportverarbeitungszonen sollten ausländischen Investoren optimale Bedingungen bieten. Dazu gehör(t)en unter anderem extrem niedrige Auflagen für Umweltschutzmaßnahmen. Neben den unmittelbar angrenzenden Wohngebieten sind vor allem die marinen Ökosysteme betroffen. Ein ähnliches Problem findet sich in der Verkehrsplanung. Die einseitige Förderung von Individualverkehr auf Kosten zukunftweisender Verkehrsverbundlösungen hat zu erheblichen Belastungspotentialen vor allem der Luft in den Ballungsgebieten geführt. Schlecht geplante, ohne Umweltverträglichkeitsprüfung realisierte Infrastrukturprojekte führen zu Bergrutschen, oder zerschneiden letzte noch intakte Biotope. Wo Umweltverträglichkeitsprüfungen durchgeführt werden, dienen sie oft nur als Erfüllungsgehilfen einer bereits feststehenden Maßnahme. Die Politik ist hier vielfach nur Handlanger mächtiger Lobbyinteressen. Als Beispiele dienen Golfanlagen, Kraftwerksstandorte, Obstplantagen, Tourismuszentren oder Straßenneubau.

Ein Großteil der taiwanesischen Umweltprobleme läßt sich eindeutig auf bestimmte Entwicklungsstrategien der Regierung zurückführen.

Durch die dominierende Rolle der Guomindang in Staat und Verwaltung existiert eine sehr mächtige Interessengruppe; diese wiederum verfolgt viele Partikularinteressen. Für ökologische Probleme ist diese Interessengruppe aus Politikern, Unternehmern (staatliche Großunternehmen) und Technokraten (Wirtschaftsbürokratie) aufgrund ihres Einflusses von entscheidender Bedeutung. Geprägt wird der Interessengegensatz innerhalb dieser Gruppe von den alten "Mainlandern", die Taiwan immer nur als Zwischenstation sahen, und jungen Nachrückern ("Mainlander" und Taiwanesen), die ihre Zukunft in Taiwan sehen. Die stärkste Oppositionspartei, die vornehmlich taiwanesische Demokratische Fortschrittspartei (DFP), gewinnt durch die Taiwanisierung und Demokratisierung des politischen Systems immer mehr an Einfluß. Ihre Unterstützung erhält sie von taiwanesischen Unternehmern, Intellektuellen und lokalen Hochburgen. Wegen der starken Abhängigkeit von Geldspenden der Unternehmer kann die DFP keine radikalen Umweltprogramme aufstellen. In einigen Fällen scheint die DFP bisher von Nutzen für die Umwelt gewesen zu sein. Einige Chemiebetriebe (siehe Du Pont in Lukang) und Atomkraftwerke wurden mit Hilfe der lokalen Oppositionsstrukturen verhindert oder verzögert (Chiau, 1991, S.76). Allerdings läßt sich aus diesen lokalen Einzelaktionen keine besondere Umweltschutzkomponente innerhalb der DFP ableiten. Letztlich bietet die DFP im Bereich ökologischer Politik keine Alternative zur GMD (Interview mit Tang Guang-hua und Lin Zheng-jie, 1989[69]).

Für die Bürokratie bedeuten die massiven Forderungen nach Umweltschutz ein erhebliches Maß an Mehraufwand, den sie in keiner Weise vergütet bekommt. Im Gegenteil gehen mit Verboten und Auflagen für die Industrie massive Probleme für den Initiator und die Ausführenden einher. Eine eigene starke Umwelttechnologieindustrie, die als Interessenvertreter für schärfere Umweltgesetze wirken könnte, existiert in dieser Form bisher nicht (vgl. Abschnitt 6.3). Starker Druck in Richtung Umweltschutz kommt dagegen von den Universitäten und lokalen Bürgerinitiativen. Wie in Kapitel 3 gezeigt werden konnte, sind Akademiker, Professoren und Studenten in allen Umweltschutzinitiativen mit Ausnahme der lokalen "Selbsthilfegruppen" stark vertreten. Viele dieser Aktivisten haben über einen Auslandsaufenthalt einen besonderen Zugang zu dem Gedanken des Umweltschutzes erlangt.

Die Demokratisierung des politischen Systems in Taiwan, die bis September 1989 38 legale Parteien hervorgebracht hatte, war für den Umweltschutz in Taiwan nicht nur positiv. Durch starke Stimmengewinne der Oppositionsparteien (vor allem der DFP) auf Kreisebene und in den Kommunen ist die Kluft zwischen Zentralregierung und regionalen bzw. lokalen Verwaltungseinheiten noch größer geworden. Die kleine Zahl von Oppositionsabgeordneten tut sich gegen die Übermacht von Abgeordneten der Regierungspartei sehr schwer. Ständige Streitereien bis hin zu Schlägereien im Parlament verzögern die Gesetzgebung und damit auch die Umweltgesetzgebung. Zum Beispiel schließen sich die gewählten kommunalen Vertreter zu Koalitionen zusammen, die vereint Direktiven der Zentralregierung behindern (Chiau, 1991, S.76). Insbesondere die zentrale Umweltbehörde TEPA beklagt immer wieder die mangelnde Macht zur Durchsetzung ihrer Direktiven vor Ort. Politische und administrative Probleme führen zu einer nur ungenügenden Durchsetzung von Umweltgesetzen. Wie Lu Alan-yun (1988) formuliert, mangelt es nicht an der Verabschiedung von Gesetzen, sondern an der Durchführung. Er macht dafür neben dem mangelnden politischen Willen noch zu geringe Budgets und zu wenig Personal im Bereich der Umweltschutzkontrollen aus. Für die Beratung und Überwachung von einer Million Landwirten stehen der Regierung lediglich 31 Fachkräfte zur Verfügung. Diese müssen die fachgerechte Anwendung von über 280 unterschiedlichen Pestiziden überwachen (Bello und Rosenthal, 1992, S.199). Von 6.271 erfaßten illegalen Abwassereinleitern wurden im Zeitraum von 1978 bis 1986 nur 702 zu einer Änderung der Abwasserqualität veranlaßt. Das bedeutet, daß die taiwanesischen Behörden nur in 11,3% aller bekannten Fälle in der Lage waren, einen Mißstand zu beheben (Lu Alan-yun, 1988, S.419). Geld- und Personalmangel trifft für die lokalen Ebenen zu, während der Mangel an politischem Willen eher bei der Zentralregierung zu suchen ist. Zu den Schwierigkeiten der Etablierung einer wissenschaftlich-technisch geeigneten Umweltpolitik addieren sich die konkreten Durchsetzungshindernisse vor Ort. Im Bereich von industrieller Luftverschmutzung oder Lärmbelastung kommt es in den seltensten Fällen zu massiven Strafen oder gar Firmenschließungen. Bei zu "drastischen" Maßnahmen der TEPA werden von seiten des Wirtschaftsministeriums sofort Bedenken laut, und die Haltung der TEPA muß modifiziert werden. In anderen Fällen schließt eine Firma für einige Tage, nur um danach, ohne effiziente Antiverschmutzungsmaßnahmen getroffen zu haben, wieder zu öffnen. Ohne die zum Teil gewalttätigen Proteste von Anwohnern würden die Firmen wohl überhaupt nicht reagieren. Lin Jeng-jie, ein ehemaliger Umweltpolitiker der Oppositionspartei DFP, bezeichnete die TEPA ihren Befugnissen entsprechend als "idealistischen Kindergarten" (Interview mit Lin Jeng-jie, Dezember 1989).

Politikversagen oder Marktversagen? 189

Erst mit der allmählichen Einsicht in die Nichtdurchführbarkeit der Wiedereroberungspläne zusammen mit dem Erwachen eines politischen Selbstbewußtseins der Taiwanesen und einer immer evidenteren Problemlage im Infrastruktur- und Umweltbereich begannen sich innerhalb und außerhalb der Guomindang kritische Stimmen zur artikulieren. Über die Intensivierung internationaler Wirtschafts- und Wissenschaftskontakte und den damit verbundenen Austausch von Ideen und Personen setzten sich Keimzellen einer Umweltbewegung in Taiwan fest. Unter Akademikern entstanden Diskussionskreise, die unter den oben genannten Voraussetzungen zunächst keine Chance hatten, in der Bevölkerung großen Widerhall zu finden. Für die Regierung stellt die Umweltfrage weniger ein finanziell-technisches Problem dar als viel mehr eine gesellschaftspolitische Herausforderung. Für die Umweltbewegung selbst bedeutet diese demokratische Funktion ein mit vielen Problemen und Hindernissen versehener Lernprozeß. Die Rückmeldung von Umweltproblemen kommt hauptsächlich von Taiwanesen (Bauern, Fischern und Industriearbeitern), die von der Umweltbelastung unmittelbar betroffen sind. Dadurch entsteht auch im Umweltbereich vielerorts der Dauerkonflikt zwischen den "Mainlander"-Technokraten in Taipei und den Taiwanesen vor Ort.

Taiwanesische Politik und Administration zeigen, wie oben dargestellt, erhebliche Schwächen bei der Entstehung und Lösung der Umweltprobleme. Angesichts dessen stellt sich die Frage, ob mehr Markt mit weniger staatlicher Intervention in Taiwan automatisch eine bessere Umweltsituation bedeuten würde.

6.3.2 Marktversagen als Ursache für die ökologische Krise?

> Even if markets were allowed to function freely, however, the allocation of resources wthin the economy would not achieve the highest level of social well-being. (Pearce und Warford, 1993, S.195)

Märkte tendieren dazu, Kosten die einem Dritten aus einer Transaktion zwischen zwei anderen Akteuren entstehen, zu ignorieren. Deshalb - und nichts anderes behaupten Pearce und Warford in ihrem Eingangszitat - wird der freie Markt bei der Lösung von Umweltproblemen, die irgendwann auch zu sozialen Problemen werden, in einem bestimmten Ausmaß immer versagen. Marktversagen bei Umweltproblemen ist demnach der Normalfall und nicht die Ausnahme. Bei der Betrachtung Taiwans ist daher nicht die Frage nach der Existenz von Marktversagen, sondern vielmehr nach dessen Art und Ausmaß von Interesse.

Die Geschichte der taiwanesischen Umweltpolitik seit 1949 unterstützt die Hypothese, daß die freien Kräfte des Marktes erst dann beginnen, über die Kosten von Umweltzerstörung "nachzudenken", wenn der zu erwartende Nutzen einer Internalisierung von Umweltkosten deren Höhe zu übersteigen beginnt (Shaw Daigee, 1990, S.4). Viele Beispiele belegen, daß freie Marktwirtschaft in Taiwan aus der Sicht des Umweltschutzes eine Umschreibung für unbeschwerte Belastung und Ausbeutung öffentlicher (Umwelt-)Güter[70] darstellt. Die illegale Jagd auf seltene Wildtiere, die Verschmutzung von Küstengewässern, die Verseuchung der

Ackerböden mit Schwermetallen und PCBs, die illegale Rodung von Berghängen, die Produktion und Verwendung umweltgefährdender Produkte usw. erzeugen externe Kosten, die die Lebensqualität der übrigen Bevölkerung erheblich beeinträchtigen.

Mit zunehmender Umweltbelastung und steigendem Wissens- und Bewußtseinsstand der Bevölkerung wächst der Anspruch der taiwanesischen Gesellschaft auf eine gesunde und intakte, natürliche Umwelt. Dieser Anspruch beginnt sich als gesellschaftliche Norm zu etablieren und wird zu einem physischen Eigentumsrecht, dem Recht auf eine gesunde Lebensumwelt. Dadurch wird die Nutzung des freien Gutes "Umwelt" allmählich teurer und dadurch effizienter. Tang (1990, S.368) zeigt am Beispiel von Landsenkungen infolge zu hoher Grundwasserentnahme, wie externe Kosten[71] entstehen: Der volkswirtschaftliche Nutzen der Krabbenzucht, für die das Grundwasser entnommen wird, geht ab einer Landsenkungstiefe von 0,947 m gegen Null. Der betriebswirtschaftliche Nutzen des Krabbenzüchters beginnt allerdings erst ab 1,5 m Landsenkung zu sinken. Das heißt, daß der private Nutzer des Grundwassers erst lange, nachdem bereits ein volkswirtschaftlicher Schaden entstanden ist, einen betriebswirtschaftlichen Anreiz hat, zum Beispiel Wasser zu sparen. In Kapitel 5 wurden die geschätzten externen Kosten anhand einiger Beispiele aus der Trinkwasserversorgung, der Lärmbelastung, der Bodenkontamination usw. berechnet.

Neuere Bestrebungen, das Verursacherprinzip anzuwenden oder, wie im Falle der Krabbenzüchter, die realen Kosten der Wasserentnahme durch Gebühren oder Abgaben auf die Betreiber umzulegen, stoßen auf strukturelle und politische Probleme. Zum einen ist es aufgrund der sehr stark differenzierten naturräumlichen Situation Taiwans schwierig, die realen Kosten der Nutzung öffentlicher Güter zu ermitteln. Zum anderen besteht die Gefahr, daß aus volkswirtschaftlichen Erwägungen bestimmte Produkte in bestimmten Regionen nicht konkurrenzfähig hergestellt werden könnten. Dies würde allerdings nicht nur zu lokalem Aufruhr bei den Betroffenen führen, sondern auch entwicklungspolitische Schwerpunktsetzungen der GMD-Regierung (Förderung der Aquakulturen insbesondere im Südwesten Taiwans) konterkarieren. Ziel einer ökologisch orientierten Wirtschaftspolitik müßte eine sukzessive Internalisierung dieser Kosten beispielsweise über Energiesteuern, Abwasserabgaben, Umbau der Staatsbetriebe usw. sein. Damit wären die politischen Rahmenvorgaben vorhanden, die es den Kräften des Marktes erleichtern würden, Umweltschäden schon bei der Produktion zu vermeiden und Kompensationszahlungen für eingetretene Belastungen bereitzustellen.

Die Nichtberücksichtigung dieser externen Effekte beim Export läßt darauf schließen, daß Taiwan seine komparativen Kostenvorteile auch durch eine Ausbeutung der natürlichen Umwelt erkauft hat (Sautter, 1990, S.131). In diesem Punkt beobachten wir in Taiwan eine Überschneidung von Politik- und Marktversagen.

Marktversagen läßt sich zusätzlich im Falle der vielen kleinen und kleinsten Industriebetriebe feststellen. Über 70 % der taiwanesischen Betriebe beschäftigen weniger als 10 Mitarbeiter. Diese Betriebe können sich weder vernünftige Systeme für die Abfallbehandlung leisten noch Kapital für die Entwicklung von umweltschonenden Produktionsformen bereitstellen (Wu Shian-chee, 1989). Dringend erforderliche Maßnahmen in diesen Betrieben müssen daher wieder zu Lasten der taiwanesischen Steuerzahler finanziert werden. Hier muß der Markt versagen, da selbst bessere umweltpolitische Rahmenbedingungen ohne staatliche Förderung keine Abhilfe schaffen können. Die nicht staatlich regulierten Teile der Wirtschaft in Taiwan können aufgrund fehlender staatlicher Rahmenbedingungen keine positive Wirkung für den Umweltschutz entwickeln. Zarte Ansätze in einer über den freien Markt gesteuerten Recyclingwirtschaft beginnen an Wiederverarbeitungs- und Absatzproblemen zu scheitern (vgl. Mindich, 1991, 20/21). Absatzprobleme ließen sich durch entsprechende Veränderung des Konsumverhaltens (Staatsbetriebe als Nachfrager ökologischer Vorprodukte; Bürger als umweltbewußte Verbraucher) und der Produktionsstrukturen (Staatsbetriebe) verbessern. Trotz der exorbitanten Probleme mit den ständig wachsenden Müllbergen gibt es in Taiwan keine flächendeckend erhobene Müllgebühr. In den wenigen Fällen, wo sie erhoben wird, ist sie mit ca. 8% der Frischwasserbezugsgebühr lächerlich gering und als Vermeidungsinstrument untauglich.

Da sowohl Industrie wie Landwirtschaft sehr stark exportorientiert sind, werden strukturelle Entscheidungen (dazu gehört Umweltschutz) zu einem großen Teil von externen Faktoren bestimmt. Der Boom und Niedergang der Obstbauern sowie die rasante Entwicklung der Aquakulturindustrie stehen als Beispiele für die Landwirtschaft. Im Bereich der Industrie können die Exportverarbeitungszonen als Exempel dienen. Taiwan muß, ohne Rücksicht auf seine eigenen (natur-)räumlichen Restriktionen, optimale Konditionen für potentielle Kunden wie für Investoren anbieten. Erst angesichts sich anbahnender Katastrophen (Verschmutzung der Westküste, Wassermangel im Südwesten, gewalttätige Bürgerproteste) und der verstärkten internationalen Konkurrenz bei Standortangeboten für Starkverschmutzer (Vietnam, Thailand, VR China) beginnt innerhalb der staatlichen Entwicklungsplanung ein Umdenken.

Marktversagen findet sich schließlich in den fehlenden Möglichkeiten, Umweltschutzdienstleistungen zu erwerben oder anzubieten. Obwohl die Umweltprobleme in Taiwan bereits seit Ende der siebziger Jahre offensichtlich wurden, reagierte der Markt anfangs äußerst träge auf die neue Herausforderung. Gerade in den großen Problembereichen der Abwasserreinigung, der Bodensanierung, der Luftreinhaltung und der Abfallwirtschaft existierte lange Zeit kein adäquates Angebot an Produkten und Konzepten. Schätzungen gehen davon aus, daß die taiwanesische Wirtschaft selbst lediglich 30% der im Umweltbereich benötigten Technik bereitstellen könnte. Umgekehrt war es lange Zeit äußerst schwierig für Anbieter von Umwelttechnik und Know-how, überhaupt Zugang zum taiwanesischen Markt zu finden. Erst eine Änderung der wirtschaftspolitischen und gesetzgeberischen Rahmenbedingungen durch die Politik führt in diesem Bereich zu einer allmählichen Etablierung eines qualitativ akzeptablen Angebot-Nachfrage-Verhältnisses.

Die freie Marktwirtschaft mit der taiwanesischen Variante der staatlichen Planung hat zu der Umweltkrise in Taiwan erheblich beigetragen. Die ökologischen Folgekosten werden zu Lasten der Gesellschaft - insbesondere zukünftiger Generationen - externalisiert.

6.4 Bewertung des taiwanesischen "Entwicklungsmodells" unter den Kriterien einer dauerhaften Entwicklung

Die Analyse des taiwanesischen Entwicklungsweges sollte zeigen, daß das "Wirtschaftswunder Taiwan" erhebliche ökologische Probleme produziert hat, die den unbestrittenen ökonomischen und sozialen Erfolg langfristig wieder in Frage stellen. Die zentrale Frage lautet nun, ob man bei Taiwan von einem Entwicklungsmodell oder lediglich von einem Wachstumsmodell sprechen kann. Entwicklung ist ein normativer Begriff, der sich, wie in Kapitel 1 bereits dargestellt, mit unterschiedlichen Inhalten füllen läßt. Dauerhafte bzw. nachhaltige Entwicklung bezeichnet darüber hinausgehend eine Entwicklung, die theoretisch zeitlich unbegrenzt fortwähren kann. Mit anderen Worten müssen die Einzelaspekte einer nachhaltigen Entwicklung so verwirklicht werden, daß die dafür benötigten Ressourcen nicht verbraucht, sondern mit der Option einer Wiederverwendung gebraucht werden.

Der Verbrauch nicht erneuerbarer Ressourcen (Kohle, Erdöl, Landschaft usw.) und die irreversible Vergiftung von Ressourcen (Böden, Grundwasser, Atmosphäre) durch biologisch nicht abbaubare Schadstoffe ("persistent stock pollutants") stellen die zwei Hauptkomponenten eines aus ökologischer Sicht nicht dauerhaften Wachstumsweges dar (Rees, 1993). Neben den ökologischen Komponenten von dauerhafter Entwicklung existieren noch soziale und ökonomische Aspekte, die detailliert im Brundtland-Bericht wie auch beim IWF und der Weltbank erwähnt werden (vgl. Cernea, 1993; vgl. Munasinghe, 1993).

Der Brundtland-Bericht von 1987 listet als Unterziele zur Erreichung des Hauptzieles "dauerhafte Entwicklung" folgende Punkte auf (vgl. Hauff, 1987; Harborth, 1991; Steer und Lutz, 1993):

- Stopp des Bevölkerungswachstums,
- Strategie der Grundbedürfnisbefriedigung,
- Sicherstellung einer dauerhaften Nahrungsversorgung,
- Stopp der Vernichtung von Artenvielfalt und Ökosystemen,
- Senkung des Energieverbrauches und Förderung von erneuerbaren Energiequellen,
- Steigerung der industriellen Produktion auf der Basis umwelt- und ressourcenschonender Technologien,
- Kontrolle des ungezügelten Wachstums der Ballungsräume,
- Vermeidung von Kriegen,
- Schutzgarantien für übernationale Systeme wie Antarktis, Ozeane, Weltraum usw.,

- finanzielle und ideelle Unterstützung von ökologischen Aktivitäten der UNEP und der UNO.

Taiwan hat, wie in Kapitel 4 gezeigt werden konnte, viele der allgemein anerkannten Anforderungen an "Entwicklung" erfüllt. Erhebliche Defizite bestehen jedoch, wie in Kapitel 5 dargelegt, im Bereich der Bewahrung der natürlichen Lebensgrundlagen und beim Erhalt des genetischen Potentials der Ökosysteme. Die TEPA hat sich in einem Entwurf zu einem neuen nationalen Umweltschutzplan zur Verfolgung des Zieles einer dauerhaften (nachhaltigen) Entwicklung verpflichtet (EPA, 1994, S.4/5). Die Unterziele des Brundtland-Berichtes sollen im folgenden als Leitlinie dienen, um den taiwanesischen Entwicklungsweg unter den Gesichtspunkten von Dauerhaftigkeit zu skizzieren und um die Erfolgschancen des ehrgeizigen Zieles des taiwanesischen Umweltministeriums zu bewerten.

Stop des Bevölkerungswachstums

Etwa im Jahre 2035 wird Taiwans Bevölkerung voraussichtlich ein Nullwachstum erreichen. Aus Angst vor der Überalterung der Gesellschaft versuchen einige taiwanesische Politiker, das Bevölkerungswachstum wieder anzufachen. Ein bereits nahegerücktes Unterziel würde dadurch gefährdet.

Grundbedürfbefriedigung

Dieses Unterziel wurde mehr als erreicht. Mit einem durchschnittlichen Pro-Kopf-Einkommen von 10.215 US-$ 1992 (USA 22.537 US-$) und einem GINI-Koeffizienten von 0,303 (1989) (der durchschnittliche GINI-Koeffizient aller nichtkommunistischen Entwicklungsländer lag 1980 bei 0,602 [Hauser, 1990, S.303] muß Taiwan in dieser Hinsicht geradezu Modellfunktion zugesprochen werden.

Sicherung der Nahrungsmittelversorgung

Die dauerhafte Versorgung mit unbelasteten Nahrungsmitteln ist nicht gesichert. Nach der erfolgreichen Landreform mit dem Ergebnis einer sehr hohen Selbstversorgungsquote bei Grundnahrungsmitteln sank die Leistungsfähigkeit der taiwanesischen Landwirtschaft immer weiter ab. Selbstgemachte Probleme durch unsachgemäßen Chemieeinsatz und Übernutzung von Böden und Grundwasser zusammen mit den Belastungen durch (dezentrale) Industrialisierung und mit einer Abwanderung von Fachkräften in die Industrie führen zu einem Verfall der taiwanesischen Landwirtschaft. Im Rahmen der wirtschaftlichen und gesellschaftlichen Entwicklung werden immer mehr landwirtschaftliche Flächen in Industrie-, Gewerbe- und Siedlungsareale umgewandelt.

Die bäuerliche Landwirtschaft hat sich zu einer modernen, exportorientierten Agroindustrie mit Schwerpunkten in der Fleischproduktion und der Aquakultur gewandelt. Die Böden sind ausgelaugt, vergiftet, überbaut oder erosionsgeschädigt. Oberflächengewässer und Grundwasser sind zum Teil irreversibel verschmutzt und damit für eine dauerhafte Nahrungsmittelproduktion unbrauchbar geworden.

Stopp der Vernichtung von Artenvielfalt und natürlichen Ökosystemen

Trotz der verstärkten Bemühungen im Bereich des Umweltschutzes geht das Arten- und Biotopsterben auf Taiwan ungehemmt weiter (siehe Abschnitt 5.3). Es fehlt an Geld, Personal und übergreifenden Konzepten für einen flächenhaften Arten- und Biotopschutz. Überdies liegt der Schwerpunkt der taiwanesischen Umweltschutzmaßnahmen auf technischem Umweltschutz, beispielsweise Immissionsschutz, Abwasserreinigung, Lärmschutz usw. Abgesehen von einigen Idealisten in den staatlichen Umweltbehörden existiert kein echtes politisches oder staatliches Bewußtsein zum Schutz der genetischen Potentiale der Ökosysteme. Das allgemein gestiegene Bewußtsein für die Belastung der Lebensumwelt mit Schadstoffen hat bisher wenig Einfluß auf den Naturschutz im allgemeinen und ökologische Detailfragen im besonderen gehabt.

Senkung des Energieverbrauches und Förderung erneuerbarer Energieträger

Werden die Wachstumsziele der taiwanesischen Regierung wirklich umgesetzt, ist mit einem weiteren starken Anstieg des Energieverbrauches von 45 Mrd.l OE auf 77 Mrd.l OE zu rechnen (MOEA, 1990, S.25). Im Jahr 2000 wird nach Prognosen der staatlichen Energiebehörde der Anteil erneuerbarer Energien an der Versorgung immer noch bei nur 3 bis 4% liegen. Taiwan wird dann zu 94% (1988: 92%) von importierter Energie (Erdöl, Kohle, Uran) abhängig sein. Anstelle der effizienten Förderung regenerativer Energiequellen setzt die taiwanesische Regierung auf den Ausbau der Kernenergie. Diese Entscheidung birgt strukturelle Gefahren für die Lebensumwelt und blockiert vernünftige Investitionen in andere Energieträger. Effiziente Maßnahmen oder auch nur ein mehrheitsfähiger politischer Wille zur Verringerung des Energieverbrauches bzw. zur Förderung regenerativer Energiequellen sind bisher nicht zu verzeichnen.

Steigerung der industriellen Produktion auf der Basis umwelt- und ressourcenschonender Verfahren

Die industrielle Produktion ist, wie bereits ausführlich dargestellt, seit 1949 permanent gestiegen. Insbesondere die Verlagerung von Industriebetrieben in ländliche Gebiete und die Förderung von Grund- und Schwerindustrie (Zement-, Erdöl-, Chemie-, Stahl-) sowie die Halbleiterproduktion haben Altlasten in nicht abzuschätzenden Größenordnungen erzeugt. Gleichzeitig nahm der exzessive Verbrauch von Energie, Rohmaterialien und Naturgütern zu. Mit der Entscheidung zum Bau bzw. zur Förderung des fünften und sechsten Naphta-Crackers setzt die Regierung auch in Zukunft auf den Ausbau von stark belastenden Grundstoffindustrien. Die Probleme der Wasserversorgung im Zusammenhang mit der sehr geringen Recyclingquote von Brauchwasser in der taiwanesischen Industrie verdeutlichen, daß von einer Steigerung der industriellen Produktion auf der Basis ressourcenschonender Verfahren noch keine Rede sein kann.

Die geplanten Maßnahmen der Regierung im Bereich des nachsorgenden Umweltschutzes werden zu einer Verringerung der industriellen und kommunalen Emissionen führen. Gleichzeitig wird ein eigener Markt für Umwelttechnik mit den entsprechenden Lobbykräften entstehen. Allerdings steht zu befürchten, daß die zu erwartenden Verminderungen von Emissionen durch eine Intensivierung der Abwasser- und Abluftreinigung aufgrund der geplanten Zuwachsraten der Wirtschaft nicht zu einem Rückgang der Belastung führen werden. Bei den Rohmaterialien setzt im Zuge der Abfallproblematik ein leichtes Einschwenken auf eine kreislauforientierte Produktionsweise ein (Mindich, 1991, S.20/21). Naturgüter wie Wasser, Boden und Luft wurden und werden extrem belastet (siehe Kapitel 5). Einige Schäden in diesem Bereich wie Grundwasserverschmutzung, Bodenvergiftung oder Bodenabsenkungen sind bereits irreversibel. Für die Zukunft ist selbst bei weiter steigenden Aufwendungen für den Umweltschutz mit einer Zunahme der Belastung zu rechnen, wenn auch mit geringerer Geschwindigkeit.

Kontrolle des ungezügelten Wachstums der Ballungsräume

Nach anfänglichen Erfolgen in der Migrationskontrolle durch die Dezentralisierung der Wirtschaftsentwicklung und den Ausbau eines funktionsfähigen Verkehrsnetzes steht die taiwanesische Regierung mit steigendem Wohlstand der Bevölkerung vor dem Problem einer rasch zunehmenden Mobilität. Waren die Mittelzentren wie Taichung, Tainan, Hualien oder Hsinchu zu Beginn des Wirtschaftswachstum attraktive Auffangbecken für die arbeitsuchende Landbevölkerung, so werden heute immer mehr junge Leute vom Arbeits- und Erlebnispotential der großen Ballungsräume um Taipei und Kaohsiung angezogen. Der gestiegene Wohlstand führt zu höheren Ansprüchen an Wohnraum und Wohnkomfort. Zusammen mit der gestiegenen Mobilität hat dies eine Steigerung des Verkehrsaufkommens und der Zersiedelung durch legale und illegale Wohnbauten zur Folge. Die für Entwicklungsländer übliche erste Welle der Armutsflüchtlinge in die Ballungsräume blieb Taiwan erspart. Ökologisch gesehen, ist die zweite Welle der Freizeit- und Wohlstandsmigranten weit problematischer.

Vermeidung von Kriegen

Der große Krieg mit der Volksrepublik China wurde bis heute vermieden. Die Kosten der Vermeidung sind jedoch enorm. 1983 betrugen sie 9,19% des BSP (57% des gesamten Staatshaushaltes) (Kwang Hwa, 1993, S.56). Die permanente Bedrohung bildet die Grundlage für eine überproportionale Rüstung, auch wenn sich mittlerweile eine Normalisierung in den Beziehungen anzubahnen scheint, die sich in einem verringerten Anteil des Verteidigungsetats von 22,8% des Gesamthaushaltes im Jahre 1993 widerspiegelt (Kwang Hwa, 1993, S.56). Die hierbei kontinuierlich verschwendeten Human-, Kapital- und Naturressourcen lassen sich nicht beziffern. Für vom Militär hinterlassene Altlasten (Truppenübungsplätze mit Resten von Sprengstoff, kontaminierte Standorte) gibt es spätestens seit dem

Abzug der Sowjetarmee aus Ostdeutschland auch außerhalb Taiwans genügend Beispiele. Konkrete Daten über Taiwan liegen bisher nicht vor. Es steht zu befürchten, daß in diesem Bereich immense Sanierungskosten anfallen werden.

Schutz übernationaler Systeme

Taiwanesische Fischer sind auf allen Weltmeeren für ihre skrupellosen Fangmethoden berüchtigt (vgl. FEER, 8. Juli 1993). Ob das staatliche Verbot der Schleppnetzfischerei beachtet wird, ist fraglich. Obwohl Taiwan offiziell die Regelungen der Washingtoner Artenschutzkonvention (CITES) beachtet (EPA, 1994, S.30), gilt es weiterhin als einer der größten Umschlag- und Konsumplätze für bedrohte Tierarten wie Tiger, Nashörner, Affen oder Schlangen (vgl. *Time*, 1993, No.29). Im September 1993 haben die USA Taiwan erneut mit Handelssanktionen gedroht, wenn der Handel mit bedrohten Tierarten nicht unverzüglich unterbunden wird. Die seit Anfang der siebziger Jahre siebenfach gestiegenen Nettoimporte von Waldprodukten,[72] um ein weiteres Beispiel zu nennen, tragen international zur Zerstörung von ökologisch wertvollen Waldgebieten bei (World Watch Institute, 1994, S.36).

Die taiwanesische Regierung will sowohl die Wiener Konvention zum Schutz der Ozonschicht und das Montrealer Protokoll zur Reduktion von FCKWs wie auch die Basler Konvention über den internationalen Transport von Giftmüll beachten und danach handeln (EPA, 1994, S.31; vgl. *Les Echos*, 21.6.1993, S.1). Die internationale Isolierung erschwert Taiwan eine effiziente Teilnahme an internationalen Programmen des Umweltschutzes. Als Ersatz für die fehlende diplomatische Anerkennung versucht Taiwan auf anderen Ebenen Prestige zu erlangen. Zu diesen Ebenen gehört unter anderen der internationale Umweltschutz. Allerdings läßt die nationale Umsetzung der internationalen Zielsetzungen bisher noch sehr zu wünschen übrig.

Ideelle und finanzielle Unterstützung ökologischer Aktivitäten durch UNEP und UNO

Da Taiwan nicht Mitglied in diesen Organisationen ist, ist es schwierig, die wirkliche Haltung der Regierung zu den Aktivitäten von UNEP (United Nations Environmental Programme) und UNO zu ergründen. Ideell ist sicherlich zu einigen Punkten Unterstützung vorhanden. Die taiwanesische Regierung wäre wohl auch zur finanziellen Unterstützung von UNEP-Programmen bereit, solange sie nicht die eigenen ökonomischen Aktivitäten beeinflussen. Diese Bereitschaft muß vor dem Hintergrund gesehen werden, daß Taiwan durch die Einpassung in internationale Programme, wie den Umweltschutz versucht, Anerkennung zu gewinnen und sich damit aus der diplomatischen Isolierung zu befreien. Im März 1994 hat sich die taiwanesische Regierung bereit erklärt, einen finanziellen Beitrag zur Unterstützung internationaler Wildtierschutzorganisationen zu leisten. Diese Entscheidung ist als Reaktion auf die anhaltende Kritik an Taiwans Funktion als Drehscheibe und Importeur für seltene Tiere zu verstehen (Sheng, 1994).

Die innenpolitischen Bewertungskriterien für die ökonomischen, sozialen und ökologischen Wirkungen der taiwanesischen Entwicklungspolitik (vgl. zyklisches Entscheidungsmodell, Abbildung 3) werden um diese Komponente erweitert.

Fazit

In der Summe erfüllt Taiwan demnach eine überwiegende Zahl der vom Brundtland-Bericht geforderten Unterziele für eine dauerhafte Entwicklung. Faktoren wie die Kontrolle des Bevölkerungswachstums, die Grundbedürfnisbefriedigung, die Vermeidung von Kriegen und innenpolitische Stabilität sind, wie die jüngsten Probleme in Rußland, Ex-Jugoslawien, Somalia, Südafrika oder Burundi veranschaulichen, auch am Ende des 20. Jahrhunderts noch keine Selbstverständlichkeit.

Das Beispiel Taiwan verdeutlicht die vielen Ungereimtheiten in der Diskussion um eine dauerhafte Entwicklungsstrategie. Taiwan erfüllt die sozialen und ökonomischen Kriterien für Entwicklung. "Nur" im Bereich des Ressourcen- und Umweltschutzes tauchen erhebliche Defizite auf. Die Menschheit und das Wachstum hängen, wie Meadows, Meadows und Randers (1992, S.28) es in *Die neuen Grenzen des Wachstums* sehr treffend formulieren, von einem ständigen Durchfluß von Luft, Wasser, Nahrungsmitteln, Materialien und fossilen Brennstoffen aus der Umwelt ab. All diese Stoffe werden als Abfall in Form von Müll und Umweltverschmutzung wieder an die Umwelt zurückgeliefert. Die Grenzen des Wachstums werden bestimmt von der Leistungsfähigkeit der Quellen dieser Durchsätze in der Erdumwelt und von der Aufnahmefähigkeit der Senken für Müll und Schadstoffe. In Taiwan beginnen Quellen und Senken Anzeichen von Erschöpfung zu zeigen. Ökologische Defizite mindern bereits die ökonomischen und sozialen Errungenschaften. Deshalb ist eine getrennte Betrachtung von ökonomischen, sozialen und ökologischen Entwicklungserfolgen unter dem Gesichtspunkt der Dauerhaftigkeit kontraproduktiv.

Das Beispiel Taiwan zeigt: Eine ökologisch nicht dauerhafte Entwicklung kann, langfristig gesehen, ökonomisch und sozial ebenfalls nicht dauerhaft sein.

7 Zusammenfassung und Ausblick

In Taiwan wie in allen übrigen industrialisierten Staaten der Erde beginnt die Chronologie des "Entwicklungsweges" mit der bewußt in Kauf genommenen Zerstörung von Umwelt. (Wong, 1988, S.2)

Tabelle 31 faßt noch einmal den Zusammenhang zwischen der schnellen ökonomischen Entwicklung, der Zunahme der Belastungsfaktoren und der jeweiligen Industrie- und Umweltpolitik zusammen. Erst in den achtziger Jahren ist ein starkes Wachstum des Umweltbewußtseins zu verzeichnen. Bereits Anfang der siebziger Jahre bestanden Ansätze einer Umweltpolitik, die aber erst ab 1987 mit Einrichtung eines eigenen Umweltministeriums ein nennenswertes Gegengewicht zur Industriepolitik zu bilden begannen. Die neunziger Jahre sind geprägt von einem wachsenden Markt für Umwelttechnik. Die taiwanesische Regierung fördert diese Entwicklung vor dem Hintergrund zukünftiger Absatzmärkte als eine neue Variante von Industriepolitik. Dadurch gelangt der technologische, reparative Umweltschutz zu einer steigenden Wertigkeit. Der ökologisch orientierte, auf Vermeidung und Verminderung basierende Umweltschutz sowie der Naturschutz bleiben jedoch die Stiefkinder der "grünen Welle" auf Taiwan.

Nach über vierzig Jahren ungebremsten Wachstums mit negativen Einwirkungen auf Umwelt, Mensch und Wirtschaft stellt sich nun die Frage nach der Irreversibilität der ökologischen Schäden. Taiwan steht vor dem Problem, wieviel kapitalisierte Natur mit Geld wieder in echte Natur zurückverwandelt werden kann. Unter den seitens der Regierung verkündeten Wachstumszielen (Sechsjahresplan 1991-1996) ist trotz der geplanten Umweltschutzinvestitionen mit einer weiteren Verschlechterung der natürlichen Lebensgrundlagen zu rechnen. Der "grüne Plan für eine gesunde Umwelt" und der "vorläufige Entwurf eines nationalen Umweltplanes", die die TEPA vorgelegt hat, sind eine Ansammlung sehr ehrgeiziger, aber zugleich auch sehr schwer zu erreichender Qualitätsziele. Es bestehen begründete Zweifel, ob die engagierten Mitarbeiter der nationalen Umweltbehörde diese Ziele wenigstens annähernd durchsetzen können.

Ist es in der Regel die Dominanz ökonomischer Interessen oder auch purer Not und daraus abzuleitender politischer Abhängigkeiten, die Entwicklungsländer zum Ausverkauf ihrer Ressourcen treibt, so finden wir in Taiwan eine aus Sicht des Umwelt- und Ressourcenschutzes besonders verhängnisvolle Kombination von ökonomischen, politischen, demographischen und kulturellen Gegebenheiten. Verstärkt wird das Dilemma schließlich durch die Größe und die Topographie der Insel sowie durch die in Abschnitt 2.1.1 beschriebene große Dynamik und die geringe ökologische Tragfähigkeit der Ökosysteme auf Taiwan.

Taiwan stellt auf Grund seiner speziellen politischen und historischen Rahmenbedingungen einen Sonderfall dar, der eine Betrachtung als Modell für andere Entwicklungsländer im Prinzip ausschließt. Die Infrastrukturleistungen der japanischen Kolonialmacht, die strategisch-ideologisch begründete Unterstützung durch

Tabelle 31: Verhältnis zwischen Umweltbelastung und wirtschaftlicher Entwicklung

Indikator / JAHR	1950*	1960*	1970*	1980*	1990
Industriepolitik	Importsubstitution (IS)	Exportförderung	2. Phase eIS	2. Phase eIS	T; I; A; U; M; etc.
Belastungsfaktoren					
EW/km^2	310	417	504	553	566
KFZ/km^2	16	27	150	248	319
Fabriken /km^2	0,57	0,56	1,67	2,52	2,58
Schweine /km^2	86	88	80	133,9	238
Dünger (kg/km$^{2)}$	16,3	23	37	33	k.A.
Hausmüll (g/K/Tag)	473	530	630	860	1000
Umweltbewußtsein	nicht	nicht	gering	starkes Wachstum	
Verhältnis Industriepolitik/ (IP) Umweltpolitik (UP)	Vorrang IP; keine UP		Ansätze von UP vorhanden aber Vorrang für IP		UP als eine Form der IP, "end of the pipe" Lösungen.

Tabellenschlüssel: A = Auslandsinvestitionen, C = chemische Industrie, EI = Exportindustrialisierung, I = Infrastrukturmaßnahmen, IP = Industriepolitik, IS = Importsubstitution, M = Mikroelektronik, T = Telekommunikation, U = Umwelttechnik, UP = Umweltpolitik, * Dekadenende
Quelle: abgeändert nach Liu Jin-tian, 1990, S.2; Williams, 1992, S.197; CEPD, 1990.

die USA, der Import einer kompletten, hoch motivierten und durch eine eigene Armee gestützten Führungsschicht vom Festland auf die Insel am Ende der vierziger Jahre, die massive Unterstützung durch die Überseechinesen sowie spezifische kulturelle Aspekte stehen für potentielle Nachahmer eines taiwanesischen "Modells" nicht bzw. nur eingeschränkt zur Verfügung. Ob die beachtlichen Leistungen der taiwanesischen Politiker, Technokraten und Bürger auch ohne diese extrem günstigen Rahmenbedingungen in einem vergleichbaren Zeitraum zu ähnlich positiven sozialen und ökonomischen Daten geführt hätten, muß bezweifelt werden. Die autoritäre Einparteienherrschaft der GMD, die einen wesentlichen Baustein des taiwanesischen Wirtschaftswunders darstellt, kann allein wegen der damit verbundenen Menschenrechtsverletzungen nicht weiterempfohlen werden. Von Taiwan lernen kann demnach nur bedeuten, Teilaspekte der taiwanesischen Wirtschafts- und Gesellschaftspolitik auf ihre Übertragbarkeit für andere Staaten zu untersuchen. Im Bereich der Umweltpolitik, der Ressourcennutzung und der Erhaltung natürlicher Systeme bietet Taiwan andererseits ein anschauliches Beispiel, wie es nicht gemacht werden darf.

Weder das politische System noch die Mischung aus Markt und Plan in Taiwans Wirtschaftspolitik waren und sind in der Lage, die ökologischen Folgen des Wachstumsmodelles dieses Staates richtig zu interpretieren und entsprechende Konsequenzen zu ziehen. Die alten Festlandspolitiker betrachteten Taiwan lange Zeit nur als eine vorübergehende Station in ihrem Kampf gegen den Kommunismus. Die Ressourcen der Insel mußten möglichst schnell und möglichst "effizient" zu Geld gemacht werden. Für diese Ziele haben die Politiker unbewußt und bewußt eine langfristige Verschlechterung der Lebensbedingungen in Kauf genommen. Umgekehrt zog die taiwanesische Bevölkerung Wachstum und Wohlstand dem Schutz der natürlichen Umwelt vor.

Die genaue Analyse aller Aspekte der taiwanesischen Umwelt- und Entwicklungsproblematik führt zu der Feststellung, daß das taiwanesische "Modell" von Anfang an nicht auf Nachhaltigkeit angelegt war. Weder im Bereich der Landwirtschaft noch der Industrie gibt es Konzepte, die zu einer dauerhaften Strukturbildung führen könnten. Im Brennpunkt aller staatlichen Entwicklungsbemühungen stand und steht der Erhalt von sehr hoher Flexibilität in allen Produktionsbereichen. Die Entwicklung von dauerhaften und damit zur Nachhaltigkeit führenden Strukturen in Landwirtschaft, Industrie und Gesellschaft widerspricht somit dem politischen und ökonomischen Erfolgskonzept der taiwanesischen Politiker und Technokraten.

Die oben beschriebenen Signale aus allen Bereichen der taiwanesischen Umwelt verdeutlichen, daß der Inselstaat auf Kosten seiner zukünftigen Generationen wirtschaftet. Der im Konzept der dauerhaften Entwicklung geforderte Generationenvertrag wird somit eklatant verletzt. Zur Zeit zehrt Taiwan von der natürlichen Substanz, die Pearce et al. in Grafik 2 als für jedes ökonomische und gesellschaftliche System unverzichtbar definiert haben.

Unter diesen Umständen muß die Frage nach einem "Entwicklungsmodell Taiwan" klar verneint werden. Modellfunktion besitzt Taiwan allerdings hinsichtlich seines eingeschränkt sozialverträglichen Wirtschaftswachstums.

Anmerkungen

Anmerkungen zur Einleitung:
1) Untersuchungsgebiet war ein 31 x 23 km^2 großes Areal um die Hauptstadt Taipei sowie 277 Gebiete mit besonderer Konzentration von Verkehr, Industrie, Gewerbe und Wohnbebauung (TÜV Essen, 1991, 3.1-2).
2) Landesnatur, die vom Menschen bewertet und zum natürlichen Potential des Wirtschaftens umgewandelt wird. Dies erfolgt durch eine jeweils vom Interesse der Inwertsetzung bestimmte Prozeßkombination (Leser et al., 1984); siehe Schemazeichnung im Anhang.
3) Gesamtheit der im Ökosystem vorhandenen biotischen und abiotischen Faktoren, die miteinander in einem Wirkungsgefüge stehen (Leser et al., 1984).
4) Busch (1992, S.18) erwähnt in diesem Zusammenhang Schlagworte wie "ökologische Regionalentwicklung", "regionalisierte Umweltpolitik" oder "regional environment".
5) Oßenbrügge (1993, S.26) unterteilt ein regionales ökologisch-ökonomisches System in drei große Teilsysteme: natürliches System, Landnutzungssystem und gesellschaftliches System.
6) Ein prinzipiell vergleichbares Modell findet sich in der Arbeit von Oßenbrügge (1993) über "Umweltrisiko und Raumentwicklung in Norddeutschland" (siehe Anhang 6).
7) "Entwicklung [gemeint ist: "dauerhafte Entwicklung", Anm. des Autors] bedeutet ... die effiziente Nutzung des vorhandenen Potentials, so daß das ökologische System (als äußere Grenze) erhalten und die Grundbedürfnisse der Menschen (als innere Grenze) befriedigt werden" (Braun, 1991, S.17; vgl. auch Harborth, 1991).
8) Maisch (1993) liefert in seiner Arbeit *Taiwans Bürger greifen zur Selbsthilfe - Umweltschutz und Bürgerinitiativen in der Republik China* auf der Grundlage chinesischer Umweltzeitschriften einen sehr anschaulichen Abriß der Umweltsituation und der Entwicklung der Umweltschutzbewegung auf Taiwan.
9) Durch die wachsenden Aktivitäten der regionalen und lokalen Umweltbehörden existieren sehr viele detaillierte Umweltdaten in chinesischer Sprache, die allerdings aus thematischen und zeitlichen Gründen in dieser Arbeit keine Berücksichtigung finden. In aggregierter Form finden sich diese Daten in den zum Teil in englischer Sprache erscheinenden Publikationen der zentralen Umweltbehörde (EPA) wieder.
10) Eventuell vorhandene Veröffentlichungen in japanischer Sprache wurden für diese Arbeit nicht berücksichtigt.
11) Die Themen der Arbeiten: *Urban Social Space: Residential Patterns in Taipei*; *Benthic Marine Algae of the South China Sea: Floristics, Community Ecology and Biogeography (China)*; *Community Ecology of Corals on the Fringing Reefs of Southern Taiwan (Ecology)*; *Environmental Quality and*

Fish Community Ecology in an Agricultural Mountain Stream System of Taiwan; Population Ecology of the Red-Bellied Tree Squirrel (Callosciurus Erythraeus) in Japanese Fir Plantations in Taiwan (Age Determination, Home Range, Social Behavior); Social Ecology in a Contemporary Chinese City: Taichung Taiwan; The Parasites (With Emphasis on the Filaria, Macacanema Formosana) and Ecology of the Taiwan Monkey, Macaca Cyclopsis; Environment and Development in Developing Countries, With Case Studies of Kenya and Taiwan (China). Die Angaben stammen aus: Dissertation Abstract Online Database, 1993, by University Microfilms International, Ann Arbor, Michigan. Suchbegriffe waren "Taiwan", "Ecology" und "Environmental Protection".

Anmerkungen zu den Kapiteln 1 bis 7:

1) Vom Interesse der Inwertsetzung bestimmte Prozeßkombination, die der Nutzung des Naturraumpotentials dient (Leser, H. et al., 1984, S.201).
2) Der Begriff "dauerhafte Entwicklung" geht auf die deutsche Übersetzung des Brundtland-Berichtes zurück. Andere Übersetzungen sind: "nachhaltige" oder "langfristig tragfähige" oder "zukunftsfähige Entwicklung" (Simonis, 1991; Harborth, 1991, S.7; Hauff, 1987). In Meadows, Meadows und Randers (1992, S.298) wird die amerikanische Bezeichnung "sustainability" mit "aufrechterhaltbar" bzw. "Aufrechterhaltbarkeit" übersetzt.
3) Der Begriff taucht zum erstenmal in der "World Conservation Strategy" (1980) der "International Union for the Conservation of Nature (IUCN)" auf und wird später von Lester Brown in "Building a Sustainable Society" (Worldwatch Institute 1981) und Meyers "Gaia: An atlas of planet management" (1984) übernommen (Worster, 1991, S.1).
4) Natur, Umwelt oder Schöpfung als nicht in Wert zu setzendes, ethisch-moralisch schützenswertes Gut wird erst dann für das ökonomische System relevant, wenn dahingehende politische und ökonomische Entscheidungen anhand ethisch-moralischer Grundsätze getroffen werden.
5) Wachstum, Wohlstand und Fortschritt werden von Wicke (1990) und Binswanger (1991) unter Berücksichtigung volkswirtschaftlicher Gesichtspunkte des Umweltschutzes definiert. Wirtschaftswachstum ohne Rücksicht auf die Belastung der natürlichen Systeme ist nach Binswanger kein Fortschritt, sondern Raubbau.
6) Entsprechend der Stadientheorie Rostows bedeutet "take off" die Phase des sich selbst tragenden wirtschaftlichen Aufstieges. Hierfür müssen mehrere Voraussetzungen erfüllt sein: Die Investitionsquote muß von 5 v.H. auf 10 v.H. oder mehr ansteigen, ein oder mehrere Wirtschaftszweige/-sektoren (etwa die Industrie) müssen sich mit hohen Wachstumsraten zu führenden oder Leitsektoren entwickeln, es müssen ein politischer, sozialer und institutioneller Rahmen sowie dynamische Unternehmer vorhanden sein (Wagner et al., 1989, S.29).

7) Analog zur demographischen Transformation zeichnet sich für ein Land im Zusammenhang mit einer historisch-zivilisatorischen Entwicklung eine dreistufige ökologische Transformation ab: 1. Phase der Leistungssteigerung (menschliche Nachfrage nach Gütern bewegt sich noch innerhalb der Leistungsgrenze der natürlichen Systeme), 2. Phase der Leistungsminderung (Nachfrage überschreitet die Leistungsfähigkeit der natürlichen Systeme und die Grundlagen der diversen Ökosysteme werden bereits "konsumiert"); 3. Phase des Leistungszusammenbruchs (menschliche Nachfrage wird aufgrund des Zusammenbruchs von Teilen des natürlichen Systems reduziert) (Hauser, 1990, S.45/46; vgl. Abb.4).
8) "Niemand kann sich ein Indien vorstellen, wo die 1.000 Mio. Menschen, die um die nächste Jahrhundertwende dort leben dürften, mit 250 Mio. Personenautos durch die Gegend fahren. ... Peru könnte die Europäische Gemeinschaft im Pro-Kopf-Einkommen in 359 Jahren, Uganda schon in 356 Jahren einholen, bei Pakistan würde es allerdings 1.356 Jahre dauern" (Eppler, 1972, S.14; zit. in: Braun, 1991, S.14).
9) "Die Weltbank - bislang durch Kritik am orthodoxen Wachstumskonzept nicht sonderlich aufgefallen - kommt ... zu folgendem Resümee: `Vielen Entwicklungsländern ist es nicht nur mißlungen, mit den Industrieländern Schritt zu halten, ihre Einkommen sind vielmehr gesunken...'. Wirtschaftliches Wachstum war in der Dritten Welt Wachstum ohne Entwicklung" (Braun, 1991, S.13).
10) Im Bereich der Geographie existiert dieser Ansatz im Prinzip in Form des "sekundären Milieus" (vgl. Anhang 2) und des Wirkungsmodells von Oßenbrügge (vgl. Anhang 7).
11) Endemiten sind einheimische Sippen oder Gesellschaften, die auf ein eng umgrenztes Areal beschränkt sind. Wenn bestimmte Tierarten nur in einem Land vorkommen, so sind sie endemisch für dieses Land (vgl. Lexikon der Biologie, 1984).
12) Der Ming-Loyalist Zheng Chenggong, im Ausland unter der holländischen Verballhornung seines Namens als "Koxinga" bekannt, vertrieb die Holländer aus Taiwan und fand hier gleichzeitig Zuflucht vor der Fremdherrschaft der Mandschus (Ching-Dynastie) (Goddard, 1966, S.76/77).
13) Chiang Kai-shek (Jiang Jieshi; geb. 1887 in Zhejiang, gest. 1975 in Taipei) war von 1950 bis 1975 Präsident der Republik China (auf Taiwan).
14) Dazu zählen: Atayal (77.359), Saisyat (4.345), Paiwan (61.058), Rukai (7.575), Bunun (36.294), Tsao (7.540), Yami (4.230), Ami (128.628) und Puyuma (8.574) (*Yearbook R.O.C.*, 1991/92).
15) In Deutschland gibt es ebenfalls Vertreter eines pflegenden Naturschutzes. Zum Zweck der Erhaltung von Lebensräumen, die infolge der Kulturlandschaft entstanden, sollen diese Landschaften nach Wegfall der Nutzung künstlich erhalten, d.h. gepflegt werden. Beispiele sind Streuobstwiesen, Kopfweidenbiotope, Feldhecken oder Magerrasen. Allerdings existiert zumindest

gleichberechtigt auch der Gedanke eines von menschlichen Eingriffen weitestgehend freizuhaltenden, natürlichen Ökosystems. Der Nutzen dieser Räume für den Menschen wird dem Schutz des Wirkungsgefüges, der Tiere und Pflanzen nachgeordnet.

16) Viele Arbeitslose verdienen ihren Lebensunterhalt durch kleine illegale, aber geduldete Straßenstände. Verkauft werden Konsumwaren und Nahrungsmittel.
17) Der GINI-Koeffizient ist ein Maß, um die Einkommensverteilung eines Landes oder einer Region auf die Bewohner in einem einzigen Indikator auszudrücken (Nohlen, 1989). Je weiter der Wert gegen 1 tendiert, desto ungleicher ist die Einkommensverteilung.
18) Häufig steht das moderne Recht nur auf dem Papier. Bestimmend ist dagegen die Etikette, das Brauchtum, die Sitte usw. (chines. *li*) (Sautter, 1990, S.113).
19) In einigen Teilen Taipeis sind die Grundstückspreise höher als in Manhattan (Copper, 1990, S. 39).
20) Die "Snails without Shells"-Bewegung, eine Vereinigung von Obdachlosen, brachte in einem "sleep out" im Sommer 1989 über 30.000 Menschen auf die Straße (Auw, 1990, S.163-164).
21) Sun Yat-sen (geb. 1866 in Kwangtung, gest. 1925 in Beijing) wurde 1912 erster Präsident der Republik China.
22) Als Ersatz für den gekündigten Verteidigungsvertrag verabschiedeten die beiden Häuser des amerikanischen Kongresses am 13. März 1979 den "Taiwan Relations Act" (Kindermann, 1980, S.264).
23) Gregor und Chang (1984, S.65) sprechen von 4,1 Milliarden US-amerikanischer Hilfe zwischen 1949 und 1967.
24) Einige Dependenztheoretiker sprechen allerdings auch in Taiwan von einer strukturellen Heterogenität zwischen dem modernen kapitalistischen Sektor und dem vorkapitalistischen Sektor (Kim Ho-Ki, 1990, S.11).
25) Chang Chang-Yi ist Geographieprofessor an der National Taiwan University in Taipei und Mitautor der Studie *Taiwan 2000*.
26) An Stelle der zuvor üblichen Bezeichnung "partei- und fraktionslos" benutzten die Vertreter der Opposition seit Mitte Oktober 1978 die Begriffe "Persönlichkeiten der Gesellschaft" und vor allem "parteilose Persönlichkeiten" (*dangwai renshi*) (Domes, 1982, S.28).
27) Chiang Ching-kuo (Jiang Jingguo) war Sohn des Staatsgründers der Republik China auf Taiwan und von 1978 bis zu seinem Tode im Januar 1988 zweiter Staatspräsident Taiwans.
28) Ein Naphta-Cracker ist eine Anlage zur thermischen Zerlegung von Erdöl in seine Komponenten. Dabei ist insbesondere die Gewinnung des Grundstoffes Naphtalin von Interesse.
29) 1988 existierten Umweltbehörden in den Landkreisen (counties) von Taipei, Taoyan, Taichung, Changhua, Tainan, Kaoshiung und Pingtong sowie in den Städten Keelung, Hsinchu, Taichung, Chiayi und Tainan (Chien, 1991).

Anmerkungen zu den Kapiteln 1 bis 7 205

30) Vocational Assistance Commission for Retired Servicemen, eine Vereinigung ehemaliger Armeeangehöriger.
31) "Chiang Kai-shek was able to ... build a solid core of loyalists who, in a hostile domestic and international environment, banded together to support economic construction for the ultimate purpose of mainland recovery." (Gold, 1986, S.200)
32) "... kurz gefaßt: Glücklicherweise erhielt Taiwan nach der Währungsreform die US-Hilfe, ohne sie wäre ein Funktionieren der taiwanesischen Wirtschaft unvorstellbar gewesen." (Chang Sai, 1984, S.160)
33) Vgl. die Tätigkeit der sino-amerikanischen Joint Commission on Rural Reconstruction (JCRR) sowie Simon, D.F., 1989, S.138-150.
34) Vom 21. bis 28.2.1972 besucht US-Präsident Nixon offiziell die Volksrepublik China. Engere amerikanisch-chinesische Kontakte werden vereinbart. Dieser Besuch war der Beginn eines langen diplomatischen Prozesses, der zur Aufnahme diplomatischer Beziehungen am 1.1.1979 führte. (Kindermann, 1980, S.275)
35) Taiwan Cement Co., Taiwan Paper & Pulp Co., Taiwan Agricultural & Forestry Corp. und Taiwan Industrial & Mining Corp., vgl. Chang Sai, 1984, S.102.
36) Weitere Hinweise zur Raumordnungspolitik der taiwanesischen Regierung finden sich in den Abschnitten 4.3.2 und 5.1.
37) Die chronologische Abfolge der taiwanesischen Industrialisierungsstrategien wird in Abschnitt 4.3.2.3 ausführlicher dargestellt.
38) Weitere Gesetze und Statuten, die ökonomische Grundrechte garantieren, sind zum Beispiel: "Company Law, "Law of Negotiable Instruments", "Maritime Law", "Insurance Law", "Statute for Investment by Overseas Chinese", "Statute for Investment by Foreign Nationals" und "Statute for Technical Cooperation". (Vgl. Sautter, 1990, S.56)
39) Von 775 von den Japanern hinterlassenen öffentlichen und privaten Unternehmen wurden die 399 bedeutenderen zu 22 Unternehmen fusioniert, die restlichen wurden an private Interessenten verkauft. (Chang Sai, 1984, S.124)
40) In den ersten 18 Monaten nach der "Befreiung" [gemeint ist das Ende der japanischen Kolonialherrschaft] erlitt Taiwan einen regelrechten wirtschaftlichen Kollaps, wobei in der Literatur umstritten ist, in welchem Maß dieser auf Kriegszerstörungen, so die GMD-Version, Abbruch der wirtschaftlichen Beziehungen zu Japan oder auf Plünderung durch nationalchinesische Truppen und Mismanagement von seiten der GMD-Regierenden zurückzuführen war.
41) In den Exportverarbeitungszonen durften ausschließlich hochwertige Waren für den Export hergestellt werden. Im Gegensatz zu den Industrieparks mußten die Investoren in den Exportverarbeitungszonen weder Gelände noch Betriebsgebäude kaufen. (Vgl. Weggel, 1990, S.472)
42) Kleine und mittlere Unternehmen sind in Taiwan definiert als Firmen, die weniger als 300 Angestellte haben. (Saner und Yiu, 1993, S.174)

43) Gleichzeitig mit der quantitativen Abnahme von Schadstoffen ist jedoch auch die Entstehung und Emission qualitativ völlig neuer, z.T. sehr problematischer Stoffe zu verzeichnen. Näheres hierzu in Kapitel 5.
44) Es existieren keine allgemein anerkannten Kriterien für die Einstufung als Schwellenland. "Entwicklungsländer mit einem verhältnismäßig fortgeschrittenen Entwicklungsstand gelten als Schwellenländer, `take-off'-Länder, die auch häufig als `newly industrializing countries' bezeichnet werden. Ihre wirtschaftliche Eigendynamik wird es ihnen voraussichtlich erlauben, die Strukturmerkmale eines typischen Entwicklungslandes mehr und mehr zu überwinden. Typisch für diese Länder ist es ..., daß ihre gesellschaftliche und soziale Entwicklung mit der wirtschaftlichen nicht Schritt halten kann" (Wagner et al., 1989, S.14).
45) Verhältnis von wirklich ackerbaulich genutzter Fläche zur Anbaufläche in einem bestimmten Zeitraum. Der in % angegebene MCI gibt die Intensität der Nutzung landwirtschaftlicher Flächen an. Zum Beispiel bedeutet ein MCI von 150%, daß auf der Hälfte der gesamten Anbaufläche zweimal in einem Jahr angebaut wurde. Wenn die gesamte Anbaufläche einmal im Jahr bebaut wird, beträgt der MCI 100%.
46) Nach Darstellung von Williams (1988) besitzt Taiwan theoretisch eines der weltweit besten Programme zum Schutz von landwirtschaftlich genutzten Hangflächen vor Erosion. Allerdings bestehen, wie Williams ebenfalls ausführt, erhebliche Mängel bei der flächendeckenden Umsetzung.
47) In Form eines drastisch bis auf das Zwei- und Dreifache (2-3 des Weltmarktniveaus überhöhten Preises für im Reisanbau benötigte Düngemittel sicherte die Regierung einen hohen Netto-Ressourcentransfer von der Landwirtschaft in die nichtlandwirtschaftlichen Sektoren. Sautter (1990, S.61) spricht in diesem Fall (die Zeit bis Beginn der siebziger Jahre) von einer "heimlichen Reissteuer". Erst die sich Anfang der siebziger Jahre deutlich abzeichnende Krise der traditionellen Landwirtschaft führte hier zu einem Umsteuern in Form der Senkung der Düngerpreise für Reisbauern.
48) Eigene Beobachtung während eines Praktikumaufenthaltes mit Forstwirtschaftsstudenten der National Taiwan University im Chitou Eperimental Forest 1987.
49) Insektizide = Insektenvernichtungsmittel, Herbizide = Unkrautvernichtungsmittel, Fungizide = Mittel gegen Pilz- und Schimmelbefall.
50) Nach Angaben von Chi Chun-chieh (1992, S.206) wurden in Taiwan in den achtziger Jahren durchschnittlich 3,36 t Pestizide pro km^2 verbraucht. In Japan lag der durchschnittliche Pestizidverbrauch bei 1,78 t/km^2, in Frankreich bei 0,45 t/km^2, in Holland bei 1,89 t/km^2 (Chi Chun-chieh, 1992, S.206).
51) Der Pollution Standard Index (PSI) ist ein Anzeiger für die Häufigkeit von Perioden mit hoher Luftverschmutzung. Wird der Grenzwert einer der im Index enthaltenen Schadstoffe überschritten, geht dieser Schadstoff mit einem

Anmerkungen zu den Kapiteln 1 bis 7 207

Wert von 100 oder mehr in die Berechnung des Indexes ein. Der PSI gibt nicht die Qualität, sondern nur die Häufigkeit der Luftverschmutzung wieder.

52) Der pH-Wert ist der negative dekadische Logarithmus der Wasserstoffionenkonzentration. Er ist ein Maß für saure (Acidität pH = 0 - 7) und basische (Basizität pH = 7 - 14) Milieubedingungen.

53) Glazialrelikte sind Lebewesen, die unter den Klimabedingungen der letzten Eiszeit ihr Optimum hatten und heute nur noch an wenigen, besonders begünstigten Standorten überleben können. Sie sind quasi überlebende Zeitzeugen einer anderen Epoche.

54) Für März 1994 ist eine Verschärfung des "Wildlife Conservation Laws" geplant. Danach sollen für Zuwiderhandlungen Haftstrafen bis zu sieben Jahren (z.Z. max. ein Jahr) und Geldstrafen bis zu 92.600 US-$ (z.Z. max. 1.852 US-$) verhängt werden können. (Pun, 1994)

55) Die Einführung von *Ampullarius canaliculatus*, einer Wasserschnecke, zur Bereicherung des Speiseplans hat zu deren explosionsartigen Vermehrung geführt. Die staatlichen Stellen versuchen nun ohne großen Erfolg, die Schnecke mit Gift einzudämmen.

56) 58% der Erwachsenen beteiligten sich an der Abstimmung (Hwang, 1994, S.57).

57) In Deutschland bewegt sich der Wasserpreis (ohne Abwassergebühr) für Haushalte ungefähr zwischen 1,30 DM und 3,00 DM. Bei Einrechnung der in Deutschland obligatorischen Abwassergebühr entstehen pro m^3 Trinkwasser Kosten von ca. 6 bis 9 DM.

58) 1992 wurden in Taipei mit 452 kg/Kopf*Jahr und in Kaohsiung mit 442 kg/Kopf*Jahr bereits wesentlich höhere Abfallmengen produziert. (Directorate-General of Budget, 1994, S.15)

59) Der TÜV Essen nennt in seinem Master-Plan etwas andere Werte: Kompostierung (0,2%), Verbrennung (1,4%), Deponie (89,0%) und andere.

60) Quecksilber von 0,03 ppm bis 0,08, Cadmium von 0,03 bis 1,00 und Zink von 100 ppm bis 337 ppm (Chiau, S.102, zitiert eine EPA-Studie von 1987, S.161).

61) Die angegebenen Grenzwerte weichen teilweise stark von deutschen und europäischen Grenzwerten ab. Die Angabe der Werte mit zwei Stellen hinter dem Komma ist aufgrund der Meßungenauigkeit normalerweise unüblich.

62) Der geogene Schwermetallgehalt des Bodens ist sehr stark von der Geologie bzw. dem Ausgangsgestein abhängig. Insofern sind die hier angegebenen Referenzwerte nicht sehr aussagekräftig.

63) Chang Chang-yi ist Geographieprofessor an der National Taiwan University und Mitautor der Studie *Taiwan 2000*.

64) Der Autor geht davon aus, daß radioaktiver Müll nicht entsorgt werden kann, man somit nicht von einer Entsorgung, sondern bestenfalls einer (Zwischen-) Lagerung sprechen kann.

65) Vergleicht man absolute Zahlen des Schadstoffausstoßes, so sind die Belastungen in den USA z.B. viel höher als in Taiwan. Zieht man jedoch die spezielle Topographie Taiwans hinzu, indem man die Belastung pro km^2 berechnet, so entsteht ein völlig anderes Bild.
66) Das Bureau of Environmental Protection war der Vorläufer der heutigen, 1987 gegründeten TEPA.
67) 1 US-$ ≈ 25,40 NT-$ (1992) bzw. 25,75 NT-$ (1991).
68) Die TEPA hat zwei weitere Budgets für Umweltschutz mit Ausgaben in Höhe von 14 bzw. 17,7 Mrd. US-$ veröffentlicht (Bectech, 1991, S.3).
69) Tang Guang-hua ist Chefredakteur der *China Times*, einer großen taiwanesischen Tageszeitung; Lin Zheng-jie ist ehemaliger Abgeordneter der DFP im Legislativyuan.
70) Umweltgüter sind zum großen Teil öffentliche Güter bzw. Kollektivgüter. Diese Güter können nicht aufgeteilt und nicht verkauft werden, noch ist in der Regel jemand freiwillig bereit, zu ihrer Erstellung beizutragen. Außerdem ist ein Ausschluß von der Nutzung eines öffentlichen Gutes nicht durchführbar bzw. aus moralischen, ethischen oder sonstigen Gründen nicht möglich. (Wicke, 1989, S.41)
71) Externe Kosten sind Kosten, die der Gesellschaft entstehen, ohne daß sie im betrieblichen Rechnungswesen bzw. in der Wirtschaftsrechnung der privaten und öffentlichen Haushalte als Kosten auftauchen. (Wicke, 1989, S.43)
72) Taiwan importierte an Waldprodukten 1961: 0 m^3, 1971: 1.200 m^3, 1981: 6.700 m^3, 1991: 8.800 m^3. Waldprodukte sind hauptsächlich Zellulose zur Papierherstellung und Bauholz. Bei beiden kann durch sparsamen Gebrauch und durch den Einsatz von Recyclingprodukten der Ressourcenverbrauch gedrosselt werden. (World Watch Institute, 1994, S.36)

Literaturverzeichnis

Ahern, Emily Martin und Gates, Hill (Hg.), *The Anthropology of Taiwanese Society*, Stanford, 1981

Alam, M. Shaid, *Government and Markets in Economic Development Strategies - Lessons from Korea, Taiwan, and Japan*, New York, 1989

Anderson, Dennis, *Economic growth and the environment - background paper for World Development Report 1992*, The World Bank (Hg.), New York, 1992

Auw, David C.L. (Hg.), *Taiwan in Transition (selected editorials)*, Taipei, 1990

Balbach, John, "Gravel companies despoil once-pristine Tou Chien River", in: *China Post*, Vol.44, No.224, 14. Februar 1993

Bang, "How I learned to stop worrying and love the nuclear reactor in my backyard" (ohne Autor), Taipei, 1988

Bartels, Dietrich, "Wirtschafts- und Sozialgeographie", in: *Handwörterbuch der Wirtschaftswissenschaft*, 9, Bd. Wirtschaft und Politik bis Zölle, Nachtrag, Fischer, Stuttgart 1982, S.44-55

Bectech Consulting Taipei (Hg.), *Environmental Protection Market in Taiwan*, First Issue, Taipei, 1991

Bello, Walden und Rosenthal, Stephanie, "Dragons in Distress: Crisis and Conflict in the Asian NICs", in: *World Policy Journal*, Summer 1990

Bello, Walden und Rosenthal, Stephanie, *Dragons in Distress - Asia's Miracle Economies in Crisis*, Penguin Books, London, 1992

Bierma, Thomas J., "A personal look at Taiwan's air pollution problems", *Health Sciences*, Illinois State University, o.J

Binswanger, Hans-Christoph, *Geld & Natur - das wirtschaftliche Wachstum im Spannungsfeld zwischen Ökonomie und Ökologie*, Stuttgart, 1990

Böhn, Dieter, *China - Volksrepublik China, Taiwan, Hongkong*, Klett-Verlag, Stuttgart, 1987

Bond, Michael H. (Hg.), *The Psychology of the Chinese People*, Hongkong, 1992

Botkin, Daniel B., *The Readiness of Applied Ecology in Taiwan for Application to Economic Development, Environmental Issues and Conservation of Resources*; Report to the Council for Economic Planning and Development, Executive Yuan, Santa Barbara, Ca., 1986

Braun, Gerald, "Vom Wachstum zur dauerhaften Entwicklung", in: *Aus Politik und Zeitgeschichte - Beilage zur Wochenzeitung Das Parlament*, B25-26/91, 14. Juni 1991

Brick, Andrew B., "The East Asian Development Miracle, Taiwan as a Model", in: *Issues & Studies - a Journal of Chinese Studies and International Affairs*, Vol. 28, No.8, August 1992

Bühl, Walter L., *Ökologische Knappheit - Gesellschaftliche und technologische Bedingungen ihrer Bewältigung*, Göttingen, 1981

Bundesministerium für Wirtschaft (Hg.), *Energiepolitik für das vereinte Deutschland*, Bonn-Duisdorf, 1992

Bundesministerium für Wirtschaft (Hg.), *Wirtschaft '92 in Zahlen*, Bonn-Diusdorf, 1992

Bundesministerium für Wirtschaft (Hg.), *Energiedaten '91 - Nationale und Internationale Entwicklung*, Bonn-Duisdorf, 1992

Bundesstelle für Außenhandelsinformation (bfai) (Hg.), *Umwelttechnik Taiwan - Der Markt in Kürze*, Köln, 1991

Bundesstelle für Außenhandelsinformation (bfai) (Hg.), *Republik Korea - Umweltschutz*, Köln, Februar 1993

Bundesumweltministerium, *Wir und Unsere Umwelt, 2*, Bonn, 1992

Bureau of Environmental Protection, Department of Health, Executive Yuan (Hg.), *A Synopsis of the Environmental Protection in Taiwan, R.O.C.*, Taipei, 1987

Busch, Philipp, *Die Regionalisierung von Umweltschutz unter Einsatz umweltökonomischer Instrumente anhand von Fallbeispielen der Hafenwirtschaftsregion Hamburgs*, Mannheim, April 1992

Business Asia, "Special Issue - Managing Asia's Environment", Vol. XXIV, No. 27, July 1992

Cernea, Michael, "Der soziologische Ansatz für nachhaltige Entwicklung", in: *Finanzierung und Entwicklung,* Vierteljahreszeitschrift des IWF und der Weltbank, 30.Jahrgang/Nr. 4, Dezember 1993, S.11-14

Chan, Steve und Clark, Cal, *Flexibility, Foresight and Fortuna in Taiwan's Development - Navigating between Scylla and Charybdis,* London u. New York, 1992

Chang Chang-yi David, "The Prime Environmental Policy Problem in Taiwan - A Study Over Slopeland Development in the Te-Chi Watershed", in: *Journal of Geographical Science*, No.14, National Taiwan University, June 1990, S.1-10

Chang Cheng-nan, *The study of tannery wastewater pollution in Taiwan area*, Bureau of Environmental Protection Taiwan Provincial Government (Hg.), 1986-1987

Chang Ching-yuan, Wei J.C., et al., "On the future of traditional chemical industries in Taiwan area from the experience on controlling the air pollution emission from coke oven", in: *Proceedings of the Sino-US bi-national conference on environmental protection and social development*, Taipei, August 20-25, 1989, S.221-232

Chang Chun-shyong, "The Economic Impact of American Investment in Taiwan, Republic of China", in: *Issues & Studies*, Vol.24, No.11, November 1988, S.101-116

Chang D. Wen-wei, "Political Development in Taiwan, The Sun Yat-sen Model for National Reconstruction", in: *Views from Abroad*, Kwang Hua Publishing, Taipei, 1990, S.48-67

Chang Michael Mau-kuei, "The social and political aspects of the anti-nuclear power movement in Taiwan", in: Chang, King-yuh (Hg.), *Political and social change in Taiwan and Mainland China*, Taipei, 1989, S.108-136

Chang Sai, *Von der traditionellen Gesellschaft zum Take-off - die Wirtschaftsentwicklung Taiwans*, Saarbrücken, 1984
Chang Shih-chao, "Landslides and their environmental impacts in Northern Taiwan (1968-1986)", in: *Journal of Geographical Science*, National Taiwan University, Department of Geography, No.14, Taipei, 1990
Chang T.S. und Chen Sun, "Land Use Planning in Taiwan", in: *Industry of Free China*, Vol.XXXXIX, No.3, March 25, 1978, S.15-27
Chao Chien-min, "From Limited to Extended Rights, Political Participation in the Republic of China", in: *Issues & Studies*, Vol.23 No.8, August 1987, S.26 ff.
Chao Jung-tai, "Bedrohte Tierwelt", in: *Freies China*, Nr.7, 2. Jahrgang, Taipei, September-Oktober 1989, S.34-41
Chao, Linda und Myers, Ramon H., "The First Chinese Democracy - Political Development of the Republic of China on Taiwan, 1986-1994", in: *Asian Survey*, Vol.XXXIV, No.3, March 1994, S.213-230
Chen Chao-lang, "Population and Environmental Quality in Taiwan", in: *Industry of Free China*, Vol.LXI, No.4, April 25, 1984, S.9-18
Chen Cheng, *Landreform in Taiwan*, Taipei, 1961
Chen Chia-lin, "Agriculture Policy and Benefits for Farmers in the Republic of China on Taiwan", in: *Industry of Free China*, Vol.LXXIII, No.3, March 1990, S.13-29
Chen Hsi-huang, "Small Farm Problems and Group farming in Taiwan", in: *Industry of Free China*, Vol.LXXVII, No.5, May 1992, S.33-42
Chen Hsiung-yiu, "Development of Agriculture and Agricultural Trade in the Republic of China on Taiwan", in: *Industry of Free China*, Vol.LXIV, August 25, 1985, S.9-25
Chen John-ren, *Ein makroökonomisches Modell für Taiwan*, Sozialwissenschaftliche Studien zu internationalen Problemen, Nr.35, Saarbrücken, 1978
Chen Ju-chin und Lin Fei-jan, "Chemical Compositions of Coastal Sediments from Chia-I Area, Western Taiwan", in: Su Jong-ching and Hung Tsu-chang (Hg.), *Assimilative Capacity of the Oceans For Man's Wastes*, Proceedings of a workshop arranged by SCOPE/ICSU Working Group on Chemical Changes in the Coastal Zones and the Republic of China (Taiwan) National Committee for SCOPE/ICSU, Taipei, April 26-30, 1982
Chen Kuo-yen, "Dry Mei-Yu and Water Balance in Taiwan", in: *Geographical Studies*, National Taiwan Normal University (Hg.), No.8, Taipei, October 1984
Chen Li-fu und Hou Chi-ming, "Confucianism, Education, and Economic Development in Taiwan", in: *Industry of Free China*, June 1990, S.7-20
Chen Nan-jou, "How do People in the Bioregion of Taiwan Actually Perceive the Impact of the Environment on Their Quality of Life? and Why?", in: *Ecological Crisis and Unjust Social Structures*, Tainan Theological College (Hg.), 30th International Congress of the International Institute of Sociology, Kobe, 5.-9.August 1991, S.237 ff.

Chen Phillip M. (Hg.), *Politics and Economics of a U.S.-R.O.C. Free Trade Area*, Asia and World Monograph Series, No.42, Taipei, 1986

Chen Tain-jy und Hou Chi-ming, "The Political Economy of Tariff Policy in the Republic of China on Taiwan", in: *Industry of Free China*, Vol.LXXVI, No.5, November 1991, S.43 ff.

Chen Yu-Chi, "The Vital Role of Women in the Environmental Protection Movement in Taiwan - Reflections on the Actual Experience of Four Years Promotion Work", A Paper Presented at the 30th International Congress of the International Institute of Sociology, Kobe, Japan, August 5.-9. August 1991, S.247 ff., in: *Quality of Life in the Bioregion of Taiwan*, 1991, S.247-268

Chen Zueng-sang, "Cadmium and lead contamination of soils, rice plants, and surface water in the northern Taiwan", in: *Soils and Fertilizers in Taiwan*, 39-47, 1989

Cheng Flora Sheng-hua, "Le Mouvement Spatial de l'Apiculture à Taiwan", in: *Geographical Studies*, No.8, October 1984, National Taiwan Normal University, Taipei (Hg.), S.111-128

Cheng Li-rong Lilly, "The promotion of environmental protection through media and community movements", in: *Proceedings of the Sino-US Bi-National Conference on Environmental Protection and Social Development*, Taipei, August 20-25, 1989, S.17-33

Cheng Peter P.C., "Taiwan under Chiang Kai-shek's Era, 1945-1976", in: *Asian Profile* (AP), Vol.16, No.4, August 1988, S.299-315

Cheng Tun-jen, "Distinctions between the Taiwanese and Korean Approaches to Economic Development", in: *The Journal of East Asian Affairs* (JEAA), Vol. VII, No.1, Winter/Spring 1993, S.116-136

Chi Chun-chieh, *Environment and Development in Developing Countries, with Case Studies of Kenya and Taiwan (China)*, PhD State University of New York, Buffalo, 1992

Chiau Wen-Yan, *Hazardous Waste Management, Establishing a Framework for Taiwan*, Dissertation in City and Regional Planning, University of Pennsylvania, 1991

Chien, Eugene, "Emerging Environmental Health Problems in Taiwan", in: *Industry of Free China*, September 1990, S.1-7

Chien Eugene, *Working Towards Environmental Quality in the 21st Century*, Environmental Protection Administration, Government of the Republic of Taiwan, Taipei, January 1991

Chien, Frederick F., "The Role of Energy in the Economic Development of Taiwan", in: *Industry of Free China*, Jan. 1989, S.1-6

Chiu Hungdah, "Constitutional Development and Reform in the Republic of China on Taiwan", in: *Issues & Studies*, Vol.29, No.1, January 1993, S.1 ff.

Chiu, Jennifer, "Taiwan drought spurs pollution", in: *Free China Journal*, Taipei, 14.Januar 1994, S.7

Chiu Tsong-juh, "A review of present status of laws and regulations on environmental protection in the Republic of China", in: *Taiwan 2000 - Balancing Economic Growth and Environmental Protection*, The Steering Committee (Hg.), Taipei/Nankang, 1989, S.424-442

Chou Chang-hung, "Research on Environmental Education in Taiwan, Special Emphasis on Studies of Environmental Awareness", in: *Proceedings of the Sino-Us Bi-National Conference on Environmental Protection and Social Development*, Pacific Cultural Foundation (Hg.), Taipei, 1989, S.95-118

Chu, David S.L., "The Outlook of Energy in Taiwan", in: *Economic Review*, No.222, Nov.-Dec. 1984, S.1-6

Chu Yun-peng et al., "Economic Aspects", in: *Taiwan 2000 - Balancing Economic Growth and Environmental Protection*, The Steering Committee (Hg.), Taipei/Nankang, 1989, S.273-341

Chuang Chin-yuan, "Prospective of the marine pollution in Taiwan, R.O.C.", in: Su, Jong-ching and Hung, Tsu-chang (Hg.), *Assimilative Capacity of the Oceans for Man's Wastes*, Proceedings of a workshop arranged by SCOPE/ICSU Working Group on Chemical Changes in the Coastal Zones, Taipei, April 1982, S.289-296

Chuang Chin-yuan, *Industrial Pollution Control in Taiwan Area*, Bureau of Environmental Protection, Taipei, 1986

Chuang Chin-yuan, *Air Pollution in Taiwan*, Bureau of Environmental Protection, Department of Health (Hg.), Taipei, 1986

Clark, Cal, "Economic Development in Taiwan - A Model of a Political Economy", in: *Journal of Asian and African Studies* XXII, 1-2, 1987, S.1-16

Cobb, Clifford, "Der `Index of Sustainable Economic Welfare' oder, Hat die Wohlfahrt in der Gesellschaft wirklich zugenommen?", in: Diefenbacher und Habicht-Erenler (Hg.), *Wachstum und Wohlstand - neuere Konzepte zur Erfassung von Sozial- und Umweltverträglichkeit*, Marburg, 1991

Cohen, Marc J., *Taiwan at the Crossroads*, Washington D.C., 1988

Ders., *The Unknown Taiwan*, Taipei, 1992

Cooper, David E., "The Idea of Environment", in: Cooper, David E. & Palmer, Joy A., *The Environment in Question*, London, 1992, S.165-180

Cooper, David E. und Palmer, Joy A., *The Environment in Question*, London, 1992

Copper, John F., "Ending Martial Law in Taiwan, Implications and Prospects", in: *Journal of Northeast Asian Studies*, Vol.VII, No.2, Summer 1988, S.3-19

Ders., "Taiwan, A Nation in Transition", in: Shaw Yu-ming (Hg.), *The Republic of China on Taiwan Today*, Taipei, 1990, S.37-47

Ders., *Taiwan - Nation-State or Province?*, Boulder, London, 1990

Council of Agriculture (COA) (Hg.), *Nature Conservation on Taiwan, R.O.C.*, Taipei, 1993

Council of Agriculture (COA) (Hg.), *Rhinoceros & Tiger Conservation in Taiwan, R.O.C.*, Taipei 1993

Council of Agriculture (COA), *Proceedings - Conference on Agricultural Environmental Quality*, Tunghai University, 18.-19.Juni 1994

Council for Economic Planning and Development (CEPD), Executive Yuan (Hg.), *Taiwan Statistical Data Book, Republic of China*, Taipei 1990 und 1993

Council for Economic Planning and Development (CEPD), Executive Yuan (Hg.), *The Six-Year National Development Plan of the Republic of China*, Taipei, 1992

Daly, Hermann E., "Die Gefahren des freien Handels", in: *Spektrum der Wissenschaft*, 01/1994, S.40-46

Davidson, James W., *The Island of Formosa - Past and Present*, Oxford University Press, Oxford, (1903) 1988

Demeer, Yves und Gamblin, André, *Taiwan (Formose) Republic de Chine*, Presses Universitaires de France, Saint Germain, 1979

Department of Environmental Protection, Taipei Municipal Government (Hg.), *A Briefing of Futekeng Sanitary Landfill Project*, Taipei, January 1992

De Vries, Bert, "Electric Power in Taiwan - Roads to be Taken", in: *Taiwan 2000*, Bd.II, Taipei, 1989, S.625-685

Directorate-General of Budget, Accounting and Statistics, Executive Yuan (Hg.), *Monthly Statistics of the Republic of China*, Taipei, Januar 1994

Domes, Jürgen und Sandschneider, Eberhard, Democratic Transition and Constitutional Reform in the R.O.C., Paper prepared for the Sino-American-European Conference On Contemporary China, Taipei, August 17-19, 1992

Domes, Jürgen, "Aspekte des Politischen Systems der Republik China auf Taiwan", in: *Zeitschrift für Politik (ZfP)*, Bd.25, Heft Nr.3, 1978, S.278 ff.

Ders., *Taiwan im Wandel- Politische Differenzierung und Opposition 1978-1980*, Frankfurt a.M., 1982

Ders., "Die Republik China im Aufbruch", in: Deutsch-Chinesische Gesellschaft (Hg.), *Symposium, Die Beziehungen der BRD und der Republik China auf Taiwan - Eine neue Dimension?*, Bonn, 27.9.1989

Draguhn, Werner (Hg.), *Asiens Schwellenländer, Dritte Weltwirtschaftsregion? - Wirtschaftsentwicklung und Politik der "Vier kleinen Tiger" sowie Thailands, Malaysias und Indonesiens*, Mitteilungen des Instituts für Asienkunde, Nr. 195, Hamburg, 1991

Dumont, René, *Taiwan - Le Prix de la Réussite*, Cahiers libre, Editions La Découverte, Paris Ve, 1987

E.I.U. (The Economist Intelligence Unit), *Country Report Taiwan*, 2nd quarter 1994, London 1994

Environmental Protection Administration (EPA), *Environmental Protection in the Republic of China*, Taipei, 1988

Environmental Protection Administration (EPA) in the Republic of China (Hg.), *Highlights of Environmental Protection in the Republic of China*, Taipei, 1991(a)

Environmental Protection Administration (EPA), *Yearbook of Environmental Statistics Taiwan Area, the Republic of China*, Taipei, 1991 (chinesisch) (b)

Environmental Protection Administration (EPA), *Huanjing zi xun*, Taipei, 1991 (chinesisch) (c)
Environmental Protection Administration (EPA), Introduction to the Bureau of Environmental Monitoring and Data Processing, Taipei 1991 (d)
Environmental Protection Administration (EPA), *International Environmental Statistics*, Taipei, 1992
Environmental Protection Administration (EPA), *The Environmental Protection Market in the Republic of China*, Taipei, 1992 (a)
Environmental Protection Administration (EPA), *EPA's Green Plan for a Healthy Environment* (chinesisch), Taipei, 1992 (b)
Environmental Protection Administration (EPA), *Brief Profile of the Environmental Protection Administration Government of the Republic of China*, Taipei, 1992 (c)
Environmental Protection Administration (EPA), *1993 State of the Environment Taiwan, R.O.C.*, Taipei, o.J. (wahrscheinlich 1993)
Environmental Protection Administration (EPA), *The National Environmental Protection Plan - Preliminary Draft*, The Executive Yuan, Taipei, July 1994
Fan Kuang-lun, "Pollutant transport along the western Taiwan coast", in: Su Jong-ching and Hung Tsu-chang (Hg.), *Assimilative Capacity of the Oceans For Man's Wastes*, Proceedings of a Workshop arranged by SCOPE/ICSU Working Group on Chemical Changes in the Coastal Zones and the Republic of China (Taiwan), National Committee for SCOPE/ICSU (Hg.), Taipei, April 26-30, 1982, S.306-312
Far Eastern Economic Review (FEER),
Baum, J., "Nets Across the Strait - Driftnet fishing thrives under Chinese flag", 8.Juli 1993
Baum, J., "Not a family affair - Political overtones of activist's murder", 6.Mai 1993
Baum, J., "Taking the plunge - Formosa Plastics confirms huge petrochemical plan", 22.April 1993
Moore, J., "Protests in this green and poisoned land", 25. Februar 1988
Moore, J., "Taiwan villagers shut plant - future of plastics and chemical industries in doubt", 27. Oktober 1988
Ohne Autor, "Fatal protest at Taiwan nuclear power plant site", 17. Oktober 1991, S.16
Scott, M., "Activists who fight clean", 27. Oktober 1988
Wehrfritz, G., "Gone fishing - Rogue trawlers may be dodging official driftnet ban", 25.Februar 1993, S.24
Wehrfritz, G., "Hazardous Business - China offers site for nuclear waste", 25. März 1993, S.22
Wehrfritz, G., "Taiwan, Asia's richest but also dirtiest", 29. Oktober 1992, S.38
Federal Minister for the Environment (FME) (Hg.), *Environmental Protection in Germany*, Economica Verlag, Bonn, 1992

FEER siehe *Far Eastern Economic Review*
Fellenberg, Günther, *Chemie der Umweltbelastung*, Stuttgart, 1992
Frankenstein, Christian, *Umweltschutzpolitik eines Schwellenlandes am Beispiel der Republik China auf Taiwan*, Nr.4, Arbeitspapiere des Instituts für Ökologie und Unternehmensführung, Oestrich-Winkel, August 1988
Freies China, Nr.7, 2. Jahrgang, September-Oktober 1989
Freies China, Nr.7, 2. Jahrgang, September-Oktober 1990
Free China Journal, "Taking firm steps to protect the laws of nature", ohne Autor, 14 May 1993, S.5
Free China Review, Vol.42, No.6, June 1992
Free China Review, Vol.44, No.7, July 1994,
  Hwang, James, "Resource in crisis", S.4 ff.
  Hwang, James, "How much water for the fields?", S.11 ff.
  Yuan, Yvonne, "Paying for the past", S.18 ff.
  Yun, Eugenia, "Safety in a bottle", S.28 ff.
  Chang, Winnie, "Dwindling reserves", S.36 ff.
Friege, Henning, "Chemieindustrie und der Staat - eine ökonomisch/ökologische Bestandsaufnahme", in: Petschow, U. und Schmidt, E. (Hg.), *Staatliche Politik als Umweltzerstörung - der Staat in der Umweltverträglichkeitsprüfung*, Institut für ökologische Wirtschaftsforschung IÖW 37/90, Berlin, 1990, S.103-112
Fuchs, Roland J. und Street, John M., "Land Constraints and Development Planning in Taiwan", *The Journal of Developing Areas* 14.April 1980, S.313-326
Fürst, Dieter, Nijkamp, P. und Zimmermann, K., *Umwelt, Raum, Politik - Ansätze zu einer Integration von Umweltschutz, Raumplanung und regionaler Entwicklungspolitik*, Wissenschaftszentrum Berlin, 1986
Gälli, Anton, *Taiwan - Ökonomische Fakten und Trends*, Ifo - Institut für Wirtschaftsforschung, München, 1980
Ders., "Demokratie, Sozialsystem, Umwelt, Die neuen Prüfsteine für Taiwans Marktwirtschaft", in: Draguhn, Werner (Hg.), *Asiens Schwellenländer. Dritte Weltwirtschaftsregion? - Wirtschaftsentwicklung und Politik der "Vier kleinen Tiger" sowie Thailands, Malaysias und Indonesiens*, Mitteilungen des Instituts für Asienkunde, Nr.195, Hamburg, 1991
Galenson, Walter (Hg.), *Economic Growth and Structural Change in Taiwan - The Postwar Experience of the Republic of China*, Cornell University Press, London, 1979
Gee San, "The R.O.C.'s Economic Development and its International Cooperation Program", in: *Issues & Studies*, Vol.29, No.5, Max 1993, S.1 ff.
Gereffi, Gerald, "Industrial Restructuring and National Development Strategies. A Comparison of Taiwan, South Korea, Brazil and Mexiko", in: Hsiao Michael Hsin-huang et al., *Taiwan - A newly industrialized state*, Department of Sociology, National Taiwan University Taipei, 1989
German Trade Office Taipei (Hg.), *Der Nationale Sechsjahresplan (1991-1996) - Makroökonomische Zielsetzungen*, Taipei, 1992

Goddard, William G., *Formosa - a study in Chinese history*, London, 1966
Gold, Thomas B., *Taiwan Miracle - State and Soul in the ...*, New York, 1986
Goodland, Robert, "The case that the world has reached limits. More precisely that current throughput growth in the global economy cannot be sustained", in: *Population and Environment. A Journal of Interdisciplinary Studies*, Vol.13, No.3, Spring 1992, S.167-182
Government Information Office (GIO), *A brief introduction to the Republic of China*, 2nd edition, Taipei, 1990
Greenpeace Magazin für Umwelt und Politik, 1/93, Hamburg, 1993
Gregor, A. James, Chang, Maria Hsia und Zimmermann, Andrew B., *Ideology and Development - Sun Yat-sen and the Economic History of Taiwan*, China Research Monograph, Institute of East Asian Studies (Hg.), Berkeley, 1989
Gregor, A. James und Chang, Maria Hsia, "Sun Yat-Sen, Dependency Theory, and the Economic History of Taiwan", in: *Journal of Northeast Asian Studies*, Vol.III, No.4, Winter 1984, S.61 ff.
Grewe, Reimund, "Naturschutzbewegung und Umweltproteste - Möglichkeiten eines Wertewandels in Taiwan", in: *Asien - Deutsche Zeitschrift für Politik, Wirtschaft und Kultur*, Nr.45, Oktober 1992, S.5-17
Gutheinz, Lothar S.J., "Our Concept of Quality of Life" (TARGTI 1980-LIRT 1991), Presented at the 39th International Congress of the Institute of Sociology, Kobe Japan, 1991, in: *Quality of Life in the Bioregion of Taiwan*, 1991, S.197 ff.
Halbeisen, Hermann, *Politische Reformen in Taiwan*, Working Papers in East Asian Politics, SPO-wp-1/92, Bochum, 1992
Ders., Historische Grundlagen und aktuelle Entwicklungen der politischen und wirtschaftlichen Ordnung auf Taiwan, unveröffentlichter Vortrag beim Ost-West-Kolleg, Köln, Februar 1994
Hampicke, Ulrich, *Naturschutzökonomie*, Stuttgart, 1991
Han Chien, "The Institutional Problems of Land Use and Environmental Planning in Taiwan", in: *Urban Law and Policy*, 8, North-Holland 1987, S.455-463
Harborth, Hans-Jürgen, *Dauerhafte Entwicklung statt globaler Selbstzerstörung - Eine Einführung in das Konzept des "Sustainable Development"*, Berlin, 1991
Harenberg Lexikon Verlag (Hg.), *Harenberg Länderlexikon '93/94*, Dortmund, 1993
Harris, L. G., "Towards Taiwan's Independence", in: *The Pacific Review*, Vol.1, No.1, 1989, S.24-37
Hauff, Volker (Hg.), *Unsere gemeinsame Zukunft - Der Brundtland-Bericht der Weltkommission für Umwelt und Entwicklung*, Greven, 1987
Hauser, Jürgen A., *Bevölkerungs- und Umweltprobleme der Dritten Welt*, Bd.1 und 2, Stuttgart, 1990/91
Hein, Wolfgang (Hg.), *Umweltorientierte Entwicklungspolitik*, Schriften des Deutschen Übersee-Instituts, Nr.14, Hamburg, 1992

Ders., "Wachstum - Grundbedürfnisbefriedigung - Umweltorientierung. Zur Kompatibilität einiger entwicklungspolitischer Ziele", in: Hein, Wolfgang (Hg.) *Umweltorientierte Entwicklungspolitik*, Hamburg, 1992

Hickey, Dennis V., "U.S. Economic, Political and Strategic Interests in Taiwan, The Ties That Bind", in: *Issues & Studies*, Vol.22, No.11, November 1986, S.60-66

Ho, David Y.F., "Chinese Patterns of Socialization, a Critical Review", in: Bond, Michael H. (Hg.), *The Psychology of the Chinese People*, Hongkong, 1992, S.1-37

Ho, Samuel P.S., *Economic Development of Taiwan, 1890-1970*, Yale, 1978

Ders., "Decentralized Industrialization and Rural Development - Evidence from Taiwan", in: *Economic Development and Cultural Change*, Vol.28, 1979, S.77-96

Ders., "Economic Development and Rural Industry in South Korea and Taiwan", in: *World Development*, Vol.10, No.11, 1982, S.973-990

Hobday, Mike, "Export-led Technology Development in the Four Dragons. The Case of Electronics", *Development and Change*, Vol.25, No.2, April 1994, S.333-362

Hsiao Hsin-huang M., "Evaluation of environmental education, Taiwanese experience", in: *Thought and Talk* 26 (5) 1986, S.447-459

Ders., *Women zhi you yi ge taiwan (Wir haben nur ein Taiwan)*, Taipei, 1987

Ders., "The environmental movement in Taiwan", in: *Proceedings of the Sino-US Bi-National Conference on Environmental Protection and Social Development*, Taipei, August 20-25, 1989, S.53.76

Ders., "Emerging Social Movements and the Rise of a Demanding Civil Society in Taiwan", in: *The Australian Journal of Chinese Affairs,* Issue 24, July 1990, S.163-179

Ders., Cheng Wei-yuan und Chan Hou-sheng (Hg.), *A Newly Industrialized State*, Department of Sociology, National Taiwan University Taipei, 1989

Hsieh Chiao-min, *Taiwan - Ilha Formosa. A Geography in Perspective*, London, 1964

Hsiung James C. et al.(Hg.), *The Taiwan Experience 1950-1980*, New York, 1983

Hsu Yu-piao und Chang Tsun-kuo, *Investigation on the Quality of Irrigation Water in Taiwan. Graduate Institute of Environmental Engineering*, NTU, Zusammenfassung eines Untersuchungsberichtes im Auftrag des Council of Agriculture (STIC-No, RA77-2518), Taipei, 1987

Hsü Yü-Hsiu, "Umweltstrafrecht in der Republik China - Bericht für die internationale Konferenz über Umweltstrafrecht", in: International Association of Penal Law (AIDP) - The Taiwan/R.O.C. Chapter (Hg.), *International Conference on Environmental Criminal Law*, o.O. (wahrscheinlich Taipei), 1992, S.575-610

Hu Hsien-chin, *The Common Descent Group in China and its Functions*, New York, 1948

Hu Jason Chih-chiang (Hg.), *Fragen und Antworten zum Nationalen Entwicklungsplan der Republik China*, Informationsamt der Regierung der Republik China, Taipei, 1992

Ders. (Hg.), *The Republic of China Government's Policy towards the Chinese Mainland - A Cautious but Pragmatic Approach*, Sanchung, 1991

Hu Y.H. und Mao Y.F., Perceived health risks of habitants in high and low air-polluted communities in Taiwan, Paper for Society for the Study of Social Problems, 1989 Annual Meeting, Berkeley, 1989

Huang Shu-li und Odum Howard T., "Ecology and economy, energy synthesis and public policy in Taiwan", in: *Journal of Environmental Management*, London, Vol.32, No.4, June 1991, S.313-333

Huebner, Jon W., "The Americanization of the Taiwan Straits", in: *Asian Profile*, Vol.13, No.3, June 1985, S.187-199

Ders., "The abortive Liberation of Taiwan", in: *The China Quarterly*, No.110, June 1987, S.256 ff.

Hung Jia-jang und Chen Chen-tung, *Acid precipitation and acidification of natural waters in southern area of Taiwan*, Institute of Marine Geology, National Sun Yat-sen University, Zusammenfassung eines Forschungsberichtes im Auftrag der taiwanesischen Umweltbehörde (TEPA) (STIC-No, RA77-2514), Taipei, 1987

Hunter Han-ting Eu, "An overview of environmental Conservation and Engineering Projects in the Republic of China", in: *Economic Review*, the International Commercial Bank of China (Hg.), Taipei, 1986

Hwang, Jim, "From success to uncertainty", in: *Free China Review*, Vol.41, No.11, November 1991, S.8-21

Hwang, Jim, "Dangerous Choice or best Option", in: *Free China Review*, Vol.44, No.10, October 1994, S.54 ff.

Industrial Development Bureau (IDB), Ministry of Economic Affairs, *Development of Industries in Taiwan Republic of China*, Taipei, 1985

Institute for National Policy Research (Hg.), *Crafting Democracy in Taiwan*, Taipei, 1992

International Association of Penal Law (AIDP), The Taiwan/R.O.C. Chapter (Hg.), *International Conference on Environmental Criminal Law*, o.O. (wahrscheinlich Taipei), 1992

Kang Kuo-Yu, "The research and development of renewable energy and effective energy utilization in Taiwan Republic of China", in: *Economic Review*, No. 222, Nov.-Dec.1984, S.10-19

Kaulbach, Barbara und Proksch, Bettina H. M., *Arts and culture in Taiwan*, Taipei, 1984

Kim Ho-Ki, *Nachholende Industrialisierung in den ostasiatischen Schwellenländern Südkorea und Taiwan*, Dissertation an der Fakultät für Soziologie der Universität Bielefeld, 1990

Kim Suk Jun, "The political economy of export-led industrialization in Korea and Taiwan, a statistical approach", in: *Asian Perspective*, Vol.13, No.2, Fall-Winter 1989

Kindermann, Gottfried-Karl, *Chinas unbeendeter Bürgerkrieg - Im Spannungsfeld Peking-Taiwan-USA 1949-1980*, Wien, München, 1980

Kirby, William C., "Continuity and Change in Modern China, Economic Planning on the Mainland and on Taiwan, 1943-58", in: *The Australian Journal of Chinese Affairs (AJCA)*, Issue 24, July 1990, S.121-141

Knapp, Ronald G., "The Geographer and Taiwan - State of the Field", in: *The China Quarterly*, No.74, June 78, S.356-368

Koch, W., "Stadtrandsiedlungen und Industrialisierung in Taipei, Taiwan", in: *Erdkunde*, Band 30/1976, S.44-51

Koo, Hagen, "The state, industrial structure, and labour politics, Comparison of Taiwan and South Korea", in: Hsiao M. Hsin-huang, Cheng Wei-yuan, Chan Hou-sheng (Hg.), *A Newly Industrialized State*, Department of Sociology, National Taiwan University Taipei, 1989, S.561 ff.

Korten, David C., "Sustainable Development", in: *World Policy Journal*, Winter 1991-92, S.157-190

Krueger, Anne O., "Import Substitution versus Export Promotion", in: King, Philip, *International Economics and International Economic Policy. A Reader*, McGraw-Hill Books, Singapore, 1990, S.155-165

Krug, Barbara, *Chinas Weg zur Marktwirtschaft - Eine politisch-ökonomische Analyse der Wirtschaftstransformation 1978-1988*, Marburg, 1993

Krug, Barbara und Frey, Bruno, *Oekonomik der Familie, Patriarchalismus in China*, Zeitschrift für Wirtschafts- und Sozialwissenschaften (ZWS) 107, Sonderdruck, 1987

Kuo, Shirley W.Y., "The Evolution of Taiwan's Economy, Status and Prospects", in: *Industry of Free China*, Vol.LXXIX, No.6, June 1993, S.37-56

Dies., *Key Factors for High Growth with Equity - The Taiwan Experience, 1952-1990*, Symposium on High Growth Performance Experiences, OECD, 25-26 Nov., Paris, 1991

Kuo Xing-hu, *Die Erben Sun Yat-sens - Eine Bilanz zum 75. Gründungstag der Republik China (1912-1987)*, Anita Tykve Verlag, Sindelfingen, 1987

Kwang Hwa Verlagsgesellschaft (Hg.), *Die Republik China*, Taipei 1985

Kwang Hwa Verlag (Hg.), *Die Republik China - Taiwan Handbuch*, 2.Auflage, Taipei, 1993

Lai Tse-Han, Myers, Ramon H. und Wou Wei, *A Tragic Beginning - The Taiwan Uprising of February 28, 1947*, Stanford, 1991

Lan Ke-jeng und Wang Jiann-chyuan, "The Taiwan Experience in Economic Development", in: *Issues & Studies*, Vol.27, No.1, January 1991, S.135-157

Lee Chin-dee/Chang Song-ling/Wang Sung-bing/Hong Cheng-chung, "A conservative waste disposal study of mercury pollution in Taiwan", in: Su Jong-ching and Hung Tsu-chang (Hg.), *Assimilative Capacity of the Oceans for Man's*

Wastes, Proceedings of a workshop arranged by SCOPE/ICSU Working Group on Chemical Changes in the Coastal Zones, Taipei, April 1982, S.83-91

Lee Kuo-wei, "Taiwan Provincial and Local Political Decision Makers, Taiwanization", in: *Asian Profile*, Vol.15, No.2, April 1987, S.179-195

Lee Kuo-wei, "The Road to Democracy, Taiwan Experience", in: *Asian Profile*, Vol.19 No.6, December 1991, S.489-504

Lee, Thomas B., "Quasi-Diplomatic Relations of the Republic of China. Their Development and Status in International Law", in: *Issues & Studies*, Vol.24, No.7, July 1988, S.104 ff.

Lee Wei-chin (Hg.), *Taiwan*, World Bibliographical Series, Vol.113, Oxford, Santa Barbara, 1990

Les Echos, Taipei, 11 Decembre 1992, S.1

Les Echos, Taipei, 21 Decembre 1992, S.3

Les Echos, Taipei, 21 Juin 1993, S.4

Leser, Helmut et al., *Diercke - Wörterbuch der Allgemeinen Geographie*, Bd.1 und 2, München, 1984

Lexikon der Biologie, Bd.3, Herder Verlag (Hg.), Freiburg, Basel, Wien, 1984

Li Jiu-lin, "A Critical Review of the Balanced Regional and Urban Development Policy in Taiwan", in: Kok Chiang Tan, Taubmann, W., Ye Shun-zan (Hg.), *Development in China and South East Asia*, Bremer Beiträge zur Geographie und Raumplanung, Heft 25, Bremen, 1993, S.65-80

Li K.T., *The Experience of Dynamic Economic Growth on Taiwan*, Taipei, 1976

Li K.T., "Population Distribution and Quality of Life in the Taiwan Area", in: *Industry of Free China*, Vol.LX, Nos.3 and 4, September/October 25, 1983, S.1-24 und S.1-16

Li K.T., "Contribution of Women in the Labor Force to Economic Development in Taiwan, the Republic of China", in: *Industry of Free China*, Vol.LXIV, No.2, August 1985, S.1-8

Li K.T., "Policy Formulation in a Dynamic Economy. The Experience of the R.O.C. on Taiwan", in: *Industry of Free China*, Vol.LXXV, No.1, January 1991, S.33-42, a

Li K.T., "The Taiwan Experience and Taiwan's Political and Economic Prospects", in: *Industry of Free China*, Vol.LXXVI, No.3, September 1991, S.25-33, b

Liang Kuo-shu und Liang Ching-ing, "Trade Strategy and Industrial Policy in Taiwan", in: *Economic Review*, The International Commercial Bank of China (ICBC) (Hg.), No.233, September/October 1986, S.1-23

Liang Kuo-shu, "The Banking System and Financial Reform in Taiwan", in: *Industry of Free China*, Vol.LXXVIII, No.3, September 1992, S.25-46

Lin Chen-fang, "Pollution Control of Industrial Park Development", in: *International Symposium on Industrial Park Development Policy and Planning*, Taipei, 1992 (chinesisch)

Lin Chien-yuan, "Some policy issues of industrial park development in Taiwan", in: *International Symposium on Industrial Park Development Policy and Planning*, Taipei, 1992 (chinesisch)

Lin, Diana, "Tribe up in arms over park plan", in: *Free China Journal*, 9.April 1993

Lin Wu-nan, "Managing nuclear wastes in Taiwan", in: *North America Taiwanese Professor's Association Bulletin*, February 1988

Lin Wuu-long, "Prospects of Entrepreneurship in Public Enterprises", in: *Industry of Free China*, Vol.LXXVII, No.1, January 1992, S.51 ff.

Liu Hung-hsi, "Taiwan's Climates and Human Activities", in: *Geographical Studies*, National Taiwan Normal University (Hg.), No.8, Taipei, October 1984

Liu Jin-tian und Smith, V. Kerry, *Risk Communication and Attitude Change - Taiwan's National Debate over Nuclear Power*, Discussion Paper QE 90-21, Resources for the Future (Hg.), Taipei, 1990

Liu, Philip, "Stuck on the Freeway", in: *Free China Review*, Vol.41, No.3, Taipei, März 1991, S.30-41

Liu, Philip, "Striking a better Balance", in: *Free China Review*, Vol.42, No.6, Taipei, June 1992, S.17 ff.

Liu, Paul K.C. und Tsai H.H., "Urban Growth and Employment Restructuring in Taiwan", in: *Industry of Free China*, Vol.LXXIV, No.2, August 25, 1990, S.17-34

Lo M.C. und Lin K.J., "A study of oceanic effects from waste water, Keelung City, Taiwan", in: Su Jong-ching and Hung Tsu-chang (Hg.), *Assimilative Capacity of the Oceans For Man's Wastes*, Proceedings of a workshop arranged by SCOPE/ICSU Working Group on Chemical Changes in the Coastal Zones and the Republic of China (Taiwan), National Committee for SCOPE/ICSU, April 26-30 1982

Lo Shiu-hing, "Taiwan, Business People, Intellectuals and Democratization", in: *Pacific Review (PR)*, Vol.5, No.4, 1992, S.382 ff.

Lu Alan-yun, "Pollution in Agricultural Production - Taiwan's Experiences", in: *Conference on Directions and Strategies of Agricultural Development in the Asia-Pacific Region (II)*, The Institute of Economics, Academia Sinica (Hg.), Taipei, 5.-7.Januar 1988, S.405-428

Luxemburger Wort (LW), Tageszeitung, Luxemburg

Lu Ya-li, "Political Participation in the Republic of China", in: *Issues & Studies*, Vol.23, No.8, August 1987, S.13-24

Lu Ya-li, "Party Politics in the Republic of China", in: Chang, King-yuh, *Political and Social Change in Taiwan and Mainland China*, Taipei 1989, S.29-41

Maisch, Hans, *Taiwans Bürger greifen zur Selbsthilfe - Umweltschutz und Bürgerinitiativen in der Republik China*, Frankfurt a.M., 1993

Mao Yu-kang, "Current Land Problems and Policies of Taiwan, the Republic of China", in: *Industry of Free China*, Vol.LXVII, No.6, June 25, 1987, S.5-24

Mao Yu-kang, "Agriculture in the Economic Transformation of Taiwan", in: *Quarterly Land Economics*, Taipei, May 1991, S.1-39 (a)
Mao, Yu-kang, "Agricultural Development and Policy Adjustments in Taiwan", in: *Industry of Free China*, Vol.LXXVI, No.3, September 1991, S.33-52 (b)
Marburger, E.A., "Zur ökonomischen Bewertung gesundheitlicher Schäden der Luftverschmutzung", in: *Berichte des Umweltbundesamtes* 7/86, Berlin 1986, S.51 ff.
Martin, Helmut, "The Future of China, Taiwan, and Hongkong, Perspectives Explored by Contemporary Chinese Writers", in: Chang King-yuh, *Ideology and Politics in Twentieth Century China*, National Chengchi University, Taipei, 1988, S.174-195
Meadows, Donella H., Meadows, Dennis L. und Randers, Jorgen, *Die neuen Grenzen des Wachstums - die Lage der Menschheit, Bedrohung und Zukunftschancen*, 3.Auflage, Stuttgart, 1992
Mechthold, Michael, *Regionalökonomische Effekte der technologieintensiven Industriebetriebe in Taiwan*, Inauguraldissertation im Fachbereich Geowissenschaften an der Universität Hannover, Hannover, 1994
Menzel, Ulrich, *Das Ende der Dritten Welt und das Scheitern der großen Theorie*, Frankfurt a.M., 1992
Metzger, Thomas A. und Myers, Ramon H., "Understanding the Taiwan Experience. An Historical Perspective", in: *Pacific Review*, Vol.2, No.4, 1989, S.297-311
Mindich, Jeffrey H., "Intractable River Pollution", in: *Free China Review*, Vol. 41, No.10, Taipei, October 1991, S.4-19
Mindich, Jeffrey H., "A Slow Start on Recycling", in: *Free China Review*, Vol. 41, No.10, Taipei, October 1991, S.20-21
Ders., "Hartnäckiger Dreck im Fluß", in: *Freies China*, Nr.2, 5.Jahrgang, Taipei, März/April 1992, S.6-18
Ministry of Economic Affairs (MOEA), Energy Committee (Hg.), *The Energy Situation in Taiwan Republic of China*, Taipei, 1989
Ministry of Economic Affairs (MOEA), Energy Commission (Hg.), *The Energy Situation in the Republic of China*, Taipei, 1990
Ministry of Economic Affairs (MOEA), *1994 Foreign Trade Development of the Republic of China*, Taipei, 1994
Mueller, Dennis C., *Public Choice II - A Revised Edition of Public Choice*, Cambridge, (1989) 1990
Müller, Paul, *Biogeographie*, Stuttgart, 1979
Muir, Richard und Paddison, R., *Political Geography and Behaviour*, Cambridge, 1981
Munasinghe, Mohan, "Der Ansatz der Ökonomen für eine nachhaltige Entwicklung", in: *Finanzierung und Umwelt*, Vierteljahreszeitschrift des IWF und der Weltbank, 30.Jahrgang/Nr.4, Dezember 1993, S.16-19

Naya, Seiji und Imada, Pearl, "Development Strategies and Economic Performance of the Dynamic Asian Economies, Some Comparisons with Latin America", in: *Pacific Review*, Vol.3, No.4, 1990, S.296-313

Nieh Yu-Hsi, "Taiwan Political, Social and Economic Data", in: *CHINA aktuell/ China Monthly Data*, May 1993, S.527/21

Nohlen, Dieter (Hg.), *Wörterbuch Staat und Politik*, Bundeszentrale für politische Bildung, Bonn, 1991

Nohlen, Dieter, *Lexikon Dritte Welt-Länder, Organisationen, Theorien, Begriffe, Personen*, Heidelberg, 1989

Nohlen, Dieter und Nuscheler, Franz (Hg.), *Handbuch der Dritten Welt - Grundprobleme und Strategien*, Bd.1+2, Bonn, 1993

Nordrhein-Westfälischer Städte- und Gemeindebund (NWStGB) (Hg.), *Mitteilungen*, AZ, V/1 21-20, 20.06.1993

Nuscheler, Franz, *Lern- und Arbeitsbuch Entwicklungspolitik*, Bonn 1985

NWStGB siehe Nordrhein-Westfälischer Städte- und Gemeindebund

Oßenbrügge, Jürgen, *Politische Geographie als räumliche Konfliktforschung - Konzepte zur Analyse der politischen und sozialen Organisation des Raumes auf der Grundlage anglo-amerikanischer Forschungsansätze*, Hamburger Geographische Studien, Heft 40, Hamburg, 1983

Ders., *Umweltrisiko und Raumentwicklung - Wahrnehmung von Umweltgefahren und ihre Wirkung auf den regionalen Strukturwandel in Norddeutschland*, Berlin, Heidelberg, 1993

Otremba, E., *Der Wirtschaftsraum - seine geographischen Grundlagen und Probleme*, Stuttgart, 1969

Pacific Cultural Foundation (Hg.), *Proceedings of the Sino-US Bi-National Conference on Environmental Protection and Social Development*, Taipei, August 20-25, 1989

Pang Chien-kuo, "The State and Socioeconomic Development in Taiwan since 1949", in: *Issues & Studies - A journal of Chinese studies and international affairs*, Vol.26, No.5, May 1990, S.11-36

Pearce, David W., Barbier, Edward und Markandya, Anil, *Sustainable Development - Economics and Environment in the Third World*, London, 1990

Pearce, David W. und Warford, J.J., *World without end - economics, environment and sustainable development*, World Bank publication, Oxford, 1993

Prybyla, Jan S., "The Economics of Island and Mainland China. Taiwan as a Systemic Model", in: Shaw Yu-ming (Hg.), *The Republic of China on Taiwan Today - Views from Abroad*, 3rd Edition, Taipei, 1990, S.91-143

Pun, Allen, "Power for the Future", in: *Free China Journal*, July 16, Taipei 1993

Pun, Allen, "Rhino horn issue reflects folk medicine history", in: *Free China Journal*, January 7, Taipei 1994

Pye, Lucian W., *Asian Power and Politics - The Cultural Dimensions of Authority*, Harvard, 1985

Pye, Lucian W., "Chinese Respect for (and Dependence Upon) Leadership", in: Shaw Yu-ming (Hg.), *The Republic of China on Taiwan Today*, Taipei, 1990, S.16-19

Ramphal, S., *Das Umweltprotokoll - Partnerschaft zum Überleben*, Frankfurt, 1992

Reardon-Anderson, J., *Pollution, Politics, and Foreign Investment in Taiwan. The Lukang Rebellion*, New York, 1992

Rees, Colin, "Der Ansatz der Ökologen für eine nachhaltige Entwicklung", in: *Finanzierung und Entwicklung*, Vierteljahreszeitschrift des IWF und der Weltbank, 30.Jahrgang/Nr.4, Dezember 1993, S.14-15

Reinhardt, Monika, *Politische Opposition in Taiwan 1947-1988 - Die demokratische Fortschrittspartei*, Bochum, 1989

Repetto, Robert, "Die Bewertung natürlicher Ressourcen", in: *Spektrum der Wissenschaft*, SdW 08, 1992, S.36-42

Rhode, K.E., Rahmendaten, Hintergründe und Interpretationen der Wirtschaftsdynamik in "Großchina", Vortrag zum Seminar, "VR China, Hongkong, Taiwan, Wachstumsregionen der Zukunft?" (1. und 2.Teil), Ost-West-Kolleg, Köln, 1993

Rolshoven, Marianne, "Naturgefahren und Erschließung in Zentraltaiwan", in: Haimayer, P. (Hg.), *Probleme des ländlichen Raumes im Hochgebirge*, Innsbrucker Geografische Studien, Bd.16, 1988, S.97-106

Rosenthal, Stephanie, Nuclear Energy on Taiwan, unveröffentlichtes Arbeitspapier, Berkeley, 1989

Sander, G. und Oßenbrügge, Jürgen, "Political Geography in Germany after World War II", in: Ehlers, E., *40 Years After, German Geography - Developments, Trends and Prospects 1952-1992*, DFG, Bonn, 1992, S.251-275

Saner, Raymond und Yiu Lichia, "Coping with Labour Turnover in Taiwanese Companies", in: *The American Asian Review*, Vol.XI, No.1, New York, 1993, S.162-195

Sautter, Hermann, *Ordnung, Moral und wirtschaftliche Entwicklung - Das Beispiel Taiwan*, ifo Forschungsberichte der Abteilung Entwicklungsländer 71, Weltforum Verlag, Köln, 1990

Schätzl, Ludwig, *Wirtschaftsgeographie 1 - Theorie*, 3.Auflage, Paderborn, 1988

Schubert, Günther, "Taiwan an der Schwelle zu den 90er Jahren - Perspektiven für eine stabile Demokratie?", in: *Asien - Deutsche Zeitschrift für Politik, Wirtschaft und Kultur*, Nr.35, April 1990, S.26-39

Ders., "Taiwan nach den ersten gesamtnationalen Parlamentswahlen - der neue Legislativyuan und seine zukünftige Bedeutung im politischen System Taiwans", in: *Asien - Deutsche Zeitschrift für Politik, Wirtschaft und Kultur*, Nr.47, April 1993, S.30-43

Selya, Roger Mark, "Water and Air Pollution in Taiwan", in: *Journal of Developing Areas*, Macomb, Illinois, Vol.2, 1974, S.177-201

Selya, Roger Mark, "Location orientation of foreign-owned industry in Taiwan", in: *Asian Profile*, Vol.11, No.6, December 1983, S.535-552

Senftleben, Wolfgang, *Taiwan-Reiseführer mit Landeskunde*, Buchschlag bei Frankfurt a.M., 1985

Serageldin, Ismail, "Umweltverträgliche Gestaltung der Entwicklung", in: *Finanzierung und Entwicklung*, Vierteljahreszeitschrift des IWF und der Weltbank, 30.Jahrgang/Nr.4, Dezember 1993, S.6-8

Severinghaus, Lucia Liu, "Natural Resources", in: *Taiwan 2000 - Balancing Economic Growth and Environmental Protection*, The Steering Committee (Hg.), Taipei/Nankang, 1989, S.51-127

Shao Maria, "Taiwan's wealth crisis - Its $53 Billion cash hoard is economic poison", in: *Business Week*, Taipei, 13.4.1987, S.27

Shaw Daigee, *The Facility Siting Policy. An Answer to the Dilemma of Environmental Protection and Industrial Development in Taiwan, R.O.C.*, The Institute of Economics, Academia Sinica, Taipei, April 1990

Shaw Yu-ming (Hg.), *The Republic of China on Taiwan Today - Views from Abroad*, 3rd Edition, Taipei, 1990 (a)

Shaw Yu-ming, *Beyond the Economic Miracle - Reflections on the Republic of China on Taiwan, Mainland China, and Sino-American Relations*, Second Edition, Taipei, 1990 (b)

Shen, Deborah, "R.O.C. wildlife protection efforts return 10 orangutans to Indonesia", in: *Free China Journal*, Taipei, January 28, 1994

Shen, Deborah, "Taiwan develops parks after late start", in: *Free China Journal*, February 18, 1994, S.7

Sheng Virginia, "Task force to supervise protection of wildlife", in: *Free China Journal*, Taipei, December 3, 1993

Sheng, Virginia, "R.O.C. pushes for wildlife protection; revisions to law now under review", in: *Free China Journal*, Taipei, March 11, 1994

Shih Jhi-tseng und Fu Tsu-tan, "The Adjustment of Taiwan's Agricultural Policy to Trade Liberalization", in: *Indusrty of Free China*, Vol.LXXVII, No.1, January 1992, S.57-76

Shiva, Vandana, "Recovering the real meaning of sustainability", in: Cooper & Palmer (Hg.), *The Environment in Question*, London, 1992, S.187-193

Shoesmith, Dennis (Hg.), *Export Processing Zones in five Countries - The Economic and Human Consequences*, Asia Partnership for Human Development, Hongkong, 1986

Siew, Vincent C., "The privatization of industry in Taiwan, R.O.C.", in: *Industry of Free China*, Vol.LXXVIII, No.1, July 1992, S.7-24

Sigwalt, Pierre, "Environmental problems and policies in social change in Taiwan", in: Chang King-yuh, *Political and social change in Taiwan and Mainland China*, Taipei, 1989, S.137-145

Simmons, Ian G., *Ressourcen und Umweltmanagement - eine Einführung für Geo-, Umwelt- und Wirtschaftswissenschaftler*, Spektrum Akademischer Verlag, Heidelberg, 1993

Simon, Denis Fred und Kau, Michael Y.M. (Hg.), *Taiwan - Beyond the Economic Miracle*, New York, 1992

Simonis, Udo E., "Ökologie, Politik und Wissenschaft - Drei allgemeine Fragen", in: Hein, Wolfgang (Hg.), *Umweltorientierte Entwicklungspolitik*, Schriften des Deutschen Übersee-Instituts, Nr.14, Hamburg, 1992

Spearce, Alden Jr., "Taiwan's rural populace. Brought in or left out of the economic miracle?", in: Simon, Dennis F. und Kau, M.Y.M. (Hg.), *Taiwan - Beyond the Economic Miracle*, New York, 1992, S.211-236

Statistics Office of Environmental Protection Administration (Hg.), *Yearbook of Environmental Statistics Taiwan Area, the Republic of China*, Taipei, 1991

Statistisches Bundesamt (Hg.), *Länderbericht Taiwan 1986*, Wiesbaden, 1986

Statistisches Bundesamt (Hg.), *Länderbericht Taiwan 1991*, Wiesbaden, 1991

Steer, Andrew und Lutz, Ernst, "Die Messung umweltverträglicher Entwicklung", in: *Finanzierung und Entwicklung* Vierteljahreszeitschrift des IWF und der Weltbank, 30.Jahrgang/Nr.4, Dezember 1993, S.20-23

Stewart, Frances, "Back to Keynesianism, Reforming the IMF", in: King, Philip, *International Economics and International Economic Policy. A Reader*, McCraw-Hill Books, Singapore, 1990, S.330-350

Stites, Richard, "Small Scale Industry in Yingge, Taiwan", in: *Modern China*, Vol.8, April 1982, S.347-379

Su Jong-ching and Hung Tsu-chang (Hg.), *Assimilative Capacity of the Oceans For Man's Wastes*, Proceedings of a Workshop arranged by SCOPE/ICSU Working Group on Chemical Changes in the Coastal Zones and the Republic of China (Taiwan) National Committee for SCOPE/ICSU, Taipei, April 26-30, 1982

Sun En-Jang, "Major Air Pollutants and their Effects on Vegetation in Taiwan", in: *Proceedings of the Conference on Agricultural Environmental Quality*, Graduate Institute of Environmental Science (Hg.), Tunghai University, Taiwan, 18.-19.Juni 1993

Sun En-Jang und Tsai Mong-Chung, "Effects of Ozone on Vegetation in Taiwan", in: *Proceedings of the Conference on Agricultural Environmental Quality*, Graduate Institute of Environmental Science, Tunghai University, Taiwan, 18.-19.Juni 1993

Taiwan Forestry Bureau (Hg.), *Forestry in Taiwan - Republic of China*, Taiwan, 1984

Taiwan Power Company (Hg.), *Hsieho Thermal Power Station*, Taipei, 1983

Taiwan 2000 - Balancing Economic Growth and Environmental Protection, The Steering Committee (Hg.), Taipei/Nankang, 1989

Tang Dennis Te-chung, *On the feasibility of economic incentives in Taiwan's environmental regulations. Lessons from the American experience*, Institute of American Culture (Hg.), Academica Sinica, Taipei/Nankang, 1990

Technischer Überwachungsverein Essen (TÜV Essen Group), *Mid- And Long-Term Environmental Protection Masterplan for Taiwan Area*, EPA (Hg.), Project No. EPA-79-002-14-079, Taipei, 1991

Technischer Überwachungsverein Rheinland (TÜV), Institut für Umweltschutz und Energietechnik (Hg.), *Umweltverträglichkeitsprüfung der Gewerbegebiete Nord-Dormagen*, Köln, 1993

The China News (Hg.), *Directory of Taiwan 1990/1991*, Taipei, 1990

The Economist (Hg.), *A Survey of Taiwan*, October 10th-16th, 1992

The Economist (Hg.), *World in Figures - 1994 Edition*, London, 1993

Thorbecke, Erik, "Agricultural Development", in: Galenson, Walter (Hg.), *Economic Growth and Structural Change in Taiwan - The Postwar Experience of the Republic of China*, Cornell University Press, London, 1979, S.132-205

Tien Hung-mao, *The Great Transition - Political and Social Change in the Republic of China*, Taipei, 1989

Ting Tin-yu und Jou Susyan, "Industrial Pollution and the Regional Variations of Life Expectancy at Birth in Taiwan", in: *Sociological Inquiry*, Vol.58, Nr.1, 1988, S.87-100

Tjiu Mau-ying, "Agricultural Strategies and Policies for the 21st Century", in: *Industry of Free China*, Vol.LXXV, No.5, May 1991, S.45 ff.

Tremblay, Jean-François, "Needed, second Taiwan miracle", in: *Free China Journal*, August 13, 1993

Tsai, George W., "Taiwan's Economic Modernization and it's Implications for other Developing Countries", in: *Issues & Studies*, Vol.29, No.6, June 1993, S.61-79

Tsai Hong-chin, "Rural Industrialization in Taiwan", in: *Industry of Free China*, Vol.LXI, No.5, May 25, 1984, S.15-28

Tsai Hong-chin, "The Impact of Landreform on Industrial Development. Local Politics and Taiwanese Intellectuals", in: Hsiao Hsin-huang M., Cheng Wei-yuan und Chan Hou-sheng (Hg.), *A Newly Industrialized State*, Department of Sociology, National Taiwan University Taipei, 1989, S.167-185

Tsai Hung-hsiung, "Population Decentralization Policies, the Experience of Taiwan", in: *Industry of Free China*, Vol.LXXIII, No.3, March 25, 1990, S.1-11

Tsai Wen-hui, "Social changes under the impacts of economic transformation in Taiwan, from industrialization to modernization during the past World War II era", in: *Journal of Oriental Studies (JOS)*, Vol.XXVII, Nos.1 and 2, 1989, S.79-93

Tsay Ching-lung, "Exploring health factors associated with urbanization in Taiwan", in: "Emerging health problems in rapid socioeconomic development", *Proceedings of the 1990 International Symposium on Health, Environment & Social Change*, National Taiwan University (Hg.), Taipei, July 1-5, 1990, S.23-38

Umweltbundesamt (UBA) (Hg.), *Daten zur Umwelt 1990/91*, Berlin, 1992

Underwood, Laurie, "Ärger mit dem Müll", *Freies China*, Nr.5, 6.Jahrgang, September/Oktober 1993, S.34-41

Dies., "Streit um den Müll", *Freies China*, Nr.5, 6.Jahrgang, September/Oktober 1993, S.42-45

Dies., "Building Faith", in: *Free China Review,* Vol.42, No.5, May 1992, S.36 ff.
Dies., "On a Wing and a Prayer", in: *Free China Review*, Vol.42, No.5, May 1992, S.56 ff.
Dies., "Taiwan's Major Wetland Bird Habitats", *Free China Review*, Vol.42, No.5, May 1992, S.72 ff.
Dies., "Too Pretty to Eat?", in: *Free China Review*, Vol.42, No.9, September 1992, S.42 ff.
United Nations Environment Programme (UNEP) (Hg.), *Environmental Data Report 1993-1994*, Blackwell Publishers, Oxford, 1993
Vogel, Ezra F., *The Four Little Dragons. The Spread of Industrialization in East Asia*, Harvard University Press, 1991
Voppel, Götz, *Die Industrialisierung der Erde*, Stuttgart, 1990
Wagner, Norbert, Kaiser, Martin und Beimdick, Fritz, *Ökonomie der Entwicklungsländer*, 2.Auflage, Stuttgart, 1989
Wang A., 1989, siehe Wang, Anna
Wang, Anna, "Ökologische Reservate", in: *Freies China,* Nr.7, 2.Jahrgang, Taipei, September/Oktober 1989, S.12-27
Wang, Betty, "Kleine Insel - große Probleme", in: *Freies China*, Nr.7, 2.Jahrgang, Taipei, September-Oktober 1989, S.2-9
Wang Ching-chung, *A Comparison of Perception of Quality of Life in Taiwan 1980/1991*, Department of Sociology Fu Jen Catholic University (Hg.), Presented at the 30th International Congress of the International Institute of Sociology, Kobe, 5-9.August 1991, S.217 ff.
Wang Jiann-chyuan, "The Informal Sector and Public Policy in Taiwan", in: *Industry of Free China*, Vol.LXXVI, No.5, November 1991, S.69-78
Wang Ying und In Li-ming, "An investigation on the consumption of the wildlife resource by the aborigines in Taiwan", Council of Agriculture (Hg.), Taipei, 1990 (chinesisch)
Warnke, Ulrich, Gesundheitliche Folgen von Lärmbelastung, unveröffentlichter Vortrag, Universität des Saarlandes, Saarbrücken, 1991
Weggel, Oskar, "Taiwan - ein Portrait", in: *CHINA aktuell*, Hamburg, mehrere Ausgaben Februar bis Juni 1990
Weggel, Oskar, *Taiwan, Hongkong*, Beck-Verlag, München, 1992
Wei Yung, "Democratization and Institutionalization, Problems, Prospects, and Policy Implications of Political Development in the Republic of China on Taiwan", in: *Issues & Studies*, Vol.27, No.3, March 1991
Weidner, Helmut, "So rettete sich Japan vor dem ökologischen Harakiri", in: *P.M. - Perspektive Mensch und Umwelt*, C7382 F, 89/013
Weizsäcker, Ernst U. von, *Erdpolitik - ökologische Realpolitik an der Schwelle zum Jahrhundert der Umwelt*, Darmstadt, 1990
Wicke, Lutz, *Umweltökonomie*, Verlag Vahlen, München, 1989
Williams, Jack F., "Agricultural Use of Slopelands in Taiwan", in: *China Geographer*, No.11, 1981, S.89-111

Ders., "The Economies of Hongkong and Taiwan and Their Future Relationships with the P.R.C.", in: *Journal of Northeast Asian Studies*, Vol.IV, No.1, Spring 1985, S.58 ff.

Ders., "Urban and Regional Planning in Taiwan. The Quest for Balanced Regional Development", in: *Tijdschrift voor Econ. en Soc.*, Geografie 79, 1988, Nr.3, S.175-187 (a)

Ders., "Vulnerability and Change in Taiwan's Agriculture", in: *Pacific Viewpoint*, 29 (1), 1988, S.25-44, (b)

Ders., "Paying the price of economic development in Taiwan. Environmental degradation", in: *Journal of Oriental Studies (JOS)*, Vol.XXVII, Nos.1 and 2, 1989, S.59-78

Ders., "Environmentalism in Taiwan", in: Simon, Dennis F. und Kau, M.Y.M. (Hg.), *Taiwan - Beyond the Economic Miracle*, New York, 1992, S.187-210

William, Jack F., Chang Chang-Yi und Wang Chiu-Yuan, "Land Settlement and Development. A Case Study from Taiwan", in: *The Journal of Developing Areas* 18, October 1983, S.35-52

Winckler, Edwin A., "Elite political struggle 1945-1985", in: Winckler, E.A. and Greenhalgh, S. (Hg.), *Contending Approaches to the Political Economy of Taiwan*, New York, 1989, S.151-171

Winkler, Edwin A. und Greenhalgh, S. (Hg.), *Contending Approaches to the Political Economy of Taiwan*, New York, London, 1989

Wöhlke, Manfred, *Umwelt- und Ressourcenpolitik in der internationalen Entwicklungspolitik - Probleme und Zielkonflikte*, Baden-Baden, 1990

Wong Y.T., "Taiwan's Economic Outlook - Entering the 21st century as an industrialized nation", in: *Industry of Free China*, July 1988, S.1-7

World Bank (Hg.), *East Asian Miracle - Economic Growth and Public Policy*, A World Bank Policy Research Report, New York, 1993

World Watch Institute (Hg.), *Zur Lage der Welt - Daten für das Überleben unseres Planeten*, Frankfurt a.M., 1994

Worster, Donald, "Die trügerische Verheißung der tragfähigen Entwicklung", Vortrag bei der internationalen Konferenz "Conflicts in Global Ecology" in Essen, in: *epd-Entwicklungspolitik* 14/5/91, o.O., 1991

Wu Chung-lih, "Economic Development of the Republic of China. A Retrospect and Prospect", in: *Issues & Studies* Vol.23, No.8, Taipei, August 1987, S.69-73

Wu Shian-chee, "Hazardous Waste Management in Taiwan - PCB Containing Waste as a Case", in: *Proceedings of the Sino-US Bi-National Conference on Environmental Protection and Social Development*, Pacific Cultural Foundation (Hg.), Taipei, August 20-25, 1989, S.165-176

Wu Sun-tien und Hsu Fung-hsia, "An estimate of recreational benefit from water pollution abatement - The case of river Tanshui", in: *Proceedings of the Sino-US Bi-National Conference on Environmental Protection and Social Development*, Pacific Cultural Foundation (Hg.), Taipei, 1989, S.347-360

Wu Yuan-li, *Becoming an industrialized nation - R.O.C.'s development on Taiwan*, New York, 1985

Wu Yuan-li, "Taiwan's open economy in the twenty-first century", in: Klennen, Wolfgang (Hg.), *Trends of Economic Development in East-Asia*, Springer Verlag, Heidelberg, 1989, S.111-129

Yang Kuo-shu, "Chinese Personality and its Change", in: Bond, Michael H. (Hg.), *The Psychology of the Chinese People*, Hongkong, 1992, S.106-170

Yang Yuan-po, "Flora in Extremis", in: *Freies China*, Nr.7, 2.Jahrgang, Taipei 1989, S.42-47

Yearbook R.O.C. 1991/1992 und *1993*, Kwang Hua Company (Hg.), Taipei, 1993 und 1994

Yeh Jiunn-rong, "Citizen participation in environmental regulation in Taiwan. Regulatory reform toward a meaningful participatory democracy", in: *Proceedings of the Sino-US Bi-National Conference on Environmental Protection and Social Development*, Pacific Cultural Foundation (Hg.), Taipei, August 20-25, 1989, S.77-93

Yen C.K., "Renewable Energy Resources", in: *Industry of Free China*, Vol.LVII, No.6, June 25, 1982, S.1-6

You Yi-der und Lin Jen-yang, *Study on land utilization of Taipei City riverside area*, Special reprint of paper presented for international conference "The Development Potential of Traditional Housing and Settlement Patterns for Today's Habitat in Southeast Asia" at Technical University Darmstadt, February 13-16, 1986

Yuan, Yvonne, "Migrate, Assimilate or Integrate", in: *Free China Review*, Vol. 42, No.6, June 1992, S.6-8

Yu Janice, "Reservoirs a third full as rains bypass island", in: *Free China Journal*, Taipei, 17.September 1993

Yu Susan, "GMD captures 15 of 23 posts in three-way election", in: *Free China Journal*, Taipei, December 3, 1993

Yu Tzong-shian, "Taiwan's Economic Development. Some Implications for Developing Countries", in: *Industry of Free China*, Vol.LXVIII, No.5, November 25, 1987, S.1-13

Yu Tzong-shian, "Taiwan's Achievements in Economic Development - A Miracle?", in: *Industry of Free China*, Vol.LXXX, No.5, 1993, S.27-36 (a)

Yu Tzong-shian, "Challenges and Responses. An overview of Taiwan's Economic Development", in: *Industry of Free China*, Vol.LXXIX, No.3, March 1993, S.19-27 (b)

Zilleßen, Horst, "Die normativen Voraussetzungen der Umweltpolitik - Zur Wiederannäherung von Ethik und Politik", in: *Aus Politik und Zeitgeschichte*, Beilage zur Wochenzeitung *Das Parlament* B 27/88, S.3-14, 1988

Zimmermann, K. und Nijkamp, P., "Umweltschutz und regionale Entwicklungspolitik - Konzepte, Inkonsistenzen und integrative Ansätze", in: Fürst, Dieter, Nijkamp, P. und Zimmermann, K., *Umwelt, Raum, Politik - Ansätze zu einer Integration von Umweltschutz, Raumplanung und regionaler Entwicklungspolitik*, Wissenschaftszentrum Berlin, 1986, S.23 ff.

Interviews

Interview mit Edward Rimberg, Managing Director of Microbial Biotechnologies, Umweltberater der taiwanesischen Regierung, 17.8.1990

Interviews mit Chang Chang-Yi, Mitautor der Studie *Taiwan 2000*, Professor für Geographie an der National Taiwan University, Mai 1992 und 1990

Interview mit Hsiao Hsin-Huang Michael, Mitautor der Studie *Taiwan 2000*, Institut für Ethnologie, Academia Sinica, 25.9.1990

Interview mit Huang Wen-hsiang, Energy Committee under the Ministry of Economic Affairs, 22.10.1990

Interview mit Jay Fang, Vorsitzender der Umweltschutzorganisation Earth Day und Buchautor, 8.5.1992

Interview mit Professor Chu Yun-peng, Mitarbeiter bei *Taiwan 2000*, Fair Trade Commission, 19.5.1992

Interview mit Li Ming-Yi, TEPA-Officer in Taipei, 26.5.1992

Interviews mit Prof. Dr. You Yi-de, Graduate Institute for Environmental Engineering, National Taiwan University, Mai 1992

Interview mit Tang Guang-hua und Lin Zheng-Jie, ehemaliger Abgeordneter im Legislativyuan, Dezember 1989

Interview mit Shy Nu-Lai, Angehöriger der Yami-Minorität auf Lanyu, Anführer der Anti-Atomkraftbewegung auf Lanyu, Februar 1990

Anhang

Anhang 1: Primäres Milieu

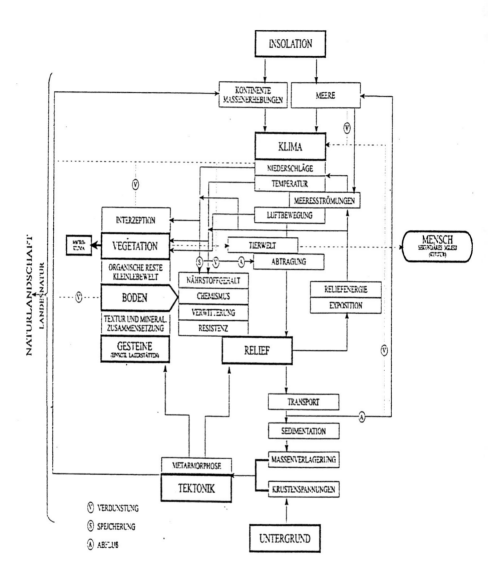

Quelle: Leser H. et al., Diercke - *Wörterbuch der Allgemeinen Geographie*, 1984

Anhang 2: Sekundäres Milieu

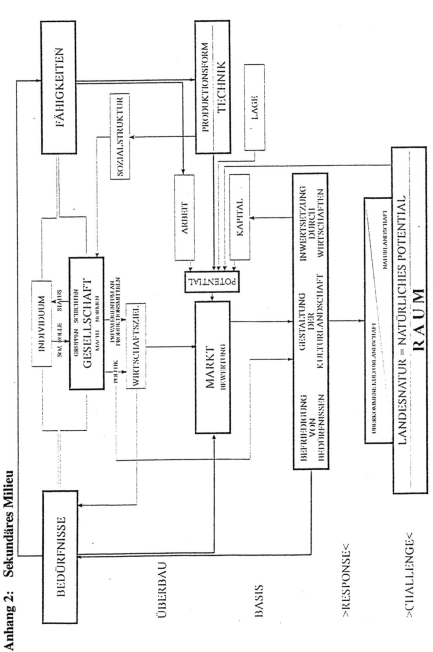

Quelle: Leser H. et al., Diercke – *Wörterbuch der Allgemeinen Geographie*, 1984

Anhang 3: Bestehende und geplante Gesetzgebung im Bereich des Umweltschutzes

PREVENTION

- Water Pollution Control Act
  - ■ Regulation Governing Environmental Engineering Industry
  - ■ Guidelines for Supervising Environmental Protections Corporations
  - ■ Regulations for Awarding Environmental Protection Professional Medals

- Air Pollution Control Act
  - ★ Enforcement Rules of the Air Pollution Control Act
  - ★ Ambient Air Quality Standards in the ROC Taiwan Area
  - ★ Regulations for the Inspection and Control of Air Pollutants Emitted from Motor Vehicles
  - ★ Emission Standards of Air Pollutants for Mobile Sources
  - ★ Regulations for the Training of Visible Emission Evaluation of Mobile and Stationary Sources

- Noise Control Act
  - ★ Enforcement Rules of the Noise Control Act
  - ■ Regulations of Inspection and Control of Motor Vehicle Noise
  - ■ Regulations for Civil Aircraft Noise Control

- Vibration Control Act
  - ★ Enforcement Rules of the Vibration Control Act

- Water Pollution Control Act
  - ■ Enforcement Rules for the Water Pollution Control Act
  - ■ Regulations Governing Sanitation of Septic System
  - ■ Guidelines for Establishing Specialist Industrial Waste Water, Treatment Bodies and Personnel
  - ■ Guidelines for Supervision of Commissioned Industrial Waste Water Treatment Services

- Ocean Pollution Control Act
  - ★ Enforcement Rules of the Ocean Pollution Control Act

CONTROL

- Waste Disposal Act
  - ■ Regulations Governing the Storage, Clean Up and Treatment of Industrial Waste and Facilities Standards
  - ■ Guidelines Governing Public and Private Waste Collection and Disposal Agencies
  - ★ Qualification Standards for Public and Private Waste Collection and Disposal Technicians
  - ★ Regulations Governing Encouragement of Environmental Clean Up
  - ■ Regulation Governing Recycling, Collection and Disposal of Pesticide Containers
  - ■ Regulation Governing Recycling, Collection and Disposal of Containers for Environmental Sanitation Chemicals
  - ■ Regulation Governing Recycling, Collection and Disposal of Wasted Tires
  - ■ Regulation Governing Recycling, Collection and Disposal of Wasted Lubricant Oils
  - ■ Regulation Governing Recycling, Collection and Disposal of Wasted PET Bottles
  - ■ Regulation Governing Recycling, Collection and Disposal of Wasted Capacitors
  - ■ Regulation Governing Recycling, Collection and Disposal of Wasted Mercury Cell Batteries
  - ■ Regulation Governing Recycling, Collection and Disposal of Wasted Aluminium Cans
  - ■ Regulation Governing Recycling, Collection and Disposal of Wasted Iron Cans
  - ■ Regulation Governing Recycling, Collection and Disposal of Wasted Fluorescent Light Tubes
  - ■ Regulations for Charging for the Cost of Collection and Disposal of General Solid Waste

onmental Protection and ancetral Law

Anhang

REMEDY

- **Soil Pollution Control Act**
  - ■ Enforcement Rules for the Soil Pollution Control Act
- **Public Environmental Sanitation Act**
  - ■ Enforcement Rules for the Public Environmental Sanitation Act
  - ★ Regulations Governing Ban of Smoking in Public Places
- **Potable Water Management Act**
  - ■ Enforcement Rules for the Potable Water Management Act
  - ■ Potable Water Facilities Standards
  - ■ Regulations Governing the Potable Water Facilities
  - ■ Regulations Governing Potable Water Facility Cleaning Professions
  - ■ Potable Water Quality Standards
  - ■ Regulations Governing the Potable Water Equipment and Water Treatment Chemicals
- **Toxic Chemicals Control Act**
  - ■ Enforcement Rules of the Toxic Chemicals Control Act
  - ■ Regulations Governing the Transportation of Toxic Chemicals
  - ■ Qualifications Guidelines Governing Toxic Substances Professionals
- **Residential Pesticides Control Act**
  - ■ Enforcement Rules of the Residential Pesticides Control Act
- **Settlement Law of Public Nuisance Disputes**
  - ■ Enforcement Rules of the Settlement Law of Public Nuisance Disputes
- **Law of Organization for Environmental Laboratory, EPA**
  - ■ Rules Governing the Environmental Laboratory, EPA
- **Law of Organization of the Environmental Personnel Training Institute, EPA**
  - ■ Rules Governing the Environmental Protection Personnel Training Institute, EPA
- **Law of Organization of the Environmental Research Institute, EPA**
  - ■ Rules Governing the Environmental Research Institute, EPA
- **Law of Organization of the Environmental Protection Administration**
  - ■ Rules Governing the Regional Environmental Protection Center, EPA
  - ■ Rules Governing Environmental Protection Administration
- **Law of Organization of the Regional Environmental Protection Centers, EPA**
  - ■ Rules of Organization for the Committee on Environmental Quality, EPA
  - ■ Rules of Organization for the Committee on Legislation and Codes

Administrative Organization

- ● anhängige Gesetze
- ■ vorgeschlagen
- ★ zur Verbesserung bzw. Erweiterung vorgesehen

Quelle: EPA, 1991a, S.35

Anhang 4: Zielsetzungen der neun taiwanesischen Vierjahrespläne von 1953 bis 1989 und des Zehnjahresperspektivplans von 1980 bis 1989 (Quelle: Wu Chung-lih, 1987, S.77 und 91 [Originaltext in Englisch])

Erster E-D Plan (1953-56)	Zweiter E-D Plan (1957-60)	Dritter E-D Plan (1961-64)	Vierter E-D Plan (1965-68)	Fünfter E-D Plan (1969-72)	Sechster E-D Plan (73-75)
1. Förderung v. landw. und ind. Produktion	1. Förd. von Industrie und Bergbau	1. Erhalt ökonomischer Stabilität	1. Modernisierung d. Wirtschaft	1. Preisstabilität	Beschleunigung der ind. Modernisierung
2. Ökonomische Stabilität	2. Exportförderung	2. Beschleunigung d. Wirtschaftswachstums	2. Erhalt ökonomischer Stabilität	2. Exportförderung	2. Ausbau der Infrastruktur
3. Verbesserung d. Zahlungsbilanz	3. Verbesserung der Beschäftigungsrate	3. Ausweitung der ind. Basis u. Verbesserung der Wirtschaftsstruktur	3. Förd. von weiterverarbeitenden Industrien	3. Ausbau der Infrastruktur	3. Verbesserung der Qualität der Arbeitskräfte
	4. Verbesserung der Zahlungsbilanz	4. Verb. des Investitionsklimas		4. Verbessern der ind. Infrastruktur	4. Exportförderung
				5. Modernisierung der Landwirtschaft	
Siebter E-D Plan (1976-81)	Achter E-D Plan (1982-85)	Neunter E-D Plan (1986-89)		10-Jahres Perspektivplan (1980-89)	

1. Verbesserung des Lebensstandards	1. Preisstabilität	1. Förd. der 14 wicht. Entw.projekte u. and. öffentl.Investitionen	1. effiziente Nutzung von Energieressourcen
2. qualitativer Ausbau der Industriestruktur	2. Wirtschaftswachstum	2. Verst. von priv. Invest.; stetiges Binnenwachstum	2. Verbesserung der Industriestruktur
3. Entwicklung der "manpower" stärken	3. Ausgeglichenes Wachstum in verschiedenen Sektoren	3. Förd. des freien Handels	3. Verb. der Effizienz der Verwaltung; Förd. von Außenhandel
4. Förd. einer ausgewogenen ökonomischen und sozialen Entwicklung	4. Sicherstellung von adäquaten Beschäftigungsmöglichkeiten	4. Verstärkung der Rolle fiskalischer Maßnahmen	4. Koordination v. ind. und exportorientierter Entwicklung
5. Fertigstellung der 10 großen Entw.-projekte	5. gerechte Einkommensverteilung	5. Reform des Finanzsystems	5. effiziente Nutzung von Humankapital und Vollbeschäftigung
	6. ausgegl. Regionalentw.	6. Umstrukturierung der Wirtschaft	
	7. Förd.eines harm. sozialen Umfeldes.	7. Entw. v. Wissenschaft und Technologie; Management von Energieressourcen	
		8. Verbesserung der nat. Wohlfahrt	

Anhang 5: Schema eines regionalen ökologisch-ökonomischen Systems

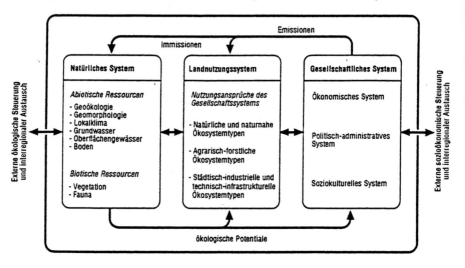

Quelle: Oßenbrügge, 1993, S.26.

Anhang 6: Wirkungsmodell zur Analyse der Determinanten des regionalen Strukturwandels

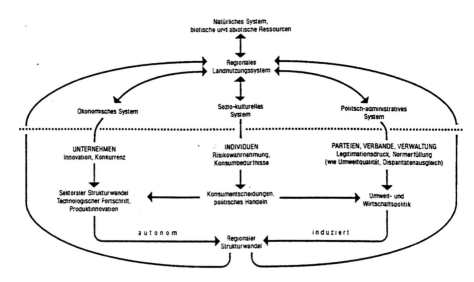

Quelle: Oßenbrügge, 1993, S.29.

Anhang 7: Schwermetallgehalte deutscher und taiwanesischer Flüsse im Vergleich

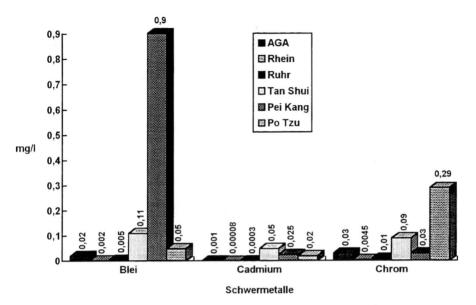

AGA = Allgemeine Güteanforderungen für den Zustand der Gewässer in Deutschland; die Flüsse Tan Shui, Pei Kang und Po Tzu durchfließen Agglomerationen in der westlichen und nordwestlichen Küstenebene
Quelle: Umweltbundesamt 1992; EPA, 1991.

Anhang 8: Wichtige Umweltschutzgruppen in Taiwan (kleine Auswahl)

Anti-Fourth Nuclear Power Plant Committee
Beautiful Taiwan Foundation
Earth Day
Earth Trust
Environmental Protection Foundation
Greenpeace
Homemakers Union and Foundation
The Orang Utan Foundation
The Wild Bird Society of the R.O.C
Young Womens Christian Association
Taiwan Environmental Protection Union

Quelle: *Yearbook R.O.C.*, 1994; eigene Recherchen

Anhang 9: Weiterführende Zeitschriftenartikel aus FCR, FC und FCJ

Free China Review, Vol.37, No.5, May 1987
  Charmian, M.: "Secluded Ecosystem", S.11-22
Free China Review, Vol.37, No.7, July 1987
  Chen Wen-tsung: "Reclaiming the Tanshui River", S.10 ff.
  Chang Chiao-hao: "New Life for the Love River", S.24 ff.
  Chang Chiao-hao: "Pollution Controversies", S.30 ff.
Free China Review, Vol.38, No.5, May 1988
  Smith, G.: "The war against Hepatitis B", S.44 ff.
  Crichton, T.: "Consumer Rebellion", S.49 ff.
Free China Review, Vol.38, No.12, December 1988
  Chen, David W.: "Garbage Disposal Dilemma", S.64 ff.
  Chien Jen-ter: "Pollution Clouds the Economic Image", S.70 ff.
Free China Review, Vol.40, No.10, October 1990
  Chen, David W.: "Conservation for Kids", S.46 ff.
  Chen, David W.: "Optimistic Duo", S.50 ff.
  Liu, Philip: "Pesticide Problems", S.54 ff.
  Chen, David W.: "Power Hungry", S.58 ff.
Free China Review, Vol.41, No.3, March 1991
  Hwang, Jim.: "Sliding Toward Gridlock", S.4 ff.
  Lin, M.: "Transportation Tension", S.14 ff.
  Yeung, I.: "A Slow Start to Rapid Transit", S.20 ff.
  Chang, Y.: "Taipei Parking Blues", S.26 ff.
  Chen, D.W.: "Different Strokes", S.36 ff.
Freies China, Nr.7, 2.Jahrgang, September-Oktober 1989
  Wang, K.J.: "Holzindustrie contra Umweltschützer", S.29-33
Freies China, Nr.2, 5.Jahrgang, März/April 1992
  Liu, P.: "Das Problem mit den Pestiziden", S.19-23
  Liu, P.: "Jetzt wird Ernst gemacht", 1992, S.24-29
  Mindich, J.H.: "Aufruf zur gesellschaftlichen Verantwortung", S.30-33
The Free China Journal (FCJ)
  Chan, Venny: "Propagation program sends first sika deer back to the wild", January 28, 1994
  Her, Kelly: "Cracker plan grows in size and cost", February 4, 1994

Summary

Without any doubt, the Republic of China on Taiwan has gone through a remarkable economic development. But beyond the economic miracle for which it has become famous, Taiwan is meanwhile facing serious environmental problems. For quite many years, analyses of the island's ecological crisis and its theoretical and practical implications did not find much attention in academic studies or political assessments. But as a matter of fact, the economic miracle has produced and still is producing environmental problems, which in the long run could be serious enough to partially reverse the enormous economic and social achievements.

The main purpose of this study is to examine the relationship between successful economic growth and the effects on the natural environment in a newly industrializing economy (NIE) like Taiwan. Using a cyclical model for the analysis of decision-making processes it shows, how feedback signals from the physical environment influence decision-making processes in the political, economical and social system of Taiwan. Starting from a theoretical overview of international debate about economic growth, development and sustainable development, Taiwan is taken as a case study to prove that economic and social achievements not necessarily lead to a sustainable development. The elements of the cyclical decision-making model like, for example, geographic setting, historical and political background, external impacts, aspects of environmental degradation (physical feedback signals), growing environmental movements (political feedback signals) on Taiwan are shown and analyzed. It is illustrated how the liberalization of the political system on the one hand facilitates the work of the environmental groups and how on the other hand NGO activities (e.g. anti-nuclear movement) push the democratization of the same system.

Economic growth does not necessarily lead to development in the sense of improvement of the people's quality of life as it is usually indicated and measured by multidimensional socio-economic-political and environmental aspects. Recent development theories focus on the fact that every development has to be sustainable. Sustainability in this sense may be defined as the continuous improvement of living standards without a simultaneous degradation of the natural environment. Shortsighted abuse of natural resources may lead to quantitative economic growth and also to social improvements but it definitely implicates a serious degradation of living conditions such as shortage of clean air and water and a loss of esthetic natural environment.

After more than 40 years without any considerable efforts to protect the environment, people on Taiwan now have to realize, that there are limits to quantitative growth. Why then did it take such a long time till the Taiwanese government even started to talk about a change of the basic attitude towards nature, pollution and environment? Why did the government not make use of the already existing international experience in the field of environmental protection? To answer these questions it is necessary to have a closer look at the specific historical, political, social and geographical conditions on the island.

After China's civil war, the two essential aims of the R.O.C. government were first to survive as a political entity and second to be more successful than its communist counterpart on the mainland. Forcefully imported and never fully accepted by many Taiwanese, the Guomindang (GMD) "old guard"-leadership never ceased considering Taiwan only as a temporary basis from which to recover the Chinese mainland. These historical and political circumstances facilitated the exploitation of the island's resources and strongly supported the disregard of a long-term sustainable planning.

On the other hand the Taiwanese majority of the island's population, after some tragic uprisings in the early years of rule, happily accepted the chance to improve their standard of living designed by the GMD technocrats. For forty years they willingly agreed to the GMD's economic and political model for unlimited economic growth and limited democratic rights. In exchange for the chance to become rich they did not ask for political power or a "Taiwanization" of the government.

"We only have one Taiwan" is the title of a book by a famous sociologist dealing with the environmental situation on Taiwan and expressing the feeling of a new generation. This new generation consists of mainland Chinese descendants and Taiwanese which for the first time ever became aware that their common future depends on a well-functioning ecosystem. People now start to realize, that despite the necessity of economic growth natural systems have to be protected and conserved in order to provide and sustain a healthy environment for future generations.

During the first 30 years after the establishment of the R.O.C. on Taiwan, basic problems like military defence and food supply did not leave much space for environmental awareness. Environmental protection first began in the mid-eighties when the ecological crisis became visible to everybody and when Chiang Ching-kuo, the then president of the R.O.C., provided the political basis for open discussions and protest against the degradation of the environment. More and more intellectuals, farmers and fishermen took to the streets in open protest against the ongoing destruction of their (local) living environment. The anti-nuclear-power movement played a major role in the awakening environmental protection movement; it very quickly gathered islandwide support in its attempt to avoid the construction of a fourth nuclear power plant.

Summary

The establishment of the National Environmental Protection Administration (NEPA) in 1987 was a first definite symbol of governmental action. Because of its lack of political power and influence, this institution is widely considered to be an "idealistic kindergarden" by environmental groups. But despite the insufficient power there is some progress and the environmentalists are realizing that it is not only half-hearted government action which slows down the pace to ecological recovery. Structural obstacles like the many small and medium sized companies - many of them operating illegally-, which are hard to control and to regulate, or the export-orientation of the industry, which reduces Taiwan's flexibility on product alternatives, pose high hurdles for a policy of sustainable industrial growth.

In the years immediately after 1949, the natural environment still was affluent enough to absorb the destructive impacts of enlarging settlements, Japanese infrastructural measures and industrial development projects. But soon the massive economic success of the R.O.C. technocrats led to a further deterioration of local environments. During the 1960s, 1970s and 1980s more and more places in Taiwan began to show signs of local desaster and thus - speaking in terms of the cyclical model - "feeding back" on the economic and social system of the R.O.C. Due to the lack of democratic elements in Taiwan's political system, the feedback signals of the natural system could not be transmitted and turned into political action till the mid-eighties. People - scientists, farmers, villagers - were afraid to express their growing disagreement with these negative effects of economic growth. Political parties or NGOs were not admitted by the GMD regime and thus could interfere with politics only marginally. With the democratization of the political system new receptors and transmitters for feedback signals were established and environmental protection quite quickly moved to the top of the political agenda.

External impacts like US-politics and international regimes (GATT, UNCED, CITES etc.) significantly contributed to policy changes in Taiwan. Taiwan's diplomatic isolation since 1971 has forced the government to make concessions to international regimes like free trade and environmental protection to beef up its reputation and avoid international criticism.

The cyclical model used here describes the interaction between physical environment and society in Taiwan but it cannot explain the exact origin of the failures, which led to the present situation. Questions like "to what extent did market mechanisms, policies chosen or administrations involved have to be blamed?" or "was the present situation unavoidable because of the given fragility of the ecosystem in Taiwan and the cultural background of the Taiwanese people?" remain unanswered and have to be analyzed by other methods used in political economy. In the case of Taiwan we observe a conglomerate of market failure, policy failure and planning failure, which together with the fragility of the natural systems are the basic reasons for the ecological crisis.

According to the author's opinion Taiwan is not a model for development in the sense of sustainability but for successful economic growth. Without a fundamental change in its environmental policy - which actually means a change of development strategy - the proven benefits of economic growth will be eaten up by the repair costs for the environmental damage - not to mention the fact that many existing damages like the extinction of rare species or the contamination of groundwater already are irreversible.

China aktuell
Monatszeitschrift

VR China
Taiwan
Hongkong
Macau

Sie erhalten 12mal jährlich eine umfassende Darstellung der Entwicklung in

**Außenpolitik
Innenpolitik
Wirtschaft
Außenwirtschaft**

der beobachteten Länder im eben abgelaufenen Monat. Authentische Information ohne ideologisches Beiwerk, aufbereitet in Form von

**Meldungen
Analysen
Dokumenten**
sowie einen Jahresindex.

*Studenten-abonnement DM 60.- plus Porto
Bei Vorlage der Immatrikulations-bescheinigung*

Jahresabonnement (zuzügl. Porto): DM 126.-
Einzelheft (zuzügl. Porto): DM 12.-
Bitte fordern Sie ein Probeheft an.
Zu bestellen beim Herausgeber:

Institut für Asienkunde
Rothenbaumchaussee 32 - D-20148 Hamburg
Telefon (040) 44 30 01-03 - Fax (040) 410 79 45

**Werner Draguhn
(Hrsg.)**

Politische Risiken und Rahmenbedingungen
wirtschaftlichen Engagements
in Asien

Mitteilungen des Instituts für Asienkunde Hamburg, Nr.256
Hamburg 1995, 112 S., DM 28.-

Die gewaltigen politischen und wirtschaftlichen Veränderungen in Asien haben auch in Deutschland wachsende Beachtung gefunden. Der Asien-Pazifik-Ausschuß der deutschen Wirtschaft will deutsche Unternehmen zu einem stärkeren Engagement in der asiatisch-pazifischen Region bewegen. Aber wirtschaftliches Engagement braucht verläßliche Informationen über politische Risiken und Rahmenbedingungen.

Das Institut für Asienkunde und die Deutsche Gesellschaft für Asienkunde haben daher gemeinsam mit den drei Trägerorganisationen des Asien-Pazifik-Ausschusses, nämlich dem Bundesverband der deutschen Industrie (Köln), dem Deutschen Industrie- und Handelstag (Bonn) und den Ostasiatischen Verein e.V. (Hamburg), eine Tagung zum Thema "Wirtschaftliches Engagement im asiatisch-pazifischen Raum - Politische Risiken und Rahmenbedingungen" durchgeführt. Die überarbeiteten Tagungsbeiträge werden in diesem Sammelband vorgelegt.

Rüdiger Machetzki befaßt sich mit den Ländern des asiatisch-pazifischen Raumes als Konkurrenten in der Weltwirtschaft und als Herausforderung für die deutsche Wirtschaft. Die Vision eines "Greater China" beurteilt Sebastian Heilmann angesichts der Interessendivergenzen auf staatlicher Ebene eher skeptisch. Manfred Pohl diskutiert mögliche Konfliktpotentiale in Japan und Südkorea. Mit den wirtschaftlichen Erfolgen und deren politischer Absicherung in den ASEAN-Staaten befaßt sich Jürgen Rüland. Über die Wirtschaftslage in Vietnam, Kambodscha und Laos berichtet Oskar Weggel: In allen drei Ländern sei die deutsche Wirtschaft nicht ausreichend. Hans Christoph Rieger analysiert abschließend Indiens politische Stabilität und wirtschaftliche Liberalisierungspolitik.

Zu beziehen durch:

**Institut für Asienkunde
Rothenbaumchaussee 32
D-20148 Hamburg**
Tel.: (040) 44 30 01-03
Fax: (040) 410 79 45